21 世纪德语专业系列教材

Deutsch für Sie

（Neubearbeitet）

新编通用德语

（上册）

主编◎ 桂乾元
编者◎ 吴声白 桂刚
课文朗读 Marleen Triebiger　Christoph Deupmann

图书在版编目（CIP）数据

新编通用德语 . 上册 / 桂乾元主编 . —北京：北京大学出版社，2022.1
21 世纪德语系列教材
ISBN 978-7-301-32176-8

Ⅰ . ① 新… Ⅱ . ① 桂… Ⅲ . ① 德语 – 高等学校 – 教材 Ⅳ . ① H339.39

中国版本图书馆 CIP 数据核字 (2021) 第 083332 号

书　　　名	新编通用德语（上册） XINBIAN TONGYONG DEYU (SHANGCE)
著作责任者	桂乾元　主编
责 任 编 辑	朱房煦
标 准 书 号	ISBN 978-7-301-32176-8
出 版 发 行	北京大学出版社
地　　　址	北京市海淀区成府路 205 号　100871
网　　　址	http://www.pup.cn　新浪微博：@ 北京大学出版社
电 子 信 箱	zhufangxu@pup.cn
电　　　话	邮购部 010-62752015　发行部 010-62750672　编辑部 010-62754382
印 刷 者	三河市博文印刷有限公司
经 销 者	新华书店 787 毫米 ×1092 毫米　16 开本　24.25 印张　520 千字 2022 年 1 月第 1 版　2022 年 1 月第 1 次印刷
定　　　价	98.00 元

未经许可，不得以任何方式复制或抄袭本书之部分或全部内容。
版权所有，侵权必究
举报电话：010-62752024　电子信箱：fd@pup.pku.edu.cn
图书如有印装质量问题，请与出版部联系，电话：010-62756370

新编寄语

光阴荏苒，白驹过隙，《通用语德》（上、下册）出版已十多年。这套教材面世后受到许多德语学习者的欢迎，重印多次，销售数量之多出乎我们的意料，令人倍感高兴和欣慰。这说明它编写得比较符合德语教学规律和社会需求，或许也因为它带有同类德语教材少见的"中国特色"：编写者是德语学习过来人的"全华班"，他们根据自身体验总结和归纳了既快又好地进入德语之门的"诀窍"，并用通俗简明的汉语对课文和语法学习的要点和难点进行了详尽的解释。因此，它比较适合中国零起点学德语的非专业学员使用。但在使用该套教材的过程中，有教师和学员反馈，我们自己也发现，这套教材存在一些不足，比如语音部分安排得比较散，练习分量似嫌不够等。现在，我们对这套教材进行了修订、新编，意在弥补不足，提高教材整体质量和实用性，使之与时俱进，帮助学员更好夯实德语基本功，提高学员德语实践应用能力，为他们以后参加德语水平考试和深造德语打下坚实的基础。

我们的《新编通用德语》（上册）究竟"新"在哪里？

（1）**语音提前**——我们把原书中各课的语音部分统统提前，合并为10个单元。在具体教学中，可根据实际情况，或安排一周，或安排更多时间，进行集中学习，效果可能会更好。

（2）**引入"导学"**——每单元起始，我们引入了德国版基础德语教材中常见的Lernziel（导学），意在提纲挈领，突出本单元的学习目标，要求学员抓住本单元学习的重点和难点。

（3）**增加练习**——根据教学双方反馈的信息，我们增加了练习的分量，尤其是翻译练习的比重。具体来说，在"对话"和"听力"两部分增加了翻译练习，在"阅读部分"增加了造句练习。我们还在练习中增加了新颖活泼的题型。此外，我们还新增了1个"语音复习"和3个"阶段复习"，结合德语有关考试的要求，选编了有针对性的备考练习，意在帮助学员积累考试经验。

（4）**调整课文**——出于理顺课文内容和合理搭配课文主题，以及增加中国元素的考虑，我们对教材选用的课文做了适当的调整和替换。在本册教材中，我们删除了4篇旧课文，换用了6篇新课文，还调整了4篇课文。

（5）**更新体例**——我们对本教材的体例也做了更新，除了前面提到的"语音提前""引入'导学'"外，删除了原教材中的"分课目录"，增设了3个"阶段复习"，意在增加练习，结合备考，使教材更有针对性和实战性。

（6）**修订勘误**——我们对原课文中明显陈旧的资料和用词做了与时俱进的处理。对已发现的原书中的疏误，我们均做了勘误更正。

衷心感谢北大出版社对本教材的抬爱和支持，衷心感谢本教材编辑的辛勤工作！我们也衷心感谢有关德语同仁和学员们对这套教材的关心和厚爱。愿各位学业进步，事业有成！

最后，恳请有关老师和学员对本教材存在的疏误和问题提出宝贵意见，并预致谢意。

桂乾元

2020年1月于上海

体例说明

（1）本册教材主要包括"语音部分"和"课文部分"。前者共分10个单元，主要讲授德语语音知识；后者共分15个单元，涉及相识、问路、饮食、交通、居住、拜访、购物、天气、就医、在邮局、在银行、旅行、打电话、节日和看电视等主题。每单元分导学、对话、语法、听力和阅读5个部分，后4个部分均配有多种练习。

（2）"语音部分"每单元分为语音常识、发音提示（包括德语元音和辅音的发音规则等）、练习（包括说话练习、发音练习、朗读练习和课外练习等）3个部分，还附有德语字母表和德语字母歌，以及德语元音表和辅音表。

（3）在"课文部分"的对话、听力和阅读3个部分中，我们分别列有词汇表。词汇一般以在课文中出现的先后顺序排列。凡名词均用 der / die / das 表明词性，并一般标明复数词尾，对某些变化特殊的词也做了说明。及物动词用 vt 表示，不及物动词则用 vi 表示。对可分离动词，我们在其前缀和词干之间加有"/"号（如 ein/steigen, mit/bringen），以示区别。对形容词和副词未做任何标记或说明，主要考虑到可从汉语释义了解有关词性，且很多形容词可通用副词，很难标记或说明。对其他词类均做了尽可能简单的说明。

（4）在"课文部分"的对话、听力和阅读3个部分中，我们还对课文中的难点和重点通过"解释"（分"初学句型""固定搭配"和"习惯用语"3个部分）进行讲解、分析，并大多另举例句加以说明。考虑到本教材使用对象的实际情况，我们在"初学句型"中不仅列入了课文中出现的一些德语常用句型，而且也选择了对初学者掌握有关学习难点和重点很有帮助的句式或句型；"固定搭配"主要涉及"动词和介词""动词和名词""名词和介词"等的"配介组合"；"习惯用语"讲解的大多是德语中约定俗成的用法、词组等，有的成句，有的不成句。"解释"最后是"其他"，主要讲解某些不属于前三项的特殊表达和句子。

（5）德语语法是中国人学习德语的重点和难点。为了使初学者摆脱语法的束缚，

"轻松上阵"，贯彻"会话领先，听读紧跟"的原则，达到"活泼教学，轻松入门"的目的，我们采用了"以点带表"的介绍模式："点"——以简洁的语言介绍德语语法的特点、重点和难点；"表"——用简明的图表说明已做介绍的"点"，使之一目了然。在语法部分，我们试以顺口溜的形式提出了"学习提要"，供学员学习时参考借鉴。正文之前的"语法总览"系本册教材讲解的所有语法现象的归纳总结。我们希望学员借助它能"高瞻远瞩"，对照检查自己所学及掌握的语法知识，发现和弥补不足甚至缺漏，提高德语水平。

（6）关于练习，我们也"引进"了德国某些新近出版的有关教材中的一些练习题型，注重"四性"，即启发性、自主性、独立性和互助性，帮助学员更好地复习和掌握有关内容。

（7）正文之后是附录"总词汇表"。本册教材中出现的所有词汇以字母顺序排列，每个字母释义之后的第一个阿拉伯数字表示该词最早出现的单元，第二个大写字母表示该词出现在该单元的哪个部分。本册教材生词计近1000个，其中包括每单元三篇课文中出现的60个左右单词，以及课文解释和语法说明等部分中出现的生词。

（8）本书配有课文录音，扫描下方二维码即可听取。

Teil 1: Phonetik

Teil 2: Texte

缩略语表

A	Akkusativ	第四格
D	Dativ	第三格
etw.	etwas	某物，某事
f	Femininum	阴性（名词）
G	Genitiv	第二格
h	haben	用haben构成完成时
jd.	jemand	某人（第一格）
jm.	jemandem	某人（第三格）
jn.	jemanden	某人（第四格）
js.	jemandes	某人（第二格）
m	Maskulinum	阳性（名词）
n	Neutrum	中性（名词）
N	Nominativ	第一格
P. I	Partizip I	第一分词
P. II	Partizip II	第二分词
Pl.	Plural	复数
s	sein	用sein构成完成时
vi	intransitives Verb	不及物动词
vt	transitives Verb	及物动词

新编通用德语(上册)

尊敬的老师:

您好!

为了方便您更好地使用本教材,获得最佳教学效果,我们特向使用该书作为教材的教师赠送本教材配套参考资料。如有需要,请完整填写"教师联系表"并加盖所在单位系(院)公章,免费向出版社索取。

北京大学出版社

教 师 联 系 表

教材名称		新编通用德语(上册)				
姓名:		性别:	职务:		职称:	
E-mail:			联系电话:		邮政编码:	
供职学校:			所在院系:			(章)
学校地址:						
教学科目与年级:			班级人数:			
通信地址:						

填写完毕后,请将此表拍照发送至如下所示的电子邮箱,我们将给您发送本教材的免费配套资料!

北京市海淀区成府路 205 号
北京大学出版社外语编辑部　朱房煦　　邮 购 部 电 话:010-62752015
邮政编码:100871　　　　　　　　　　 市场营销部电话:010-62750672
电子邮箱:zhufangxu@pup.cn　　　　　　外语编辑部电话:010-62754382

Inhaltsverzeichnis

目 录

Teil 1: Phonetik 语音部分

Lektion 1　第一单元（主题：德语30个字母 字母和音素 元音和辅音）/3

Lektion 2　第二单元（主题：元音和辅音的发音 清辅音和浊辅音 元音a, o, u 辅音b-p, d-t, g-k）/7

Lektion 3　第三单元（主题：长元音和短元音 元音e, i 辅音m, n, s）/11

Lektion 4　第四单元（主题：音节和重读 复合元音au 双元音aa, ee, oo 辅音f, w, v, c）/15

Lektion 5　第五单元（主题：多音节重读 复合词读法 复合元音ei 辅音l, r, j）/19

Lektion 6　第六单元（主题：开音节和闭音节 发音送气 变元音ä, ö, ü 半元音y）/23

Lektion 7　第七单元（主题：重叠辅音和辅音尾音清化 复合元音eu 辅音ch, sch, h 复合辅音sp, st）/27

Lektion 8　第八单元（主题：音节的分离 复合辅音z, tsch dt, th, ph, ck的读音）/31

Lektion 9　第九单元（主题：语调和句调 复合辅音ng, nk, pf 复合辅音qu, ks）/35

Lektion 10　第十单元（主题：可分离动词的重音 外来词和缩写的读法 复合辅音ps, bsch 几个词尾的读音）/39

Wiederholung der Phonetik　语音复习/43

Teil 2: Texte 课文部分

Lektion 1　第一单元（主题：相识）/49

Lektion 2　第二单元（主题：问路）/63

Lektion 3　第三单元（主题：饮食）/77

Lektion 4　第四单元（主题：交通）/92

Lektion 5　第五单元（主题：居住）/107

Wiederholung 1　第一阶段复习/124

Lektion 6　第六单元（主题：拜访）/130

Lektion 7　第七单元（主题：购物）/149

Lektion 8　第八单元（主题：天气）/167

Lektion 9　第九单元（主题：就医）/186

Lektion 10　第十单元（主题：在邮局）/205

Wiederholung 2　第二阶段复习/224

Lektion 11　第十一单元（主题：在银行）/230

Lektion 12　第十二单元（主题：旅行）/249

Lektion 13　第十三单元（主题：打电话）/271

Lektion 14　第十四单元（主题：节日）/295

Lektion 15　第十五单元（主题：看电视）/317

Wiederholung 3　第三阶段复习/342

附录　Glossar 总词汇表/348

Teil 1: Phonetik
语音部分

Lektion 1

第一单元

主题：德语30个字母 字母和音素 元音和辅音

A Konversation 会话用语

Guten Morgen! 早上好！	Guten Tag! 您好！/ 你好！
Guten Abend! 晚上好！	Gute Nacht! 晚安！
Auf Wiedersehen! 再见！	Bis morgen! 明天见！

B Merkvers 学习口诀

德语似拼音，会拼就能读。
字母三十个，四个很特别。

C Allgemeines 语音常识

1. 德语是拼音文字

德语是一种拼音文字，一般不用国际音标标音。只要掌握了发音方法和要领，便可拼读单词。德语与英语相比，虽同属日耳曼语族，字母差不多（德语多4个），不少单词拼写相同，但发音却有较大区别。请德语初学者特别注意。

2. 德语有30个字母

德语有30个字母，其印刷体和手写体的大小写形式，及其名称读音和拼读用单词请见本课"德语字母表"。除了我们熟悉的英语中的26个字母外，德语中还有a，o，u3个字母的变音形式（ä, ö, ü）和 ß（读作['estset]，我们俗称其为"长脚s"）。ß不出现在词首，故无大写形式。根据新的拼写规则，它在短元音后一般写作 ss。

3. 字母和音素

字母是表达语音的符号，是词书写形式的最基本单位。音素则是构成语音的最基本单位，是词读音的最小单位。音素一般可分为元音音素（或称元音）和辅音音素（或称辅音）。有的字母（如元音字母 a, e, i, o, u 等）可有两种或更多读音，构成两个或更多的音素。

4. 元音和辅音

德语有19个元音音素（详见本部分最后"语音复习"中的"元音音素表"），20个辅音音素（详见本部分最后"语音复习"中的"辅音音素表"）和10个复合辅音音素（详见本部分最后"语音复习"中的"复合辅音音素表"）。

D Das deutsche Alphabet   德语字母表

印刷体		手写体		字母名称	拼读例词
大写	小写	大写	小写		
A	a	A	a	[a:]	Anton / Name
B	b	B	b	[be:]	Berta / Banane
C	c	C	c	[tse:]	Cäsar / Celsius
D	d	D	d	[de:]	Dora / Dank
E	e	E	e	[e:]	Emil / Elefant
F	f	F	f	[ef]	Friedrich / fünf
G	g	G	g	[ge:]	Gustav / Gurke
H	h	H	h	[ha:]	Heinrich / Hut
I	i	I	i	[i:]	Ida / Kilo / Sie
J	j	J	j	[jɔt]	Julius / Junge
K	k	K	k	[ka:]	Kaufmann / Kind
L	l	L	l	[el]	Ludwig / Liebe
M	m	M	m	[em]	Martha / Maus
N	n	N	n	[en]	Nacht / nein

Lektion 1 第一单元

（续表）

印刷体		手写体		字母名称	拼读例词
大写	小写	大写	小写		
O	o	O	o	[o:]	Otto / Ohr
P	p	P	p	[pe:]	Paula / Paprika
Q	q	Q	q	[ku:]	Quelle / Qual
R	r	R	r	[er]	Richard / warum
S	s	S	s	[es]	Samuel / Sofa
T	t	T	t	[te:]	Theodor / Tee
U	u	U	u	[u:]	Ulrich / Uhr
V	v	V	v	[fao]	Viktor / Visum
W	w	W	w	[ve:]	Wilhelm / wer
X	x	X	x	[iks]	Export / Text
Y	y	Y	y	[ˈypsilon]	Ypsilon / Yuan
Z	z	Z	z	[tset]	Zelt / Zahl
Ä	ä	Ä	ä	[a-Umlaut]	Ärger / Käse
Ö	ö	Ö	ö	[o-Umlaut]	Ökonom / mögen
Ü	ü	Ü	ü	[u-Umlaut]	Übung / früh
/	ß	/	ß	[ˈestset]	Fleiß / groß

说明：请注意德语字母大写和小写的差异。字母读音很重要，对以后学习、拼读和记忆生词、查阅词典等非常有用，所以初学德语时一定要把德语字母读音背出来。拼读例词主要用于口头表达，尤其是在电话中和谈话时介绍姓名和地址等。表中拼读例词系我们参考某些语音教材后得到的"一家之言"，仅供参考。具体拼读时可根据情况和需要灵活变动，用最常用和易辨别的词来拼读有关字母。

E Übungen 练习

1. Laut lesen 朗读练习

Guten Morgen, Herr Li!   Guten Tag, Frau Ma!

Hallo, Maria!   Hallo, Leon!

Guten Abend, Herr Becker!   Guten Abend, Frau Schmidt!

Gute Nacht, Leon!   Gute Nacht, Maria!

Auf Wiedersehen!   Auf Wiederhören!

Bis bald!   Bis morgen!

2. Hausarbeit 课外练习

（1）请回答：

什么是拼音文字？

字母与音素有什么区别？

德语有多少个字母？哪几个是特殊的？

德语有多少个元音音素和辅音音素？

（2）请学会唱德语字母歌！

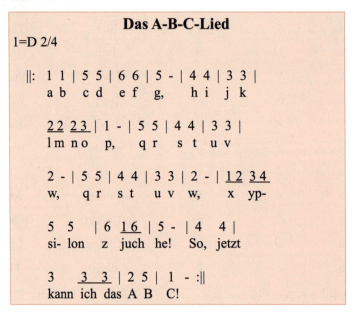

Lektion 2

第二单元

主题：元音和辅音的发音 清辅音和浊辅音 元音a, o, u 辅音b-p, d-t, g-k

A Konversation　会话用语

| Wie ist Ihr Name? 请问您的大名？ | - Mein Name ist XXX! 我的名字是XXX! |
| Wie heißen Sie? 您叫什么名字？ | - Ich heiße XXX! 我叫XXX! |

B Merkvers　学习口诀

> 元音似韵母，音色靠舌唇。
> 辅音主发声，清浊要区分。

C Allgemeines　语音常识

1. 元音和辅音

德语中的元音相当于汉语中的韵母，发音时气流经口腔时不受口腔中发音器官（唇、齿、舌等）的阻碍；辅音则相当于汉语中的声母，发音时气流在口腔内受到不同程度的阻碍。

2. 元音的发音

德语中的元音发音时，气流从肺中压出，喉头、声带振动，气流经过气管进入口腔或鼻腔。气流在口腔中，受到口的开合和舌、唇等的调节，不受其他发音器官的阻碍。因此元音的音色取决于舌和唇，而舌位尤其重要。

3. 辅音的发音

德语中的辅音发音时，气流从肺中压出，在量上和时间上受到口腔中某些器官或多或少、或长或短的阻碍或限制。

4. 浊辅音和清辅音

在发德语中的辅音时，声带参与振动的，就是浊辅音；声带不参与振动的，就是清辅音。德语中的浊辅音有 9 个 (b, d, w, g, s, m, n, l, r)，清辅音有 7 个 (p, t, f, k, s, h, x)。其中 b-p, d-t, g-k, s-s 和 w-f 是5对浊清辅音组。

D　Aussprachetipps　发音提示

1. 元音 a 的长音 [a:] 和短音 [a] 的发音

发 a 的长音时，双唇张大，舌自然平放，舌尖抵下齿，如 Tag, Name 等。

发 a 的短音时，开口度略小于发长音，其声音要短促有力，如 Hans, Anna 等。

2. 元音 o 的长音 [o:] 和短音 [ɔ] 的发音

发 o 的长音时，双唇前伸成椭圆形，舌尖稍抵下齿，舌后部抬起，如 Ton, Monika 等。

发 o 的短音时，开口度略大于发长音，舌后部位置略低，如 Bonn, Otto 等。

3. 元音 u 的长音 [u:] 和短音 [u] 的发音

发 u 的长音时，双唇前伸，开口度略小于发 o，舌后部抬高一点，舌尖抵下齿，如 du, gut, Uhr, Wut 等。

发 u 的短音时，开口度略大于发长音时，舌后部略低一些，如 und, Duft, Futter 等。

4. 辅音组 b[b]-p[p] 的发音

b 是浊辅音，发音时闭唇，舌尖抵下齿，舌平放，送气，声带振动。

p 是清辅音，发音要领同 b，但送气强一些，声带不振动。

5. 辅音组 d[d]-t[t] 的发音

d 是浊辅音，发音时双唇微开，舌前端抵上齿和上齿根，送气，声带振动。

t 是清辅音，发音要领同 d，但送气强一些，声带不振动。

6. 辅音组 g[g]-k[k]的发音

g 是浊辅音，发音时双唇微开，舌尖抵下齿，舌面贴向硬腭，送气，声带振动。

k 是清辅音，发音要领同 g，但送气强一些，声带不振动。

E Übungen 练习

1. Aussprecheübung 发音练习

a 的长音：Bad Tag Name Tat aber Papa Aal ja Bahn Staat da

a 的短音：alt das ganz Akt Gatt Takt All ab Bann Stadt danke

o 的长音：ohne vor Boot Dom Kode Tod Foto Ofen Rose Ton

o 的短音：Ort Bonn Gott fort ob Okt Otto offen Wolle Tonne

u 的长音：gut Uhr Bude tut Kuba Tube du Wut Mut Fuß Nudel

u 的短音：und Duft Wurf Burg dumm Puppe putzen Unke Mutter

b-p：　　　ba-pa bo-po bu-pu bad-pat Bob-Pop Busse-Puppe

d-t：　　　da-ta do-to du-tu dank-tank Donner-Tonne dumm-tun

g-k：　　　ga-ka go-ko gu-ku gut-kut Gott-kott gang-kang

2. Sprechübung 说话练习

Wie ist Ihr Name?	- Mein Name ist Li Ming.
Wie heißt sie?	- Sie heißt Ma Lingling.
Wie ist dein Name?	-Mein Name ist Leon Becker.
Wie heißt sie?	- Sie heißt Maria Schmidt.
Wer ist er?	- Er ist Herr Becker.
Wer ist sie?	- Sie ist Frau Schmidt.

3. Hausarbeit 课外练习

（1）请回答：

元音与辅音有什么区别？

清辅音和浊辅音有什么不同？

（2）请操练和掌握本课所学元音和辅音的发音要领！

（3）请书写本课所学元音和辅音多遍！

> **Weisheit（智慧箴言）**
> **Morgenstund' hat Gold im Mund.**
> 一日之计在于晨。

Lektion 3

第三单元

主题：长元音和短元音 元音e, i 辅音m, n, s

A Konversation 会话用语

| Was lernen Sie? 您在学习什么？ | - Ich lerne Deutsch! 我在学习德语！ |
| Ist das schwer? 这（学德语）难吗？ | - Es ist nicht sehr schwer. 这不太难。 |

B Merkvers 学习口诀

元音分长短，发音有规律。
特殊也不少，学时须记牢。

C Allgemeines 语音常识

1. 长元音和短元音

德语中的元音有长音、短音之分。元音的读音长短不同，词义也随之不同。如Staat（国家）和Stadt（城市）、Ofen（炉子）和offen（张开）等。

2. 元音要发长音的一般情况

元音后面无辅音或只有一个辅音，如 Tag, Ton, Dom, gut, du, Name 等。

元音后面有字母 h（h 本身不发音），如 Fahne, ahnen, ohne, Uhr 等。

双元音和复合元音，如 Saal, Boot, Tee, Mai, deutsch, einigen 等。

3. 元音要发短音的一般情况

元音后面有两个或更多的辅音，如 Hans, Anna, Otto, Bonn, dumm 等。

元音在复合辅音前，如 waschen, sechs, Tisch, Kopf 等。

元音在某些单音节的冠词、代词、介词中，如 das, es, was, an, in 等。

4. 元音要发长或短音的特殊情况

德语元音须发长音或短音的特殊情况很多，我们无法也不必一一列出。学员只要在学习单词时注意老师的领读和讲解，就不难掌握。

D Aussprachetipps 发音提示

1. 元音 e 的长音 [e:] 和短音 [ε] 的发音

发 e 的长音时双唇微张，开口度比 a 小，舌尖抵下齿，舌部稍抬起。

发 e 的短音时双唇张得稍大于发长音时，舌尖抵下齿，舌部低于发长音时。

2. 元音 i 的长音 [i:] 和短音 [i]，以及元音 ie [i:] 的发音

发 i 的长音时双唇微张，舌尖抵下齿，舌前部抬起。

发 i 的短音时双唇张得稍大于发长音时。

元音 ie 的发音要领与发 i 的长音相同。

3. 非重读元音 e [ə] 的发音

双唇微开，舌尖抵下齿，舌中部稍抬起，轻轻送气，发短音。e 只在词尾或词首非重读音节中发此音。德语中这种情况较多见，如 Bitte, Ebbe, begab, Kode, Gebot, Bote, Tube 等。

4. 辅音 m (mm) [m] 的发音

双唇紧闭，舌平放，鼻腔送气，声带振动，如 ma, me, mi, mo, mu, mö, mä 等。

5. 辅音 n (nn) [n] 的发音

双唇微开，舌尖抵上齿和上齿根，也由鼻腔送气，声带振动，如 na, ne, ni, no, nu 等。

6. 辅音 s (ss, ß) [s] 的发音

双唇微开，上下齿抵紧，但留微缝，舌尖抵下齿，舌面两侧翘起靠近硬腭，舌中部留一小缝，气流摩擦成音。

s 在元音前发浊音，如 sie, Suppe 等。

s 在辅音前或音节末尾发清音，如 ist, Hans 等。

ss (ß) 发清音，如 Wasser, Fuß 等。

E Übungen 练习

1. Aussprachübung 发音练习

e 的长音：	dem Ehe Peter Beet Tee weh Rede Feder legen See
e 的短音：	per Bett Decke Kette Geld Terror weg lecken kennen
i 的长音：	ihm die Sie Tibet gib Fieber wie wir ihnen bieten
i 的短音：	bitte dick gilt wirr Pille Ticket innen bitten Schiff
非重读元音 e：	habe Hunger begann komme Bitte Miete Sonne Tante
m：	Mai Mutter Monika mit kommen Hamburg meinen machen
n：	nein neu Konrad kennen lernen nur neben noch dann
s (ss, ß)：	Sie Hans heißen Fuß muss Wasser Suppe Maus sehen

2. Laut lesen 朗读练习

sehen stellen Tee sich Sie wir wirr Bitte bitten bieten

China Schmidt Beijing Hamburg Papier Puppe lecker etwas woher

denken Pendel dachte Pacht gut Kurt Gong konnte Hans

Gier Kiel wissen Wiese Miete mit Bus Butter Mutter

habe essen etwas in das komme möchte Karte Bette danke

trinken Salat es Hunger Restaurant genau Fuß gehe Suppe Gott

also links lerne erst eben dann siegen im Dom dumm Mut

3. Sprechübung 说话练习

Was lernst du?	- Ich lerne Deutsch.
Was lernt ihr?	- Wir lernen Deutsch.

Lernt sie auch Deutsch?   - Ja, sie lernt auch Deutsch.

Was lernen Sie?   - Wir lernen eine Fremdsprache.

Ist das Lernen sehr schwer?   - Nein, es ist nicht sehr schwer.

Sie lernen sehr fleißig.   - Danke! Wir lernen gern Deutsch.

4. Hausarbeit 课外练习

（1）请书面回答：

德语元音分几种？

哪些情况下的元音一般要发长音？

哪些情况下的元音一般要发短音？

（2）请操练和掌握本课所学元音和辅音的发音要领！

（3）请书写本课所学元音和辅音多遍！

Weisheit（智慧箴言）

Ohne Fleiß, kein Preis.

不勤奋，无收获。

Lektion 4

第四单元

主题：音节和重读 复合元音 au 双元音 aa, ee, oo 辅音 f, w, v, c

A Konversation   会话用语

| Wie geht es Ihnen? 您好吗? | - Danke, gut. Und Ihnen? 谢谢，我很好。您呢? |
| Wie geht's? 你好吗? | - Danke, auch gut. 谢谢，我也很好。 |

B Merkvers   学习口诀

> 什么叫音节？元音加辅音。
> 词词有重音，读准才好听。

C Allgemeines   语音常识

1. 什么叫音节

音节是说话时最小的语言单位，由一个或多个元音和一个或多个辅音构成。如 Mor-gen（早上），Mond（月亮），Son-ne（太阳）等。有时，一个或多个元音也能构成一个音节，甚至词，如 A-bend（晚上），Oh!（噢！/哦！）等。

2. 单音节词和多音节词

德语中的词有单音节词和多音节词之分。单音节词指的是由一个元音和一个或一个以上辅音组成的词，如 da, du, das 等。多音节词指的是由两个或更多的元音和两个或更多的辅音组成的词，如 heißen, woher, China 等。

3. 重读音节

德语中每个词都有一个音节要重读。所谓重读就是该音节中的元音要读响些和长些。

单音节词的重读音节当然落在其元音上，如 die, sie, du 等。

多音节词的重读音节，亦即该词的重音所在，一般在该词代表词义的词根音节上，常见的情况是在倒数第二个音节上，如 Vater, Mutter 等。

D　Aussprachetips　发音提示

1. 复合元音 au[ao] 的发音

先发短音 a，再滑向长音 o（但要短读），两音要连在一起，如 kaufen, laufen, auch 等。

2. 双元音 aa [a:], ee [e:], oo [o:] 的发音

双元音 aa 发 a 的长音，如 Saal, Waage 等。

双元音 ee 发 e 的长音，如 Tee, leer 等。

双元音 oo 发 o 的长音，如 Zoo, poolen 等。

3. 辅音 f [f], w [v], v [f] / [v] 的发音

上齿轻抵下唇，舌平放，舌尖抵下齿，气流从唇齿的缝隙中摩擦而出。

f 发清音，如 Fahne, kaufen 等。

w 发浊音，如 wir, wie 等。

v 在德语词中同 f，发清音，如 Vater, viel 等。

v 在外来词中同 w，发浊音，如 Villa, Klavier 等。

4. 辅音 c [ts] / [k] 的发音

辅音 c 主要出现在外来词中。

辅音 c 在元音 a, o, u 前，发音同 k，如 Café, Computer 等。

辅音 c 在元音 e, i 前，发音同辅音 ts (tz, ds)，如 Celsius, Cent 等；在其他元音前一般发 [k]，如 College, Couch, Curry 等。

Lektion 4 第四单元

E Übungen 练习

1. Aussspracheübung 发音练习

元音 au： auf auch Aula Bauch Traum Maus faul Augen genau kaufen

双元音 aa： Aal Aachen Haar Saar Staat Saal Maat aalen aalglatt paar

双元音 ee： Klee Beet Idee Fee Kaffee See Meer Tee Lee leer Nee

双元音 oo： Boot Boom doof Football Goodwill Google Moos Tool Zoo

辅音 f： faul fahren Dorf Genf Fenster Familie laufen Ofen tief Luft

辅音 w： Wagen wann wir wie wo was wohin woher Wasser warum

辅音 v： Vater Vernunft Viertel Volk vor vorbei Vogel Motiv aktiv

辅音 c： circa Café City Cent Center Curry Clown Computer College

2. Laut lesen 朗读练习

Fahrkarte ab Dorf Bahnhof auch brauchen Volkswagen Familie
wollen Wille wiedersehen Straßenbahn U-Bahn Volkswagen Vogel
Station sollen richtig mit ihm kein nein umsteigen wollen wo
Bauch Volk voll völlig Wagen Wiege wann kaufen laufen Auge
Haar Paar Aal Mahlzeit Meer See Tee leer Boot Boom sehen
City Center Clown Vater vier Vieh viel Verkehr fahren was

3. Sprechübung 说话练习

Wie geht es Ihnen, Herr Li?   - Danke, gut. Und Ihnen?   - Danke, auch gut.
Wie geht's, Maria?   - Es geht. Und dir?   - Gleichfalls.
Grüß Gott!   - Servus!
Lebe wohl!   - Mach's gut!
Auf Wiedersehen!   - Auf Wiederschauen!
Einen schönen Tag!   - Danke, ebenfalls!

4. Hausarbeit 课外练习

（1）请回答：

音节重读是怎么回事？

多音节词一般如何重读?

（2）请操练和掌握本课所学元音和辅音的发音要领!

（3）请书写本课所学元音和辅音多遍!

> **Weisheit**（智慧箴言）
>
> **Steter Tropfen höhlt den Stein.**
> 水滴石穿。

Lektion 5

第五单元

主题：多音节重读 复合词读法 复合元音 ei 辅音 l, r, j

A Konversation　会话用语

Woher ist sie? 她来自哪里？	- Sie ist aus Deutschland. 她来自德国。
Woher kommt ihr? 你们来自哪里？	- Wir kommen aus Beijing. 我们来自北京。

B Merkvers　学习口诀

> 德语有特点，复合词多见。
> 重音读得准，听者辨得清。

C Allgemeines　语音常识

1. 重读和重音

德语中一个词若由两个或更多的音节构成时，其中一个音节须重读，它就是该词的重音所在。词典中一般用符号 " ' " 标明。

2. 德语中多音节词的重读

德语中的每个多音节词，在读音时都有一个音节须重读。其作用在于，或强调意义（重音一般在词根上），如 trag-bar（可携带的）；或表示与别的发音相同或相似的词的区别，如 übersetzen（翻译，重音在se上）和 über-setzen（摆渡，重音在 über 上）等。

3. 简单词和复合词的重读

德语中的词从其构成上分，有简单词和复合词两种。由一个单独的词（词根加最少且必要的其他成分）构成的词称之为简单词（如 lernen, sehen 等），由两个或更多的简单词构成的词（如 kennenlernen, wiedersehen 等）称为复合词。前面所讲的多音节重读均指的是简单词。德语中复合词的重读比较复杂。这里只讲复合名词和复合动词的重读问题。其他复合词的重读，请注意上课时老师的领读和讲解。

复合名词的重音一般在第一个音节上，如 Urteil, Antwort 等。

复合动词的重音一般不在前缀上，而在其词根音节上，如 erteilen, gewöhnen 等。

4. 特殊重读情况

德语中的词还有许多特殊的重读情况，如人名和地名、很多外来词、缩写、一些派生词等，我们这里不一一细述。请在学习生词时注意其读音和重音所在。

D Aussprachetips 发音提示

1. 复合元音 ei (ai) [ae] 的发音

先发短音 a，再发长音 e（但要短读），两音要连在一起，如 Ei, ein, Bein, fein 等。

2. 辅音 l (ll) [l] 的发音

双唇稍张，舌前端抵上齿和齿根，气流从舌两侧送出，声带振动，如 Lampe, Land, leise, Ball 等。

3. 辅音 r [r] 的发音

辅音 r 可用小舌或舌尖（俗称大舌）发音。

用小舌发音时，双唇张开，舌尖抵近下齿，舌后部抬起，呼出气流，使小舌自然颤动。初学者可含水在口，像漱口那样练。德国人一般习惯于用小舌发音，发音例词见后。

用舌尖（大舌）发音时，开口度小些，舌尖轻抵硬腭前部，呼出气流，使舌尖自然颤动，如 Rad, Radio, Morgen, Reis, Ruhe 等。

4. 辅音 j [j] / [dʒ] 的发音

双唇微开，舌尖抵下齿，舌面向硬腭抬起，气流从舌中部送出，声带振动，如 ja, Jahr, je, jeder, Jacht 等。在少数外来词中，j 须按来源语发音，发 [dʒ] 音，先发 [d]，紧接着发 [ʒ]，使两音连在一起，如 Jeep 等。

Lektion 5 第五单元

E Übungen 练习

1. Ausspracheübung 发音练习

复合元音 ei (ai)： bei hei kei mai nei sei lei lai dei tai Leider Blei mein sein gleich weiter frei Main Kaiser Mai einfach

辅音 l (ll)： la le li lo lu lau lei liegen Laden Liebe Lob leer Luft laufen leicht lachen sollen wollen voll toll Ball

辅音 r： ra re ri ro ru rei rau reu ruhen raten Ruhe rechts Raum reisen rot reden irre dürr groß grün Herr Tor

辅音 j： ja je ji jo ju jau jah jede Jade Jugend Jahr Jacke jemand jeder Joghurt Juli Juni Jubel Juden Jura Juwelen

2. Laut lesen 朗读练习

leicht reiten Laie Mai Luther rudern privat pleite jedoch
lesen reden fallen Fall Zelle Zimmer laut leise Reise Jade
Lust ruhig richtig lahm Rat manchmal gefallen fahren raten
Lärm arm Mais Reis jawohl jetzt Jubel Johann raten je
Kaiser dein kein Laune sauer leben lieben ruhig richtig

3. Sprechübung 说话练习

Woher kommt ihr?	- Wir kommen aus Beijing.
Woher ist sie?	- Sie ist aus Berlin, Deutschland.
Woher sind Sie?	- Ich bin aus Shanghai, China.
Woher kommt er?	- Er kommt aus China.
Kommt sie aus Beijing?	- Ja, sie kommt aus Beijing.
Kommst du aus Shanghai?	- Nein, ich komme aus Hangzhou.

4. Hausarbeit 课外练习

（1）请回答：

德语复合名词一般怎么重读？

德语复合动词一般怎么重读？

（2）请操练和掌握本课所学复合元音和辅音的发音要领！

（3）请书写本课所学元音和辅音多遍！

Weisheit（智慧箴言）

Eile mit Weile.

急而不乱。

Lektion 6

第六单元

主题：开音节和闭音节 发音送气 变元音 ä, ö, ü 半元音 y

A Konversation 会话用语

| Haben Sie Hunger? 您饿了吗? | - Ja, ich habe Hunger. 是的，我饿了。 |
| Guten Appetit! 祝您/你好胃口！ | -Danke, gleichfalls. 谢谢，也祝您 / 你好胃口。 |

B Merkvers 学习口诀

音节分开闭，辅音有送气。
若从音节看，单词分三种。

C Allgemeines 语音常识

1. 德语单词的音节

德语中的单词有单音节、双音节和多音节之分。

单音节词指的是由一个元音组（由一个单元音或双元音或复合元音和一个或两个或更多辅音组成的发音单位）组成的词，如 du, sie, das, Bonn, dumm, Tisch 等。也有个别词仅由一个元音（没有辅音）组成，如 O!, Au! 等。

双音节词是指由两个元音组组成的词，如 Morgen, kommen, heißen, Deutsche, Beijing, Shanghai 等。

多音节词是指由两个以上的元音组组成的词，如 kennenlernen, wiedersehen, aufmachen 等。

2. 开音节和闭音节

以元音结尾的音节称之为开音节，如 so, da, sie, Opa, Radio 等。

以辅音结尾的音节称之为闭音节，如 gut, bist, Fuß, Weg, nicht 等。

3. 送气和不送气发音

送气发音指的是在发德语中的某些辅音时，将肺部压出的部分气流送出口外。这是德语辅音发音的特征之一。送气或不送气发音主要涉及 p, t, k, s 等辅音。请在学习单词读音时注意发音要领。

D　Aussprachetipps　发音提示

1. 变元音 ä 的长音 [ɛː] 和短音 [ɛ] 的发音

发变元音 ä 的长音时，舌尖抵下齿，舌位同发 e 的长音，但开口度稍大，且送气。

发变元音 ä 的短音的要领同发 e 的短音时基本相同，但口形稍大。

2. 变元音 ö 的长音 [ɸː] 和短音 [œ] 的发音

发变元音 ö 的长音时，唇形同发长音 o，舌位同发长音 e，舌前端抵下齿，送气。

发变元音 ö 的短音时，唇形同发短音 o，舌位同发短音 e，舌前端略抵于发变元音 ö 的长音。

3. 变元音 ü 的长音 [yː] 和短音 [y] 的发音

发变元音 ü 的长音时，唇形同发长音 u，舌位同发长音 i，但舌前端要抵下齿，且须送气。

发变元音 ü 的短音时，唇形同发短音 u，舌位似发短音 i，但比变元音 ü 发长音时要低。

4. 半元音 y 的长音 [yː] 和短音 [y] 的发音

德语中的 y 既可作元音，又可作辅音，所以称作半元音。y 作辅音时发音同 j，如 Yacht, Yankee。作元音时发音同变元音 ü，如 Typ, Physik，且也有长音和短音之分（如在 Asyl 中发长音，在 System 中发短音）。y 发短音的要领同发变元音 ü 的短音。

Lektion 6　第六单元

E　Übungen　练习

1. Ausspracheübung 发音练习

变元音 ä：bä dä jä kä lä mä nä rä sä tä zä pä bä gä Ärzte ändern Äpfel Männer Länder Kälte Wärme Hände sägen Käse

变元音 ö：bö jö kö lö mö nö rö schö tö zö pö dö gö Öl Öde Öfen Ökonomie hören Höfe mögen vergrößern gewöhnen Löhne

变元音 ü：bü dü gü kü lü mü nü rü sü tü zü pü fü hü müde Übung über Übel Brüder Tür für Güte führen kühl Mühe

半元音 y：ya ye yi yo yu yau phy sy ty ly dy gy ky hy System Symbol Physik Polygamie Pyramide psychisch

2. Laut lesen 朗读练习

täglich Bär Dämmerung Dänemark Tänzer zäh schön Väter wählen
Lüge zögern Röslein mögen röten Bücher Büro müde Löwe Löffel
kühl Dürre Tür Züge Yacht Yuan Asyl Physik öffnen Öfen König
können Lüfe Lücke Büte Hütte üben üppig zählen Hähnchen füllen
ya Typ typisch System Dynamik Gymnasium Hygiene Lyrik

3. Sprechübung 说话练习

Hast du Hunger?	- Ja, ich habe Hunger.
Haben Sie keinen Hunger?	- Nein, ich haben keinen Hunger.
Was möchten Sie essen?	- Ich esse gern chinesisch.
Was essen Sie gern?	- Wir essen gern europäisch.
Was trinken Sie?	- Ich trinke nur Wasser.
Trinkst du gern Kaffee?	- Ja, ich trinke gern Kaffee.

4. Hausarbeit 课外练习

（1）请回答：

什么是音节？

如何区分单音节词、双音节词和多音节词？

掌握音节知识的意义何在？

（2）请操练和掌握本课所学变元音和半元音的发音要领！

（3）请书写本课所学变元音和半元音多遍！

Weisheit（智慧箴言）

Kein Licht ohne Schatten.

有光就有影。

Lektion 7

第七单元

> 主题：重叠辅音和辅音尾音清化 复合元音 eu 辅音 ch, sch, h 复合辅音 sp, st

A Konversation 会话用语

| Wohin fahren Sie? 您（乘车）去哪儿？ | - Ich fahre zum Bahnhof. 我（乘车）去火车站。 |
| Wann fährt der Zug ab? 火车什么时候开？ | - Der Zug fährt gleich ab. 火车马上开。 |

B Merkvers 学习口诀

> 辅音若重叠，仍发一个音。
> 尾音须清化，方能听得清。

C Allgemeines 语音常识

1. 重叠辅音的读法

德语单词中重叠辅音的现象很多见。这种重叠辅音一般只读一个辅音的音，如 kommen, essen, treffen, müssen, gewinnen 等。

2. 复合词中两个连在一起的相同辅音的读法

其读法的一般原则是：不能连读，必须分开读，如 Schiff-fahrt, Tisch-schublade, Schrank-kante, Ess-stäbchen。

注意：即使句中前一个词的词尾和后一个词的词首是同一个辅音时，也不能连读，必须分开读——前一个读清辅音，后一个读浊辅音，如 Es wird dunkel. / Er wird teuer. / ... und das / von neuem 等。

3. 辅音尾音清化

德语中的某些浊辅音，在词尾时要发清音，如 Berg, Rad, Teig, schrieb, Bad 等。

D Aussprachetipps   发音提示

1. 复合元音 eu (äu) [ɔy] 的发音

发 eu (äu) 时，先发元音 o 的短音，再发变元音 ü 的长音（但要短读），两音要连读，如 teuer, Bäume 等。

2. 辅音 ch [ç] / [x] / [k] 的发音

辅音 ch 有三种发音情况：

在元音 e, i, ei, eu, a, o, u 和所有辅音之后，以及在元音 e, i 之前，均发 [ç]。发音要领同发 j，但要发清音。双唇和上下齿微开，嘴角向后微微咧开，舌面抬起，与硬腭间留一缝，送气，声带不振动，如 echt, ich, Teich, äch, öch, üch 等。

在元音 a, o, u 之后，以及在复合元音 au 之后发 [x]。双唇自然张开，舌尖抵下齿，舌后部抬起，与软腭间留一缝，送气，声带不振动，如 ach, och, uch, auch, noch, doch 等。

在某些外来词中发 [k] 音，如 Charakter（特性），Chaos（混乱）等。

3. 辅音 sch [ʃ] 的发音

发 sch 时，双唇前伸，上下齿微开，舌面两侧接触硬腭，舌前部形成一气槽，送气，在气槽和硬腭间成音，声带不振动，如 scha, sche, schi, scho, schu, schei, schau, schö 等。

4. 复合辅音 sp [ʃp] 和 st [ʃt] 的发音

sp 位于词首时发 sch-p 音。先发 sch，紧接着发 p。但与元音构成音节时，p 须硬化，如 sprechen, Sprache, Speise, Spaß, Spiel, spät 等。

st 位于词首时发 sch-t 音。先发 sch，紧接着发 t。但与元音构成音节时，t 须硬化，如 Staat, Stadt, Stuhl, Straße, Streit 等。

5. 辅音 h [h] 的发音

发 h 时，嘴唇微张，舌平放，舌前端抵下齿，轻轻送气，声带不振动，如 ha, he, hi, ho, hu, hä, hö, hü, hei, heu, häu 等。

注意：h 在很多词中是不发音的，仅表示前面的元音须发长音，如 fahren, sehen, Bahn, gehen 等。

E Übungen 练习

1. Ausspracheübung 发音练习

复合元音eu (äu)：	bäu beu deu heu leu neu mäu teu täu zeu euch euer Eule treu neu heute Leute Freunde
辅音ch：	cha che chi cho chu ich echt ach och auch euch China Chinese dicht nicht möchten leicht Teich
辅音sch：	scha sche schi scho schu schä schö schau scheu schreiben schön Mensch schade löschen Tasche
辅音sp：	spa spe spie spo spu spä spei spö spü sprechen Speise spät sprechen spielen sparen Spur Spitze
辅音st：	sta ste stie sto stu stä stei sty stü stö Stadt Staat Stunde steigen Stange staunen stark Stuhl
辅音h：	ha he hi ho hu hy hau hei heu hä hö hü hören Himmel hechten heuer hupen Hühne Hähnchen

2. Laut lesen 朗读练习

taub teuer deutlich täuchen Beutel Leute Mäuse Zeuge neu
China Chemie Teich dich euch auch doch noch ächzen lachen
möchten schade schieben schon schön schießen schauen Scheu
Stab stehen steigen Straße Stunde Stoß Student Stuhl Stein
haben heben heilen hier hoch Human hauen heulen Hygiene

3. Sprechübung 说话练习

Wohin fahren Sie?	- Ich fahre zum Bahnhof.
Wohin fahren wir?	- Wir fahren zur Bibliothek.
Wohin fährst du?	- Ich fahre nach Hause.
Wann fährt der Zug ab?	- Der Zug fährt gleich ab.

Sollen wir umsteigen? - Ja, wir steigen hier um.

Gibt es hier eine U-Bahn? - Nein, hier gibt es keine U-Bahn.

4. Hausarbeit 课外练习

（1）请回答：

同一音节中辅音重叠怎么发音？

两个音节中同一辅音相连又怎么发音？

德语中哪些尾音须清化？

（2）请操练和掌握本课所学复合元音和辅音的发音要领！

（3）请书写本课所学复合元音和辅音多遍！

Weisheit（智慧箴言）

Geduld und Fleiß bricht alles Eis.

耐心勤奋，磨杵成针。

Lektion 8

第八单元

主题：音节的分离 复合辅音 z, tsch dt, th, ph, ck 的读音

A Konversation 会话用语

Was wünschen Sie? 您想要什么？　　Was möchtest du kaufen? 你想买什么？
Was kostet das? 这个多少钱？　　　Wie teuer ist das? 这个价格如何？

B Merkvers 学习口诀

书写要移行，分写看音节；
元音为核心，辅音移下行。

C Allgemeines 语音常识

1. 音节的分离

　　多音节的简单词和复合词，在分写为两行时，必须进行分离。只有分离准确才能准确阅读。简单词按读音音节分离，复合词先按（合成）词分离，然后再按音节分离。下面简单介绍元音和辅音的分离原则。

2. 元音的分离

　　仅由一个单元音组成的音节不能与后面的音节分离，如 aber, Ofen 等。

　　双元音 ai, ei, au, eu, äu, ie 和重叠元音 aa, ee, oo 本身不能分离。

　　两个音节中的两个元音相连，则应分离，如 Trauung 应分成 Trau-ung。

3. 辅音的分离

在"元音 + 辅音 + 元音"的结构中，中间若是一个单辅音，则将它分在下行，如 le-ben, ha-ben, ru-fen。

在"元音 + 辅音 + 元音"结构中，中间若有两个以上辅音，将最后一个辅音分在下行，如 Mut-ter, Was-ser, sin-ken, Ap-fel, sit-zen, Wech-sel。

德语单词中有 ch, sch, ph, th, qu, chen 等字母组时，应视为一个辅音，其本身不能分离。如遇分离音节时，则整个字母组分在下一行，如 ma-chen, wa-schen, Häus-chen。根据新的正字法，st, sp 移行时要拆开分写，如 Wes-ten, Wes-pe。

遇 b, d, g, v, z, sch, tsch, dsch 等音素时，即使其后面是辅音，也应分在下行，如 Re-dner, Ma-gnet, Deu-tsche 不能分离成 Red-ner, Mag-net, Deut-sche 。

根据新的正字法，复合辅音 ck 在分行时是不能分离的，如 Rücken, backen 须分行成 Rü-cken, ba-cken。

D Aussprachetipps 发音提示

1. 复合辅音 z (ts, tz, ds) [ts] 的发音

发 z 时，发爆破音 t 和清音 s 的连续音，与普通话中"刺"相似，但送气要有力些，如 za, ze, zi, zo, zu 等。ts, tz, ds 也如此发音，如 nichts, Platz, abends 等。

2. 复合辅音 tsch [tʃ] 的发音

发 tsch 时，发爆破音 t 和辅音 sch 的连续音，与普通话中"吃"相似，但送气要有力些，如 Deutsch, Quatsch, klatschen 等。

3. dt, th, ph, ck 的读音

dt 读 t [t] 音，如 Stadt, Schmidt 等。

th 也读 t [t] 音，如 Thema, Mathematik 等。

ph 读 f [f] 音，如 Photo, Physik 等。

ck 读 k [k] 音，如 Ecke, Glück 等。

E Übungen 练习

1. Ausspracheübung 发音练习

复合辅音 z (ts, tz, ds)：za ze zi zo zu zau zei zeu zäu zä zö zü zy

复合辅音 tsch (dsch)：tscha tsche tschi tscho tschu tschau tschei dschü Rutsch Putsch Quatsch Deutsch Tschüs

复合辅音 dt：dta dte dti dto dtu （一般只出现在词尾）Verwandte Gesandte gewandt Brandt Schmidt Stadt

复合辅音 th：tha the thi tho thu thä thö thü thy Thema Theater These Thomas Thron Theorie Mathematik

复合辅音 ph：pha phe phi pho phu phä phö phü phy Photo Physik Phase Atmosphäre Alphabet Phonetik

复合辅音 ck：cka cke cki cko cku ckä ckö ckü stecken Ecke Wecker lecker Hocker Deck Trick Zweck

2. Laut lesen 朗读练习

zeigen zögern Züge Zug zeugen Zauber Satz abends nachts

deutsch Deutsche Tschechin Tschüs Dschungel Kambodscha

Stadt Städte Schmidt Thailand Thema Phase Phönix Physik

Philosoph Ecke backen schmecken Bäckerei gucken Kuckuck

3. Sprechübung 说话练习

Was wünschen Sie?	- Ich möchte Brot und Wurst kaufen.
Was möchtet ihr kaufen?	- Wir möchten Milch und Käse kaufen.
Was brauchen wir noch?	- Wir bruachen noch Salz und Zucker.
Was möchtest du?	- Ich nehme lieber Reis und Butter.
Was kostet das alles zusammen?	- Das alles kostet 10 Euro.
Wie teuer ist das Radio?	- Es ist recht billig, nur 5 Euro.

4. Hausarbeit 课外练习

（1）请回答：

为什么要分离音节？

元音一般怎么分离？

辅音一般怎么分离？

（2）请操练和掌握本课所学复合辅音的发音要领！

（3）请书写本课所学复合辅音多遍！

Weisheit（智慧箴言）

Ein Mann, ein Wort.

君子一言，驷马难追。

Lektion 9

第九单元

主题：语调和句调 复合辅音 ng, nk, pf 复合辅音 qu, ks

A Konversation 会话用语

| Wie wird das Wetter heute? 今天天气会怎么样？ | - Es wird regnen. 天要下雨。 |
| - Die Sonne scheint. （今天）晴天/太阳照耀。 | - Es ist etwas kalt. （今天）有点冷。 |

B Merkvers 学习口诀

说话有语调，短长和低高。
问句分两种，句尾不同调。

C Allgemeines 语音常识

1. 德语语调

语调是说话人说话时的语气和腔调，反映说话人的思想感情和态度，是达到说话目的的手段之一。德语也讲究语调。德语语调有长短、轻重、快慢和高低之分（与汉语中的抑扬顿挫相似），有节调（音节重读）、词调（词的重读）和句调三个部分。节调和词调前面也有所述，这里不再介绍。本课只简单谈谈叙述句、带疑问词的和不带疑问词的疑问句等三种句子的句调。

2. 叙述句的句调

叙述句的语调平直，名词重读，句尾降调（即声音变轻），如：Das ist ein Buch.

3. 带疑问词的疑问句的句调

该类句子的语调平直，疑问词重读，意在强调，句尾降调，如：Was ist das?

4. 不带疑问词的疑问句的句调

这种句子的语调平直，句尾先降后升，意在强调句尾，如：Ist das ein Buch?

5. 复合辅音的发音

发复合辅音时，第一个辅音要发得轻一些，第二个辅音要发得重一些，如 Quelle, bequem, Keks, Examen, sechs 等。

D Aussprachetipps 发音提示

1. 复合辅音 ng [ŋk] 的发音

发 ng 时，嘴微张，舌前端抵下齿，舌后部贴住软腭，通过鼻腔送气，振动声带。和汉语"昂"(ang) 中 ng 相似，如 Angst, lang, singen 等。

2. 复合辅音 nk [ŋk] 和 pf [pf] 的发音

发 nk 时，先发 ng，紧接着发 k，如 Bank, Tank 等。

发 pf 时，先发 p，紧接着发 f，f 要发得特别清晰，如 kampf, Pfennig 等。

3. 复合辅音 qu [kv] 的发音

发 qu 时，先发 k，紧接着发 w，如 Qual, Quelle, bequem 等。

4. 复合辅音 ks (x, chs) [ks] 的发音

发 ks 时，先发 k，紧接着发 s，如 Koks, Keks 等。

x 的发音同 ks，如 Marx, Examen 等。

chs 的发音也同 ks，如 sechs, Fuchs, Buchse 等。

E Übungen 练习

1. Ausspracheübung 发音练习

复合辅音 ng：ang eng ing ong ung Frühling lang Anfang Englisch Angst bringen

Wange sengen jung singen

复合辅音 nk：ank enk ink onk unk danken denken links Punkt Onkel trinken lenken dunkel winken schminken

复合辅音 qu：qua que qui quo aqua äqua quer bequem Quittung Quote Quatsch Qualität Quadrat Quantität Quotation

复合辅音 ks (x, chs)：oks eks ox ex achs ochs echs uchs Keks links Fuchs Koks piksen Taxi Export Text Lexikon

2. Laut lesen 朗读练习

Bange eng anfangen fing lang Binge singen danken denken
sinken winken Winkel zanken Äquator äquivalent Quatsch
Qual Quelle bequem Quote Keks koksen Koks boxen Boxer
Export express Lexikon Text Fuchs Buchse Achsel Ochse

3. Sprechübung 说话练习

Wie wird das Wetter heute?	- Es wird regnen.
Wie wird das Wetter morgen?	- Die Sonne wird scheinen.
Ist das Wetter heute schön?	- Ja, heute ist das Wetter sehr schön.
Ist es jetzt hier sehr kalt?	- Ja, jetzt ist es hier sehr kalt.
Wann gibt es hier viel Schnee?	- Im Winter gibt es hier viel Schnee.
Regnet es in Deutschland viel?	- Nein, in Deutschland regnet es nicht viel.

4. Hausarbeit 课外练习

（1）请回答：

语调究竟是什么？

为什么要讲究语调？

带疑问词和不带疑问词的问句的句调有什么区别？

（2）请操练和掌握本课所学辅音的发音要领！

（3）请书写本课所学辅音多遍！

（4）请操练和掌握本课所学的三种句调！

> Weisheit（智慧箴言）
> Wo ein Wille ist, da ist ein Weg.
> 有志者事竟成。

Lektion 10

第十单元

主题：可分离动词的重音 外来词和缩写的读法 复合辅音 ps, bsch 几个词尾的读音

A Konversation 会话用语

| Mit wem spreche ich? 哪位在接听电话？ | - Hier spricht XXX. 是XXX在说话。 |
| Er will eine Party machen. 他想搞一个派对。 | Er will Sie einladen. 他想邀请您。 |

B Merkvers 学习口诀

大多外来词，读音同原语。
缩写要当心，念法分三种。

C Allgemeines 语音常识

1. 德语可分离动词的重音

德语可分离动词的前缀要重读，以示强调，有时也用来区别有关不可分离动词，如 herausnehmen, zurückkommen, übersetzen 等。

2. 德语外来词的读法

德语中也引进了大量的外来词，其读法大多按该词来源语中的读音，如英语中的 Baby，法语中的 Ensemble 等。请注意掌握各课出现的外来词的拼读和发音方法。一般来说，德语中外来词的重音在最后一个音节上，如 Assistent, Mathematik, Studium 等。

3. 德语中缩写的读法

德语中缩写不少，读法多种多样。请注意课文中出现的缩写的读法。这里只简单介绍三种读法：

有的读字母音名，重音放在最后，如 (die) VR China（读：fau-er-China），(die) BRD（读：be-er-de），(die) USA（读：u-s-a）；

有的拼读缩写字母，重音放在前面，如 (die) UNO（读：uno），(die) NATO（读：nato）；

有的要按未作缩写的单词来读，如 z. Z.（读：zur Zeit），z. B.（读：zum Beispiel），u. a.（读：unter anderem / unter anderen），usw.（读：und so weiter）等。

D Aussprachetipps 发音提示

1. 复合辅音 ps (bs) [ps] 的发音

发 ps 时，先发 p，紧接着发清音 s，如 Gips, Psychologie 等。

bs 的发音方法同 ps，如 schubsen, Schubs 等。

2. 复合辅音 bsch (psch) [pʃ] 的发音

发 bsch (psch) 时，先发 b(p)，紧接着发浊音 sch，如 hübsch 等。

3. 词尾 -ig, -ismus 的读音

词尾 -ig 一般情况下读如 ich，如 richtig, wichtig, billig, zwanzig, wenig 等。若其后面带有元音，则 g 发浊辅音 g，如 richtiger, wichtiger, billiger, zwanziger, weniges 等。

读词尾 -ismus 时，重音落在 i 上，如 Marxismus, Sozialismus, Kommunismus 等。

4. 词尾 -tion, -ssion 的读音

词尾 -tion 读如 -zion。先发 z，紧接着发 i 和 o 的连续音，重音在 o 上，如 Nation, Lektion, Aktion, Revolution 等。

词尾 -ssion 读如 -sion。先发清音 s，紧接着发 i 和 o 的连续音，重音在 o 上，如 Diskussion, Kommission 等。

5. 词尾 -ung 的读音

读词尾 -ung 时，先发 u，再发 ng，如 Zeitung, Leitung, Meinung 等。

E Übungen 练习

1. Ausspracheübung 发音练习

复合辅音 ps (bs)：　　aps eps ips ops psa psi pso psy abs ebs ibs obs

复合辅音 bsch (psch)：　absch ebsch ibsch obsch bscha bscho

词尾 -ig 和 -ismus：　　fähig fertig richtig tüchtig Sozialismus Marxismus Leninismus Kommunismus Expressionismus Humanismus Kapitalismus

词尾 -tion 和 -ssion：　Aktion Lektion Nation Revolution Deklination Diskussion Kommission Mission

词尾 -ung：　　　　　Achtung Meinung Zeitung Abkürzung Öffnung

2. Laut lesen 朗读练习

Papst Gips Chips Psychologie hübsch einig richtiger

vierzig billiger zeitig Daoismus Marxismus Leninismus

Sozialismus Kommunismus Faschismus Kaution Munition

Aktion Nation Revolution Mission Diskussion Kommission

Endung Lunge Meinung Zeitung Achtung Werbung

3. Sprechübung 说话练习

Mit wem spreche ich?	- Hier spricht Maria.
Was möchte sie machen?	- Sie will eine Party machen.
Wen wollen Sie einladen?	- Ich will alle Freunde einladen.
Wo macht ihr die Party?	- In dem Park machen wir die Party.
Bist du schon fertig?	- Nein, ich bin noch nicht fertig.
Wann ist sie fertig?	- Sie ist gleich fertig.

4. Hausarbeit 课外作业

（1）请回答：

动词可分离前缀为什么要重读？

外来词一般怎么读？

德语缩写的读法有哪三种？

（2）请操练和掌握本课所学辅音和几个特殊词尾的发音要领和读法！

（3）请书写本课所学辅音多遍！

（4）请操练和掌握本课所学的各词尾的特殊读音！

Weisheit（智慧箴言）

Erst wägen, dann wagen.

先思而后行。

Wiederholung der Phonetik

语音复习

A 发音复习

a:	Aachen - machst Aal - All Staat - Stadt Bahn - Bann Saat - satt
o:	Ofen - offen Ton - Tonne Rose - Rosse Wohle - Wolle Kohle - Koffer
u:	Kuh - Kult nur - null spuken - spucken Buch - Bucht Luther - Lust
i:	ihm - ich ihnen - innen Bienen - binnen schief - Schiff bieten - bitten
e:	Beet - Bett dehnen - decken legen - lecken stehlen - stellen See - Sessel
-e:	Kannte Sonne Tante Tasche Woche keine Beute Leute Ende
-el:	edel Eiffel Tafel Löffel Mantel dunkel Onkel Zweifel
-en:	lachen Mädchen nehmen lernen sagen sehen wegen Zeugen
-er:	Butter Vater Diener immer Tiger über Lehrer Zimmer
be-:	Bedacht beginnen Besprechen bekommen Besuch besonders
ge-:	Gebäude gefangen Gelegenheit genug Gesicht genau Gemahlin
ä-e:	Väter - Vetter Hähne - Henne wählen - Wellen zählen - Zellen
ö:	Löwe - Löffel mögen - möchte Öfen - öffnen König - können
ü:	fühlen - füllen Lüfte - Lücke Hüte - Hütte üben - üppig
ei/ai:	eins Eisen Bein Seide Hai Mai Kaiser Speise Laie
au:	aus auch faul Haus laufen Maus rauchen sauber kaum
eu/äu:	euch Bäume deutsch Gebäude Leute neu heute häufig
e-i:	Leben - lieben wegen - wiegen Meer - mir Segel - Siegel
o-u:	Ton - tun Rom - Ruhm Boot - bunt Kohl - Kurs Dose - Tube
o-ö:	schon - schön Kopf - Köpfe hohe - Höhe Topf - Töpfe
i-ü:	Tier - Tür missen - müssen Kissen - küssen Biene - Bühne

ö-ü: Köche - Küche   mögen - müde   Stöcke - Stücke   Röhren - rühren
eu/äu-ei: euch - Teich   Eule - Eile   neun - nein   euer - Eier   Breite - Bräute
ei/äi-au: Eier - Auge   Eis - aus   Mais - Maus   Leid - laut   heiß - Haus
b-p: Ober - Oper   backen - packen   Gebäck - Gepäck   Bein - Pein
d-t: deutsch - täuschen   Seide - Seite   Dank - Tank   die - Tier   Ende - Ente
g-k: Gabel - Kabel   Garten - Karten   gönnen - können   gern - Kern
w-f: was - Faß   West - fest   wach - Fach   wegen - fegen   warum - Forum
l-r: Lippen - Rippe   Mehl - mehr   halt - hart   wild - wird   lernen - rennen
l-n: Leid - Neid   Meilen - meinen   Lieder - nieder   Leben - Neben
n-ng: dünn - düngen   rinnen - ringen   sinnen - singen   Wanne - Wange
s: Sommer   sitzen   Pause   Hose   es   was   Haus   wissen
ß: Fuß   groß   naß   aß   Straße   fleißig   weiß   heißen   schließen
ch: nach   noch   hoch   auch   Tochter   ich   durch   gleich   nicht
-lich/-ig: deutlich   fachlich   möglich   richtig   wenig   wichtig   Essig
sch: schade   frisch   schließen   Wunsch   Schnee   komisch   scheinen
sp-:   spät   Sport   spielen   sprechen   Speise   Spaß   Sprung   spülen
st-:   Stadt   Stoff   Stein   Studenten   studieren   Stunde   stellen   Staat
sch-ch: Kirsche - Kirche   Menschen - Männchen   Wünsche - Mönche
pf: Pfennig   Pfad   Pflanze   Pfeffer   Pflicht   pfeifen   Pfau   Pferd

B 元音和辅音复习

1. 元音音素表

音标	写法	例词	音标	写法	例词
[a:]	a, aa, ah	Tag, Bad, Haar, Aal, ahnen	[u:]	u, uh	Bus, du, Luther, Mut, Uhr,
[a]	a	Hans, also, Schwan, Tanz	[u]	u	und, Hund, Meinung, Gunst
[e:]	e, ee, eh	Peter, See, gehen, sehen	[ɸ:]	ö, öh	schön, Söhne, Flöte, hören
[ɛ]	e, ä	kennen, essen, Bälle, Fälle	[œ]	ö	können, möchten, öffnen
[ɛ:]	ä, ah	Bär, Nähe, ächzen, Äquator	[y:]	ü, y, üh	für, über, Asyl, Stühle
[ə]	e	Sonne, komme, Ebbe, Ende	[y]	ü, y	Füller, Müller, Physik

Wiederholung der Phonetik 语音复习

（续表）

音标	写法	例词	音标	写法	例词
[i:]	i, ie, ih, ieh	wir, sie, wie, ihr, Vieh	[ai]	ei, ai	nein, Ei, Mai, Kai, Teich
[i]	i	in, Tinte, Gewinn, Beginn	[ao]	au	laut, Baum, Pause, Bauch
[o:]	o, oo, oh	Ofen, Brot, Boot, Sohn	[ɔy]	eu, äu	Deutsch, leuchten, Bäume
[ɔ]	o	offen, Bonn, Knopf, Tonne			

2. 复合辅音音素表

音标	写法	例词	音标	写法	例词
[pf]	pf	Apfel, Gipfel, Pfeif, Tropfen	[ŋk]	nk	Dank, denken, sinken, krank
[ts]	z, ts, tz, ds	Zeit, nachts, Platz, abends	[ʃt]	st	Staat, Stadt, Straße, Streit
[tʃ]	tsch, ch	Deutsch, Chello, Chile, Chart	[ʃp]	sp	Sport, Speise, sparen, Spiel
[kv]	qu	Qualität, Qual, Quelle, Quiz	[ps]	ps, bs	Gips, Schubs, Psyche, pseudo
[ks]	x, chs	Marx, sechs, Achsel, Luxus	[pʃ]	psch, bsch	Dopsch, hübsch

3. 辅音音素表

音标	写法	例词	音标	写法	例词
[p]	p, pp, b	Partei, Puppe, Stab, Klub	[v]	w, v	wo, was, wegen, Vokabel
[b]	b, bb	Ball, Knabe, habe, Ebbe	[s]	s, ss, ß	Hans, uns, lassen, Fuß
[t]	t, tt, dt, th, d	Tee, Bett, Stadt, Thema, Bild	[z]	s	sagen, singen, Söhne, siegen
[d]	d, dd	Dorf, Bilder, Kladde, Pudding	[ʃ]	sch, ch	schon, schön, Chance, schade
[k]	k, ck, ch, g	kaufen, Ecke, Chor, weg	[ç]	ch, g	ich, China, richtig, ruhig
[g]	g	gehen, gefahren, gleich	[j]	j	Jahr, ja, Jugend, jubeln
[m]	m, mm	Mund, Mut, kommen, dumm	[x]	ch	Buch, Bauch, Loch, Dach
[n]	n, nn	Name, nein, kennen, Nonne	[r]	r	Rad, Rom, richtig, Ruhm
[ŋ]	ng	singen, Dank, Bank, denken	[l]	l, ll	Lage, lernen, will, fallen
[f]	f, ff, v, ph	Fahne, Stoff, Vater, Physik	[h]	h	haben, heben, Hut, hören

C 附表：德语标点符号

名称	写法	德语读法	说明	名称	写法	德语读法	说明
句号	.	Punkt	是圆点，不是空心点	引号	„ "	Anführungszeichen (unten / oben)	严格要求时应为"左下右上"，但有时也用"左上右上"
逗号	,	Komma	同汉语中的逗号	括号	( )	Klammer	同汉语中的括号
问号	?	Fragezeichen	同汉语中的问号	省略号	...	Auslassungspunkte	是三点，不是六点，且在下面（汉语的居中）
冒号	:	Doppelpunkt	同汉语中的冒号	破折号	—	Gedankenstrich	比汉语的破折号短一半
分号	;	Semikolon	同汉语中的分号	连字符	-	Bindestrich	很短，一般在分行时用

Teil 2: Texte
课文部分

Lektion 1

第一单元

Hauptthema: Bekanntschaft　主题：相识

A　Lernziel　导学

1. Klassendeutsch 课堂用语

Der Unterricht beginnt. 开始上课。
Bitte stehen Sie auf! 请您起立！
Nehmen Sie Platz! 您请坐！

2. Redemittel 会话句型

Ich bin ...	Was machen Sie hier?
Ich heiße ...	Wo wohnen Sie?
Ich stelle mich vor, ...	... ist ... qkm groß.
Woher kommen Sie?	Hier leben ... Einwohner.

3. Tipps zur Grammatik 语法提示

◇ **总说**：学习德语语法伊始，最好对它有个总体"认识"：与英语语法相比，德语语法要复杂一点。它主要复杂在三个方面：① 德语名词有"三性四格"。② 德语动词除时态变化外，还要根据主语（人称等）进行变位。③ 德语形容词随名词有四格变化。

◇ **经验**：要想较快地进入德语语法之门，必须着力抓好三个"点"：① 特点：框形结构、三性四格和动词时态。② 难点：介词支配、动词强变和冠形变化。③ 重点：掌握常用句型、固定搭配和习惯用语。

◇ **重点**：① 德语名词分阳、阴、中三性，且有单、复数，在句中进行四格变化。

② 德语字母大写主要规则：句首单词首字母要大写；不管名词是否在句首，其首字母都要大写。

◇ **难点**：① 德语名词分三种性别，很多分得毫无"道理"，需要死记硬背。② 德语人称代词分单、复数及尊称，共有九个，在句中也有四格变化。

4. Etwas über das Hauptthema 背景点滴

> 德语中，常用的招呼或问候语除了我们已经学过的Guten Tag，Guten Morgen，Guten Abend之外，还有在非正式场合、熟人及年轻人喜欢用的Hallo和Hi等。而道别用语，一般场合及正式场合都用Auf Wiedersehen，但在非正式场合也可用Wiedersehen，Tschüs，Ciao等。德国人也习惯在深夜临睡前互道Gute Nacht。根据德国传统习惯，人们在问候或道别时往往会握手，亲朋好友间则会拥抱或亲吻脸颊。请注意，在德国的不同地区，人们所用的问候和道别用语是有差异的。

B Gespräch 对话

1. Thema: Hallo! Ich bin ... 题目：哈喽！我是……

（*Situation: Leon und Maria lernen Zhonghua und Hongying kennen. Sie grüßen einander und stellen sich gegenseitig vor.*）（会话情景：莱昂和玛莉娅初识中华和红英。他们互相问候和介绍。）（注：在本教材有关课文的会话或对话中，L=Leon，M=Maria，Z=Zhonghua，H=Hongying。）

L: Hallo! Ich bin Leon Becker.

Z: Guten Tag! Ich heiße Wu Zhonghua.

L: Wie heißt sie?

Z: Sie heißt Li Hongying.

H: Guten Tag, Leon!

L: Hallo, Hongying!

M: Hallo! Ich stelle mich vor: Ich heiße Maria Schmidt. Woher kommen Sie?

Lektion 1　第一单元

Z:　　　Wir kommen aus China. Ich komme aus Beijing.

H:　　　Ich aus Shanghai. Und woher kommen Sie?

M:　　　Ich komme aus Hamburg und Leon aus Berlin.

2. Wörter 词汇

Hallo　哈罗

ich　我（人称代词）

sein *vi*　是

sich vor/stellen　自我介绍

Leon (Becker)　莱昂（贝克尔）（人名，德国大学生，男，23岁）

gut　好，好的

der Tag -e　天，白天，日子

heißen *vt*　叫作，名叫

Zhonghua (Wu)　（吴）中华（人名，在德中国留学生，男，22岁）

wie　怎样，怎么样（疑问副词）

sie　她（人称代词）

Hongying (Li)　（李）红英（人名，在德中国留学生，女，21岁）

Maria (Schmidt)　玛莉娅（施密特）（人名，德国大学生，女，20岁）

woher　从哪儿（疑问副词）

kommen *vi*　来，去，到

Sie　您（人称代词）

aus　从……出来，自……

China　中国（国名）

Beijing　北京（地名）

Shanghai　上海（地名）

Hamburg　汉堡（地名）

Berlin　柏林（地名）

3. Erläuterungen 解释

（1）Satzmodelle für Anfänger 初学句型

◎ **Ich bin (Leon Becker).** 我是（莱昂·贝克尔）。

　　这种常用句型主要用于介绍自己的名字或身份、职业等。如：Ich bin Maria.（我是玛莉娅。）Ich bin Lehrer.（我是教师。）句中动词 sein 随不同的人称变化，句中表示人名或身份的名词是第一格。涉及身份或职业时，名词一般不用冠词。

◎ **Ich heiße (Wu Zhonghua).** 我叫（吴中华）。/ 我的名字叫（吴中华）。

　　这也是德语中常用的自我介绍用语，如：Ich heiße Müller.（我叫米勒。）后面的名字是第一格。德国人的人名与中国人的不同：中国人名是先姓后名，德国人名刚好相反，先名后姓。如 Leon（莱昂）是名，Becker（贝克尔）是姓，全名是Leon Becker。而吴中华的德国叫法以前是Zhonghua Wu，现在也可以姓在前名在后，即 Wu Zhonghua。

◎ **Ich stelle mich vor: ...** 我自我介绍一下：……

vor/stellen（介绍）是可分离及物动词，可直接带第四格宾语。因为这里的宾语是说话人自己，所以用反身代词 sich 表示。也可用它介绍别人：Ich stelle ihn / sie vor.（我介绍一下他 / 她。）还可用它把某人介绍给某人：Ich stelle Ihnen Maria vor.（我给您介绍一下玛莉娅。）

◎ **Woher kommen Sie?** 您从哪儿 / 什么地方来？

这是用于询问对方从何处（国家、城市等）来的常用句型，也可把 woher 拆开来问：Wo kommen Sie her? 回答时则要用介词 aus（见后面解释）。

（2）**Feste Kombinationen** 固定搭配

◎ **aus ... kommen**（来自…… / 从……来）

该固定搭配常用来表示"来自何处"或"从什么地方来"，aus 支配第三格，如：Ich komme aus China.（我来自中国。）Sie kommt aus den USA.（她来自美国。）kommen 是不及物动词，后面不可直接带宾语，必须通过介词 aus 带出地点状语。

（3）**Idiomatische Wendungen** 习惯用语

◎ **Hallo!** 哈罗！/ 喂！

这是德国年轻人（包括大学生）中的常用招呼语，相当于汉语中的"你好！"。

◎ **Guten Tag!** 你好！/ 您好！

这是德语中常用的问候语，一般用于白天。德语中用于一般问候的表达还有很多，如：Guten Morgen!（早安！——一般用于起床后至10点，甚至吃午饭前）Guten Abend!（晚上好！——一般用于吃过晚饭至睡觉前）Gute Nacht!（晚安！——深夜告别时及睡觉前用）

4. **Übungen** 练习

（1）**Partnerübung** 结伴练习（相互检查词汇掌握情况）

Partner 1	*Partner 2*
好的	_____
der Tag	_____
我（人称代词）	_____
叫作，名叫	_____
sein	_____

Lektion 1 第一单元

wie　　　　　　　　　_____

她（人称代词）　　　_____

sich vor/stellen　　　_____

woher　　　　　　　_____

来　　　　　　　　　_____

您（人称代词）　　　_____

（2）Konversationsübung 会话练习

　　四个同学一组，分别扮演 Zhonghua, Leon, Hongying 和 Maria，进行互相问候和介绍认识的会话练习。

（3）Beantworten 回答问题

　　① Wie heißt er?

　　② Wer（谁）ist er?

　　③ Woher kommen sie?

　　④ Woher kommt Hongying?

　　⑤ Woher kommt Maria?

（4）Satzbilden 造句

　　① heißen

　　② sich vor/stellen

　　③ aus ... kommen

　　④ sein

　　⑤ Sie

（5）Übersetzen 翻译

　　① Guten Tag! Ich heiße Wu Zhonghua.

　　② Wie heißen Sie?

　　③ Ich heiße Leon Becker.

　　④ Ich stelle mich vor: Ich bin Maria.

　　⑤ Woher kommen Sie? – Ich komme aus China.

> **Weisheit**（智慧箴言）
> *Übung macht den Meister.*
> 熟能成师。/ 熟能生巧。

C Grammatik 语法

> **Lerntipps**　德语语法有点难，三性四格还变位。
> **学习提示**　初学莫怕找窍门，抓住三点就好办。

1. Allgemeines 语法常识

（1）德语语法总说

　　德语语法有词法（冠词、名词、动词、形容词、副词、代词、介词等等词类的用法）和句法（简单句和复合句的构成和用法）之分。本册教材主要讲授词法。（我们将在下一册教材中讲授德语句法。）德语语法比较复杂，所以也比较难学。但只要掌握窍门，就不难入门。学德语语法的窍门是抓住三个"点"，即抓德语语法的特点（框形结构、三性四格、动词时态）、难点（动介支配、动词强变、冠形变化）和重点（常用句型、固定搭配、习惯用法）。只要下大力气抓好、学好这三个"点"，德语语法就能化难为易。

（2）名词总说

　　德语名词有阳性、中性和阴性，以及单、复数之分。名词三性分别由冠词 der（阳性）、die（阴性）和 das（中性）来表达。德语名词的性属大多没有规则，须硬记（但有几条性属的大规则可供参考）。名词在句中还须根据语法要求进行四格变化。名词的性数格是德语的一大特点，也是初学德语的一大难点。所以，名词的性（冠词）一定要在初学时同名词视作一体，一起读一起记。

（3）人称代词总说

　　人称代词用于代替人或物。第三人称单数分为 er（阳性）、es（中性）、sie（阴性）。和名词一样，人称代词也有格的变化，但第二格一般只出现在诗歌中。请记住：学德语，动词是关键；而动词与人称代词紧密相连，没有人称代词，动词就无从变化，所以首先要学习、掌握人称代词。

（4）什么字母要大写

德语中每句句子开头第一个词，无论是什么词类，其第一个字母都要大写。名词不管是否在句首，其第一个字母均须大写。

2. Grammatische Tabellen 语法图表

（1）名词性属的几条规则

阳性名词	阴性名词	中性名词
表示男性和男性职业	表示女性和女性职业	动词名词化
表示季节、月份和周日	表示树木和很多花朵	形容词名词化
表示方向	绝大多数以-e结尾	以-chen / -lein / -ment / -nis / -tum / -um等结尾
表示天气情况	以-ei / -heit / -keit / -schaft / -ung等结尾	
表示汽车品牌、酒类等		

（2）名词的性和数举例

数	阳性	中性	阴性
单数	der Herr（先生）	das Kind（孩子）	die Frau（女士）
复数	die Herren（先生们）	die Kinder（孩子们）	die Frauen（女士们）

（3）人称代词

① 德语人称代词

数	第一人称	第二人称	第三人称	尊称
单数	ich（我）	du（你）	er / sie / es（他 / 她 / 它）	Sie（您）
复数	wir（我们）	ihr（你们）	sie（他们）	

说明：有关人称代词格的变化，以后列表介绍。

② Sie和du的用法

Sie（您）	du（你）
称呼陌生人	称呼亲友
称呼年长者	称呼孩子
表示礼貌	同事之间

（续表）

Sie（您）	du（你）
表示距离	私人场合

说明：何时用Sie，何时用du，德语语法中没有明确规则，但有些习惯用法是大家使用时共同遵守的。上述习惯用法是两者使用时的主要差异。

（4）动词 heißen, sein 和 kommen 的现在时变位

人称	heißen	sein	kommen
ich	heiß-e	bin	komm-e
du	heiß-t	bist	komm-st
er / sie / es	heiß-t	ist	komm-t
wir	heiß-en	sind	komm-en
ihr	heiß-t	seid	komm-t
sie / Sie	heiß-en	sind	komm-en

说明：动词 heißen 和 kommen 的现在时按弱（规则）变化动词变位，其变位词尾有规律可循。动词 sein 是强（不规则）变化动词，其不同人称和时态的变位没有或基本没有规律可循，必须硬记。

3. Übungen 练习

（1）Partnerübung 结伴练习

Partner 1

Ich heiße _____. Und Sie?

Ich bin _____. Und Sie?

Ich komme aus _____. Und Sie?

Wie heißen Sie?

Wie heißt du?

Wie heißt er?

Wie heißt sie?

Woher kommen Sie?

Woher kommt er?

Woher kommst du?

Partner 2

Ich heiße _____.

Ich bin _____.

Ich komme aus _____.

Ich heiße _____.

Ich heiße _____.

Er heißt _____.

Sie heißt _____.

Ich komme aus _____.

Er kommt aus _____.

Ich komme aus _____.

Woher kommt sie?   Sie kommt aus _____.

Woher kommen sie?   Sie kommen aus _____.

（2）**Beantworten** 回答问题

① 德语语法有点难，究竟难在哪里？

② 初学德语语法有何窍门？

③ 德语名词有什么特点？

④ 学德语为什么要先学人称代词？

⑤ 哪些德语字母要大写？

（3）**Selbstkontrolle** 自我检测（找出正确答案）

① Maria kommt _____ Hamburg.   a. ist

② _____ kommen Sie?   b. Wie

③ Zhonghua und Hongying _____ aus China.   c. bin

④ Ich _____ Leon.   d. aus

⑤ Wie heißt _____ ?   e. Woher

⑥ Ich stelle _____ vor, ich heiße ...   f. du

⑦ Wer（谁）_____ er?   g. kommen

⑧ Woher kommst _____ ?   h. du/er/sie

⑨ _____ heißen Sie?   i. Beijing

⑩ Zhonghua kommt aus _____.   j. mich

（4）**Schriftliche Übungen** 书面练习

① 请用图表归纳动词 heißen 现在时变位的词尾！

② 请用图表归纳动词 sein 现在时变位的词尾！

③ 请用图表归纳动词 kommen 现在时变位的词尾！

④ 请用图表（不看"语法图表"）列出德语名词（几个例词）的性和数！

⑤ 请用图表（不看"语法图表"）列出德语的人称代词及其意义！

D   Hörverständnis   听力

 1. Thema: Ich bin Student 题目：我是大学生

- Hallo!

- Guten Tag!

- Wie heißen Sie?

- Ich heiße Zhonghua Wu.

- Woher kommen Sie?

- Ich komme aus China.

- Was machen Sie hier in Berlin?

- Ich bin Student.

- Was studieren Sie?

- Ich studiere Wirtschaft.

- Wo wohnen Sie?

- Ich wohne im Studentenwohnheim.

2. Wörter 词汇

machen *vt* 作，做

der Student -en,-en 大学生

was 什么（疑问代词）

studieren *vt* （大学）学习，研究

die Wirtschaft 经济

wo 哪儿（疑问副词）

wohnen *vi* 住

das Studentenwohnheim -e 大学生宿舍

3. Erläuterungen 解释

Satzmodelle für Anfänger 初学句型

◎ **Was machen Sie (hier in Berlin)? 您在（柏林）做什么？**

这是德语中常用的询问在（某地/某处）做什么事情或身份、职业等的句型，一般用于熟人之间。询问身份或职业的客气表达为：Was sind Sie von Beruf?（您的职业是什么？）

◎ **Ich bin (Student). 我是（大学生）。**

在本单元对话部分我们已简单讲了用于自我介绍姓名的常用句型：Ich bin + 人名。这里说的是用于自我介绍身份的常用句型。句中 Student 用于表示身份，不带冠词。还有表示职业的词也不带冠词，如：Er ist Lehrer.（他是教师。）

◎ **Wo wohnen (Sie)? （您）住哪儿/什么地方？**

这是说话时询问对方或某人住在何处的句型。wohnen 是不及物动词，不能带直接宾语，而要用副词或介词带出地点。它随主语（人称代词或名词或人名）变位。

◎ **Ich studiere (Wirtschaft).** 我学（经济）。

德语及物动词 studieren 表示"在大学里学习"或"进行研究"之意。lernen 用于中小学及其他一般性、非专业性的学习。句中 Wirtschaft 是专业名称，不必带冠词。又例：Er studiert Chemie.（他学化学。）Sie studiert Musik.（她学音乐。）

4. Übungen 练习

（1）**Beantworten** 回答问题

① Wie heißt er?

② Woher kommt er?

③ Was macht Zhonghua in Berlin?

④ Was studiert er?

⑤ Wo wohnt Hongying?

（2）**Vervollständigen** 完整句子

① Ich heiße _____.

② Sie kommen aus _____.

③ Er ist _____.

④ Sie studiert _____ in Berlin.

⑤ Ich komme _____.

⑥ Er wohnt _____.

（3）**Übersetzen** 翻译

① Was studieren Sie?

② Ich studiere Wirtschaft.

③ Was machen Sie hier in Shanghai?

④ Ich bin Student / Lehrer.

⑤ Wo wohnt er?

⑥ Er wohnt im Studentenheim.

E Lesetext 阅读课文

1. Thema: Etwas über Deutschland 题目：德国点滴

Die Bundesrepublik Deutschland (BRD) liegt in Mitteleuropa. Sie ist 357 000 qkm groß. Hier leben 83 Millionen Einwohner. Sie hat neun Nachbarländer: Dänemark, die Niederlanden (Holland), Belgien, Luxemburg, Frankreich, die Schweiz, Österreich, die Tschechische Republik und Polen. Berlin ist die Hauptstadt der BRD.

2. Wörter 词汇

etwas 一点，点滴
über 关于，有关
Deutschland 德国（国名）
die Bundesrepublik 联邦共和国
die BRD 联邦德国（德意志联邦共和国的缩写）
Mitteleuropa 中欧
qkm (=Quadratkilometer) 平方千米
groß 大的
hier 这里
die Million -en 百万
der Einwohner - 居民
neun 九

das Nachbarland ¨er 邻国
Dänemark 丹麦（国名）
die Niederlande (Pl.) 荷兰（国名）（复数）
das Holland 荷兰（国名，另一种叫法）
Belgien 比利时（国名）
Luxemburg 卢森堡（国名）
Frankreich 法国（国名）
die Schweiz 瑞士（国名）
Österreich 奥地利（国名）
die Tschechische Republik 捷克共和国（国名）
Polen 波兰（国名）
die Hauptstadt 首都

3. Erläuterungen 解释

（1）Satzmodelle für Anfänger 初学句型

◎ (Sie) ist (357 000) qkm groß. （它）的面积是（357 000）平方千米。

德语中往往用 ... qkm groß sein 来表示一个国家、城市等的面积，如：China ist 9,6

Millionen qkm groß.（中国的面积是960万平方千米。）该句型的字面意思是"……是……平方公里大"，提问时用疑问词 wie + 形容词groß（有多大）：Wie groß ist China?（中国的面积有多大？）

◎ **Hier leben (83 Millionen) Einwohner.** 这个国家的人口是（8300万）。/ 这里有居民（8300万）。/ 这里住有（8300万）人。

这是表达一个国家、城市等地方人口的常用句型。句中 leben 的原意是"生活"，但在翻译时不用"这里生活着多少人"，一般用"这里人口/居民有多少"。

（2）**Feste Kombinationen** 固定搭配

◎ **in ... liegen** 位于……

德语中表示一个国家的地理位置时一般用动词 liegen 再搭配介词 in（支配第三格）。课文句子：Die BRD liegt in Mitteleuropa.（联邦德国位于中欧。）又如：China liegt in Asien.（中国位于亚洲。）Die USA liegen in Amerika.（美国位于美洲。注意：美国的德语表达要用复数。）提问时用疑问词 wo（在哪儿）： Wo liegt Deutschland / China?（德国/中国在哪儿？）

4. Übungen 练习

（1）**Beantworten** 回答问题

① Wo（在哪儿）liegt die Bundesrepublik Deutschland?

② Wie viele（多少）Einwohner hat Deutschland?

③ Wie groß ist Deutschland?

④ Wie viele Nachbarländer hat Deutschland?

⑤ Welche（哪些）Länder sind seine（它的）Nachbarländer?

（2）**Ergänzen** 填空

① In _____ leben 82 Millionen Einwohner.

② Deutschland liegt _____ Mitteleuropa.

③ China ist 9 600 000 qkm _____.

④ _____ ist ein Nachbarland der BRD.

⑤ Die USA _____ in Amerika（美洲）.

（3）**Satzbilden** 造句

① ... qkm groß

② leben

③ Hamburg, liegen

④ Mitteleuropa

⑤ China, Asien

（4）**Übersetzen 翻译**

① Die BRD ist 357 000 qkm groß.

② Deutschland hat neun Nachbarländer.

③ Das sind die Tschechische Republik und Polen.

④ Luxemburg und Frankreich sind die Nachbarländer der BRD.

⑤ China liegt in Asien.

⑥ 德国位于欧洲中部。

⑦ 上海有2487万人口。

⑧ 柏林是德国的首都。

⑨ 瑞士和奥地利是德国的邻国。

⑩ 中国的首都叫什么？

Lektion 2

第二单元

Hauptthema: Auskunft nach dem Weg　　主题：问路

A　Lernziel　导学

1. Klassendeutsch 课堂用语

> Sind alle da? - Ja, alle sind da. 全都到了吗？— 是的，全到了。
>
> Fehlt jemand? - Heute fehlt ... 有人缺席吗？— 今天缺……

2. Redemittel 会话句型

zuerst ... und dann ...	Ich kann nicht glauben, dass...
Entschuldigen Sie, ...	Am Flughafen holt jd. uns ab.
Wie fahre ich nach ...?	Es ist auf den Straßen viel Verkehr.
Vielen Dank für ...!	Berlin ist eine Metropole wie Beijing.

3. Tipps zur Grammatik 语法提示

◇ 重点：① "框形结构"是德语语法的特点和重点之一，要掌握其用法、含义及构成。

　　② 动词功用大，是句子的"主心骨"。德语动词有6个时态，先学现在时。

◇ 难点：① 德语名词在句中要根据其成分和作用及动词的要求进行四格变化。② 德语定冠词的用法：何时用定冠词？定冠词亦要跟随名词进行四格变化。

4. Etwas über das Hauptthema 背景点滴

> 德语谚语 Fragen kostet nichts 意为"多问不花钱"，原本涉及"学习"和"做学问"等要"不耻于问"，但也适用于问路。对初到德国的中国留学生或其他人员

来说，问路也是无可避免的事情。在德国问路，首先要找准对象，在火车站附近时最好找车站里的问讯处（旁边往往有i字牌子），在路上时尽量找警察或其他公职人员；其次要注意先问候对方和客气地道声"打扰"；最后要把问题说清楚，让对方听明白才能得到明确的回答。因德国人口较少，有些地方或社区平时很少见到行人，更别说晚上了，所以最好事先做好"功课"，把要去目的地的交通和路线搞清楚，尽量做到心中有数。

B Gespräch 对话

1. Thema: Wie kommen wir zur Universität? 题目：我们怎么去大学？

(*Situation: Zhonghua und Hongying fragen Leon und Maria, wie sie zur Universität kommen. Sie duzen jetzt einander.*)（会话情景：中华和红英问莱昂和玛莉娅，他们怎么去大学。他们现在用"你"相称。）

Z: Guten Tag, Leon! Weißt du, wie wir zur Universität kommen?

L: Zur Uni? Zuerst mit Bus 12 und dann ...

H: Wir wollen die Stadt kennenlernen und zu Fuß zur Universität gehen.

M: Ach so! Zuerst geht ihr diese Straße geradeaus - nächste Straße rechts - und dann links.

Z: Also zuerst geradeaus - dann rechts - und dann links.

M: Genau!

H: Vielen Dank! Auf Wiedersehen!

M: Auf Wiedersehen!

2. Wörter 词汇

zu 到……去，往（介词）　　　　　　　zuerst 首先

die Universität -en 大学（简称为Uni）　　mit 和……一起，同，带有（介词）

wissen vt 知道　　　　　　　　　　　der Bus -se 公共汽车，巴士

du 你（人称代词）　　　　　　　　　und 和

wollen *vi* 愿意（情态助动词）
die Stadt ¨e 城市
kennen/lernen *vt* 认识
der Fuß ¨e 脚，足
gehen *vi* 走，步行
ihr 你们（人称代词）
diese 这些（指示代词）

die Straße -n 街，路，街道
geradeaus 笔直
nächst 最近的，最接近的
rechts 右边
links 左边
also 因此，那么

3. Erläuterungen 解释

（1）**Satzmodelle für Anfänger 初学句型**

◎ **Zuerst (mit Bus 12) und dann ...** （你们）首先（坐12路公交车）然后……

这是由一组连词（zuerst ... dann ...）构成的句型，表示先后，但紧接着发生的动作或行为。课文中的"Zuerst mit Bus 12 und dann ..."是省略句，省略了主语和谓语：Zuerst (fahrt ihr) mit Bus 12 und dann ...

（2）**Feste Kombinationen 固定搭配**

◎ **zu ... kommen** 到 / 往 / 向……去

该词组的意义与上一课中的 aus ... kommen 正好相反。介词 zu 后面支配第三格。它也可以支配人或人称代词，如：Morgen kommst du mal zu mir.（明天你到我这儿来一下。）

（3）**Idiomatische Wendungen 习惯用法**

◎ **zu Fuß gehen** 步行

该习惯用法很多见。注意：zu 后面的 Fuß 不带冠词，也不变格。例：Er geht zu Fuß nach Hause.（他步行回家。）Sie geht zu Fuß zur Arbeit.（她走着去上班。）

◎ **Ach so!** 噢，是这样！

这是表示惊讶、感叹或领悟到什么等语气的习惯用法。这种用法德语中不仅多，而且随意性大。所以，往往只能根据上下文来理解其意思。又例：Na gut!（可意谓：那好吧！）Schon gut!（可意谓：行了！）

◎ **Genau!** 对！/ 完全对！/ 一点不错！/ 正是这样！

很多德国人很喜欢用这个表达，特别是在口语中。因此，它在汉语中的对应表达也很多，上述释义仅是其中一部分。希望初学者注意。

◎ **Vielen Dank!** 多谢！/ 非常感谢！

这是表示感谢的常用句型。实际上，它是句子"Haben Sie vielen Dank!"的省略。表示感谢的句型或用法还有很多，如：Danke!（谢谢！= Ich danke <Ihnen/dir>!）/ Danke schön!（多谢！= Ich danke <Ihnen/dir> schön!）/ Besten Dank!（非常感谢！= Haben Sie besten Dank!）/ Herzlichen Dank!（衷心感谢！= Haben Sie herzlichen Dank!）

◎ **Auf Wiedersehen!** 再见

"您好！""谢谢！"和"再见！"是德语中三个最常用的礼貌用语。德国人在很多场合只用"Wiedersehen!"。德语中表示"再见"的表达也很多，例如：Wiederschauen!（再见！——带有方言色彩）/ Bis morgen!（明天见！）/ Bis bald!（再见！——表示不久就可再见）/ Tschüs!（再见！——大学生及朋友、熟人之间的用语）

4. Übungen 练习

（1）**Partnerübung** 结伴练习（相互检查词汇掌握情况）

Partner 1	Partner 2
wissen	_____
大学	_____
公共汽车	_____
wollen	_____
die Stadt	_____
认识	_____
走	_____
die Straße	_____
der Fuß	_____
笔直	_____

（2）**Konversationsübung** 会话练习

两个同学扮演问路的 Hongying 和 Zhonghua，两个同学扮演德国大学生 Leon 和 Maria，四人一组进行有关问路的会话练习。

（3）**Beantworten** 回答问题

① Was fragt Zhonghua?

② Wie kommen Zhonghua und Hongying zur Universität?

③ Was wollen sie kennenlernen?

④ Wie wollen sie zur Universität kommen?

⑤ Wie gehen sie zuerst?

（4）**Satzbilden** 造句

① zuerst ... und dann ...

② zu ... kommen

③ zu Fuß gehen

④ kennenlernen

⑤ geradeaus

（5）**Übersetzen** 翻译

① Wissen Sie, wie wir zur Universität kommen?

② Sie fahren zuerst mit Bus 12 und dann ...

③ So gehen Sie zuerst diese Straße geradeaus - dann nächste Straße rechts - und dann links.

④ Wir wollen die Stadt kennenlernen und zu Fuß zur Universität gehen.

⑤ Warum（为什么）fahren Sie nicht mit Bus 12 zur Universität?

Weisheit（智慧箴言）

So die Saat, wie die Ernte.

种豆得豆，种瓜得瓜。

C Grammatik 语法

Lerntipps　　框形结构是特色，注意谓语放句末。
学习提示　　动词句中主心骨，掌握变位是根本。

1. Allgemeines 语法常识

（1）德语的框形结构

"框形结构"又是德语语法的特点之一。所谓"框形结构"，就是：① 在主句中，动词的可分离前缀和第二分词须放在句末（如：Gestern habe ich das Brot gekauft.）；②在主从复合句的从句中，动词则全部放在句末（因本册教材不讲主从复合句，例句从略）。简言之，"框形结构"就是"谓语是个框，什么都得往里装"的句子结构。

（2）动词总说

德语动词在句中是"主心骨"，要按不同的人称和时态进行变位。德语人称代词请见上一单元图表。德语动词的时态就是行为或动作发生的时间。详见第四单元语法常识。

（3）冠词总说

冠词也是德语的"特色"之一。德语冠词分阳、中、阴三性和单复数，还有四格变化。它一般同名词一起出现，位于名词前，表示名词的性、数和格。从这个意义上，我们不妨编个顺口溜：冠词像帽子，戴它是名词；看看啥帽子，就知其底细。所以，冠词和名词是不可分的"统一体"，学习名词时一定要一起念、一起记冠词。德语冠词一般分为定冠词、不定冠词和否定冠词（即 kein）三种。另外还有"零冠词"（即"无冠词"）的情况。

（4）定冠词总说

定冠词主要用于表示确定和已知的人和事物，它的性数格变化情况请见本单元语法图表。我们先学习和掌握其第一和第四格的变化。学习定冠词的难点不在它的变格，而在于它的用法：什么时候用定冠词，什么时候不用定冠词？我们先掌握它的四种用法：①再次提到的同一个人或同一件事物；②说话双方已知的人或事物；③代表相同的人或同类事物整体（复数）；④表示年季月日、时分或三餐的名词。

2. Grammatische Tabelle 语法图表

（1）定冠词举例

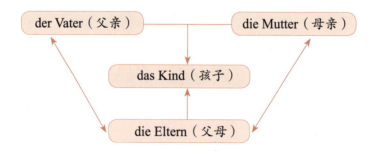

（2）定冠词的四格变化举例

格	单数			复数
	阳性	中性	阴性	（无冠词）
第一格	der (Vater)	das (Kind)	die (Karte)	die (Fische)
第二格	des (Vaters)	des (Kindes)	der (Karte)	der (Fische)
第三格	dem (Vater)	dem (Kind)	der (Karte)	den (Fischen)
第四格	den (Vater)	das (Kind)	die (Karte)	die (Fische)

说明：请自己找出规律性的变化。

（3）名词的第一和第四格变化

格	单数			复数
	阳性	中性	阴性	（无冠词）
（定冠词）第一格	(der) Vater	(das) Kind	(die) Frau	(die) Fische
（不定冠词）第一格	(ein) Vater	(ein) Kind	(eine) Frau	（无冠词）Fische
（定冠词）第四格	(den) Vater	(das) Kind	(die) Frau	(die) Fische
（不定冠词）第四格	(einen) Vater	(ein) Kind	(eine) Frau	（无冠词）Fische

说明：从上表可得到一点规律性的东西：名词第一和第四格，不管前面是定冠词还是不定冠词，不管是单数还是复数，名词本身都不变化，由冠词或动词反映格的变化。

（4）动词 haben, wissen, wollen 的现在时变位

人称	haben	wissen	wollen
ich	habe	weiß	will
du	hast	weißt	willst
er / sie / es	hat	weiß	will
wir	haben	wissen	wollen
ihr	habt	weißt	wollt
sie / Sie	haben	wissen	wollen

说明：从上表可以看出，动词 haben 的现在时是弱变化，其变化规则（词尾）有规律可循。wissen 和 wollen 是不规则变化动词，其变化须逐一记住。

3. **Übungen** 练习

（1）**Partnerübung** 结伴练习

Partner 1	*Partner 2*
Ich will zum Bahnhof. Und du?	Ich _____ (Universität).
Er will zur Universität. Und sie?	Sie _____ (Bahnhof).
Wir wollen zum Bahnhof. Und ihr?	Wir _____ (Universität).
Wollen Sie zum Bahnhof?	Ja（是）, _____.
Wollen sie zur Universität?	Ja, _____.
Wir kommen mit Bus 12 zum Bahnhof. Und ihr?	Wir _____ (zu Fuß gehen).
Sie gehen zu Fuß zur Universität. Und wir?	Wir _____ (mit Bus 12 fahren).
Wer hat die Karte（票）?	Ich _____.
Hast du die Karte?	Ja, _____.
Hat er die Karte?	Ja, _____.
Hat sie die Karte?	Ja, _____.
Wir haben die Karte.	Ihr _____.
Sie haben die Karte.	Wir _____ auch（也）.
Ich weiß das. Und du?	Ich _____ (auch).
Er weiß das. Und sie?	Sie _____ (auch).
Wir wissen das. Und ihr?	Wir _____ (auch).
Was wissen Sie?	Ich _____ das.
Was wissen sie?	Sie _____ das.
Was weißt du?	Ich _____ das.

（2）**Beantworten** 回答问题

① 德语的"框形结构"是什么意思？

② 德语动词有什么特点？

③ 德语冠词一般可分为哪三种？

④ 请说说德语冠词的顺口溜！

⑤ 德语定冠词有哪四种常用的用法？

（3） **Selbstkontrolle** 自我检测（找出正确答案填空）

① Ich _____ zu Fuß zum Bahnhof.   a. Hast
② Er _____ mit Bus 12 zur Universität.   b. wollen
③ Wohin _____ Sie?   c. zum
④ _____ du die Karte?   d. zu Fuß
⑤ Was _____ ihr?   e. gehe
⑥ Wir wollen _____ Bahnhof.   f. fragt
⑦ Gehen Sie _____ zur Universität?   g. kennt
⑧ Ihr geht _____ rechts, _____ links.   h. will
⑨ Wer will _____ kennenlernen?   i. zuerst/dann
⑩ Hongying _____ Maria.   j. die Stadt

（4） **Schriftliche Übungen** 书面练习

① 请用图表总结定冠词四格变化的规律！
② 请用图表总结名词第一和第四格变化的词尾！
③ 请用图表总结动词 haben 的现在时变位的规律！
④ 请用图表总结动词 wissen 的现在时变位的规律！
⑤ 请用图表总结动词 wollen 的现在时变位的规律！

D Hörverständnis 听力

1. Thema: Bei der Information 题目：在问讯处

- Entschuldigen Sie, wie fahre ich nach Hamburg?

- Sie wollen mit dem Zug oder ...?

- Mit dem Zug.

- Der nächste Zug nach Hamburg fährt gleich ab.

- Wie komme ich zum Bahnsteig?

- Aus der Halle gehen Sie links.

- Dann bin ich da?

- Ja, aber passen Sie gut auf: Gleis 8!

- Vielen Dank für Ihre Auskunft! Auf Wiedersehen!

- Auf Wiedersehen! Gute Reise!

2. Wörter 词汇

entschuldigen *vt* 原谅，抱歉
nach 在……之后（介词）
der Zug ¨e 火车
gleich 相同的；马上
der Bahnsteig -e （火车站）月台
die Halle -n 厅，大厅，礼堂

da 这儿；这时
auf/passen *vi* 注意，留心；照料
das Gleis -e 轨，轨道；站台
die Auskunft ¨e （对询问的）答复；问讯处

3. Erläuterungen 解释

（1）Satzmodelle für Anfänger 初学句型

◎ **Entschuldigen Sie, ...** 对不起 / 抱歉，……

这是一般人问讯时用的招呼语，也有人加 bitte，表示更客气些：Entschuldigen Sie bitte, ... 也有人用更简单的表达：Entschuldigung, ...

◎ **Wie fahre ich nach (Hamburg)?** 我去（汉堡）怎么乘车？

句中介词nach 表示方向，一般指去比较大的地方或范围，支配第三格。又例：Wie fahre ich nach Nanjing?（我去南京怎么乘车？）介词zu也表示方向，但指比较具体的地方，也可指人。例：Wie kommen wir zu Frau Schmidt?（我们怎么去施密特女士那里？）

（2）Feste Kombinationen 固定搭配

◎ **nach ... fahren** 乘车去……

句中动词 fahren 是不及物的，与介词 nach（支配第三格）搭配，表示乘车去某个地方。提问用 wohin，如：Wohin fahren Sie?（您到哪儿去？）

（3）Idiomatische Wendungen 习惯用语

◎ **Vielen Dank (für Ihre Auskunft)!** 非常感谢（您的答复）！

在本单元对话部分的习惯用语中，我们已简单介绍了表示感谢的表达：Vielen Dank! 那么，对什么表示感谢，就得用介词 für（支配第四格）引出。例：Vielen Dank für Ihre Hilfe!（非常感谢您的帮助!）

◎ **Gute Reise!** 一路顺风！/ 旅途愉快！

这是在送别要出门旅游或出差的亲朋好友时常说的一句话。它适用于乘汽车、火车、飞机等交通工具而去较远的地方旅游或出差的情况。如果亲朋好友去近地游玩等，

Lektion 2 第二单元

一般告别时用：Viel Spaß!（祝玩得开心！）

4. Übungen 练习

（1）Beantworten 回答问题

① Wohin fährst du?

② Wie komme ich zum Bahnsteig?

③ Entschuldigen Sie, wie fahre ich nach Berlin?

④ Wann fährt der nächste Zug nach Hamburg ab?

⑤ Wofür（为什么）dankt er?

（2）Vervollständigen 完整句子

① Entschuldigen Sie, _____ ?

② Der nächste Zug nach Hamburg fährt _____ ab.

③ Passen Sie aber gut auf: _____ !

④ Wie komme ich zum _____ ?

⑤ Vielen Dank für Ihre _____ !

（3）Übersetzen 翻译

① Entschuldigen Sie, wie fahren wir nach Berlin?

② Wollen Sie mit dem Zug oder mit dem Bus nach Berlin fahren?

③ Der nächste Zug nach München fährt gleich ab.

④ Wie kommen wir zum Bahnsteig?

⑤ Passen Sie gut auf: Gleis 5!

⑥ Vielen Dank für Ihre Auskunft!

E Lesetext 阅读课文

1. Thema: Zum ersten Mal in Berlin 题目：初到柏林

Ich kann nicht glauben, jetzt bin ich wirklich in Berlin. Am Flughafen holen uns zwei deutsche Freunde ab. Dann steigen wir in einen großen Wagen ein und fahren in die Stadt. Auf dem Weg können wir schon etwas von der

Stadt sehen. Berlin ist groß und schön. Auf den Straßen sind auch viele Menschen, und es ist viel Verkehr. Überall sehen wir grüne Bäume und Wiesen. Berlin ist eine Metropole wie Beijing.

2. Wörter 词汇

können *vi* 能，能够	von 从（介词，支配第三格）
glauben *vi* 相信	sehen *vt* 看，看见
jetzt 现在	schön 漂亮的，美丽的
wirklich 真的	der Mensch -en, -en 人
der Flughafen ¨ 飞机场	viel 许多，很多
ab/holen *vt* 接	der Verkehr 交通
uns 我们（人称代词，第四格）	überall 到处
zwei 两，二（数词）	grün 绿色的
der Freund -e 朋友	der Baum ¨e 树，树木
ein/steigen *vi* 上车	die Wiese -n 草地
der Wagen - 车辆，车子	die Metropole -n 大都市
der Weg -e 路	wie 像（比较连词）
schon 已经	

3. Erläuterungen 解释

（1）Satzmodelle für Anfänger 初学句型

◎ **Ich kann nicht glauben, ... 我难以相信，……**

动词 können 既是独立使用的功能动词，又是常用的助动词。这里，它是助动词，与 nicht 连用，表示"不能""难以"之意。动词 glauben 既可及物，又可不及物。句中是及物用法，后面往往用 dass 带出宾语从句，如：Ich glaube, dass er das gesagt hat.（我相信这是他说的。）口语中可以不用（省却）dass，句子用正语序。其不及物用法也很多见，如：Ich glaube dir.（我相信你。——句中 dir 是"你"的第三格。）Sie glaubt an seine Worte.（她相信他的话。——这里介词 an 支配第四格。）

◎ **(Am Flughafen) holen (uns zwei deutsche Freunde) ab.（两位德国朋友在飞机场）接（我们）。**

jn. / etw.(A) ab/holen 意谓"接（人）"/"拿 / 取（东西）"。uns 是人称代词 wir 的第

四格，作 ab/holen 的宾语。句中 am Flughafen 是地点状语，表示"在机场（接人）"。如表示"从什么地方（接人）"，一般用介词 von，要求第三格，如：vom Bahnhof（从火车站），von der Bushaltstelle（从汽车站）。

◎ **Es ist viel Verkehr.** 交通繁忙。

viel Verkehr 是习惯用法。其字面意思是许多交通，转义就是"交通繁忙"。es 是起首词，如句子用其他成分起首（如：Auf den Straßen ist viel Verkehr.）则不必用 es。

◎ **Berlin ist eine Metropole wie Beijing.** 柏林像北京一样是一个大都市。

表达"什么或某人像什么或某人一样是……"意思时常用"... ist（将sein根据主语/人称变位）+ 某人某物（名词）+ wie ..."句式。表达"什么像什么一样"时则常用"... ist（将sein根据主语/人称变位）+ so + 形容词/副词 + wie ..."。例：Er ist so groß wie sein Vater.（他长得像他父亲一样高。）Sie ist so klug wie ihre Schwester.（她像她姊妹一样聪明。）

（2）Feste Kombinationen 固定搭配

◎ **in (einen Wagen) einsteigen** 登 / 乘上（一辆车）

分离动词einsteigen与介词 in（因是动态，故要求第四格）搭配，表示"登/乘上什么（车）"。又例：Hans steigt in den Zug ein und fährt nach München.（汉斯乘上火车去慕尼黑。）Wir steigen in Buslinie 115 ein und fahren zum Bahnhof.（我们登上115路公共汽车去火车站。）Sie steigt in den Lift ein.（她走进电梯。）

◎ **in (die Stadt) fahren** （乘车）到（城里）去

表示"（乘车）到（地方）去"可以用三个不同的介词与动词 fahren 搭配：① 用 nach 表示方向或大的目的地，例：Der Chef fährt heute Abend nach Deutschland.（头儿今天晚上去德国。）② 用zu表示"去具体的地方／单位"，例：Wir fahren zur Tongji-Universität.（我们乘车去同济大学。）③ 用 in 表示"从外面到里面"，例：Wann fahren Sie in die Altstadt?（您什么时候去老城？）

◎ **auf den Straßen** 在街上

注意：auf den Straßen指的是"在街面上"。例：Auf der Zhongshan-Straße geschah ein Verkehrsunfall.（中山路上发生了一起车祸。——这里不能用介词 in）而in der Straße 也表示"在什么街上"，但指的是"街里面"或"街的两边"，例：Wir wohnen in der Huaihai-Straße.（我们住在淮海路上。——这里不能用介词 auf。）an der Straße 则指"在街的两边"。

4. **Übungen** 练习

(1) **Beantworten** 回答问题

① Was（什么）können Sie nicht glauben?

② Wo holen Sie zwei deutsche Freunde ab?

③ Wohin（去哪里）fahren Sie dann?

④ Was können Sie schon auf dem Weg sehen?

⑤ Wie ist die Stadt Berlin?

⑥ Was sehen Sie überall?

(2) **Ergänzen** 填空

① Am Flughafen holen _____ zwei deutsche Freunde ab.

② Wir steigen dann in _____ ein.

③ Es ist _____ Verkehr auf den Straßen.

④ Auf _____ Weg sehen wir schon etwas _____ der Stadt.

⑤ Berlin ist wie Beijing eine _____ Stadt.

(3) **Satzbilden** 造句

① viel Verkehr

② jn.(A) abholen

③ in die Stadt fahren

④ in ... einsteigen

⑤ am Flughafen

(4) **Übersetzen** 翻译

① Berlin ist groß und schön.

② Auf dem Weg können wir schon etwas von Hamburg sehen.

③ Ich glaube nicht, jetzt bin ich wirklich in Hamburg.

④ Überall sind grüne Bäume und Wiesen.

⑤ Berlin ist eine Metropole wie Beijing.

⑥ 我们上了一辆很大的车子。

⑦ 我相信我们已经到了德国。

⑧ 街上到处是人。

⑨ 我们在机场接两个德国朋友。

⑩ 汉堡同上海一样是一个大都市。

Lektion 3

第三单元

Hauptthema: Essen und Trinken　主题：饮食

A　Lernziel　导学

1. Klassendeutsch 课堂用语

Bitte lesen Sie!　请您读！
Bitte wiederholen Sie!　请您重复一下！
Bitte hören Sie zu!　请您注意听讲！

2. Redemittel 会话句型

Was möchten Sie essen?	Was gibt's denn heute?
Das gibt es bei uns natürlich.	Mahlzeit! - Mahlzeit!
Ich esse gern ... (A)	In der linken Hand hielt er ...(A), in der rechten ...(A)
Ich nehme ... (A)	Er kommt wieder nicht zum Frühstück.

3. Tipps zur Grammatik 语法提示

◇ 重点：①牢固掌握德语动词配价，即动词与介词等的"固定搭配"。②德语动词要根据人称和时态进行变化，且有强弱变化之分。

◇ 难点：①德语介词支配关系较复杂：不同动词不同句意不同支配（分三种格）。②德语动词的强变化没有规则可循，必须死记硬背。

4. Etwas über das Hauptthema 背景点滴

说到德国的饮食，很多人会想到面包、香肠和啤酒。其实，很多德国人也喜欢吃酸菜、丸子和沙拉。他们有时也会下馆子吃饭，以法式餐、意式餐为多，也有人喜欢吃中餐或印度餐。德国年轻人喜欢聚会，一起做菜和烧烤，既热闹又能交流。德语中有一个俗语，用"面包和香肠"表示"家常便饭"，由此可见德国人的主食。德国人对三餐的态度也是"早吃好，中吃饱，晚吃少"：早餐花样多、讲究营养，午餐一般在食堂将就，晚上大多在家里吃，通常是面包、土豆加饮料、蔬菜等冷餐。大多数德国人爱喝咖啡，生日派对、家庭聚会、亲朋聚会时喝咖啡、吃自制糕点是"常规节目"。工作日还有Kaffeepause。

B Gespräch 对话

1. Thema: Ich habe Hunger 题目：我饿了

(*Situation: Zhonghua und Hongying haben Hunger. Sie gehen in ein deutsches Restaurant und essen europäisch.*)（会话情景：中华和红英饿了。他们走进一家德国餐馆吃西餐。）

Z:　　　　Ich habe Hunger. Hast du auch Hunger?

H:　　　　Ja. Essen wir etwas im Restaurant?

Z:　　　　Gut. Dort ist ein deutsches Restaurant.
　　　　　(*Im Restaurant*)

O(Ober):　Guten Tag! Was möchten Sie essen?
　　　　　Hier ist die Speisekarte, bitte!

Z:　　　　Wir wollen etwas Europäisches probieren.

O:　　　　Das gibt es bei uns natürlich. Wir haben Schnitzel, Fisch und Salat ...

H:　　　　Moment! Haben Sie Kartoffeln? Ich esse gern Kartoffeln und Fisch.

O:　　　　Ja! Gut, Fisch und Kartoffeln! Und Sie?

Z:　　　　Ich nehme Schnitzel und Salat.

O:　　　　Und was trinken Sie?

Z:　　　　Einen Kaffee.

H:　　　　Eine Cola.

2. Wörter 词汇

der Hunger 饿，饥饿
  ja 是，对
  essen vt 吃，吃饭
  etwas 某事/物，一些东西/事物（不定代词）
das Restaurant -s 饭馆，餐馆，餐厅
  dort 那儿，那里
  deutsch 德国的，德式的
  möchten vt 喜欢，喜爱；要，想要
die Speisekarte -n 菜单
  bitte 请
  europäisch 欧洲的，西式的
  probieren vt 尝，尝试，试试
  das 这，这个 (指示代词)

bei 在……那儿（介词）
uns 我们（人称代词，第三格）
natürlich 当然，自然
das Schnitzel - 肉排；煎肉排
der Fisch -e 鱼
der Salat -e 色拉
der Moment -e 瞬间，片刻，一会儿
die Kartoffel -n 土豆
  gern 喜欢，乐意
  nehmen vt 拿，取
  trinken vt 喝
der Kaffee 咖啡
die Cola 可乐

3. Erläuterungen 解释

（1）Satzmodelle für Anfänger 初学句型

◎ **Was möchten Sie (essen)?** 您想（吃）什么？

这是饭馆、商店等场合接待顾客的常用语。möchten 是情态动词，与其他动词连用不必加 zu。又例：Was möchten Sie kaufen?（您想买什么？）Was möchten Sie sagen?（您想说什么？）

◎ **(Das) gibt es (bei uns natürlich).** （我们这儿当然）有（这个）。

es gibt etwas 是德语中最为常用的句型之一，表示"有什么"之意。注意：它须带第四格宾语，否则句子语法不通。又例：Was gibt es heute?（今天有什么？）Es gibt Fisch und Salat.（有鱼和色拉。）Es gibt einen Spielfilm.（有一部故事片。）德国人常在口语中把"... gibt es" 简说成 "... gibt's"。如：Was gibt's?（须根据上下文来理解和翻译，如：有什么新闻/消息？或：有什么事吗，有什么吃的，等等。）

◎ **Ich esse gern (Kartoffeln und Fisch).** 我喜欢吃（土豆和鱼）。

这是表示喜欢吃什么的句型。essen 是及物动词，支配第四格宾语。gern 是表示喜好

程度的副词。句中 Fisch 是集合名词，在这种场合一般用单数，也不带冠词。又例：Er isst gern Fleisch und Wurst.（他喜欢吃肉和香肠。）Äpfel isst sie gern.（她喜欢吃苹果。）

◎ **Ich nehme (Schnitzel und Salat). 我要（肉排和面包）。**

这是表示选择（从两种或更多的选择中作出）决定的句型。动词 nehmen 是及物动词，支配第四格宾语，原意是"拿""取"。在上饭馆吃饭的场合，宜作"要"或"选"理解。又例：Er nimmt Apfel.（他挑了苹果。/ 他拿了苹果。——从几种水果中选一种）Wir nehmen die U-Bahn zum Volksplatz.（我们选地铁去人民广场。——从几种交通方式中选一种）

（2）**Idiomatische Wendungen 习惯用语**

◎ **Moment! 等一下！**

德语中常用一个表示时间的名词来表达"等等""等一下""等一会儿"的要求，甚至命令。从语法上来分析，该名词是第四格。有时，德国人也用：Einen Moment! 实际上，这是用第四格表示时间的名词作时间状语的特殊用法。又例：Einen Augenblick!（稍等片刻！）Eine Sekunde, bitte!（请稍等！）

（3）**Sonstiges 其他**

◎ **etwas Europäisches 一点欧洲式（或西式）的东西**

这是德语不定代词 etwas 和形容词连用的特殊用法。请注意：etwas 不变，后面的形容词的第一个字母要大写，变成名词化的形容词，而且要加词尾 -es。又例：Er kauft etwas Deutsches.（他买了一点德国的东西。）Sie haben etwas Chinesisches gegessen.（他们吃了点中式的东西。）

4. Übungen 练习

（1）**Partnerübung 结伴练习（相互检查词汇掌握情况）**

Partner 1	Partner 2
有	_____
der Hunger	_____
das Restaurant	_____
德国的	_____
吃饭	_____
die Speisekarte	_____

natürlich　　　　_____

möchten　　　　_____

肉排　　　　　　_____

鱼　　　　　　　_____

（2）**Konversationsübung** 会话练习

　　三个同学一组，分别扮演课文中的三个角色，按照课文情景进行有关在饭店吃西餐的对话。

（3）**Beantworten** 回答问题

　　① Wer hat Hunger?

　　② Wo ist das deutsche Restaurant?

　　③ Was wollen sie im Restaurant probieren?

　　④ Was gibt es im Restaurant?

　　⑤ Was isst Hongying gern?

　　⑥ Was trinkt Zhonghua?

（4）**Satzbilden** 造句

　　① möchten

　　② es gibt

　　③ gern essen

　　④ nehmen

　　⑤ etwas Chinesisches

（5）**Übersetzen** 翻译

　　① Wer hat Hunger?

　　② Sie essen in einem deutschen Restaurant.

　　③ Bitte, hier ist die Speisekarte!

　　④ Ich nehme Fisch und Kartoffeln.

　　⑤ Er trinkt ein Bier und sie eine Cola.

> **Weisheit（智慧箴言）**
> *Zeit ist Geld.*
> 时间就是金钱。

C Grammatik 语法

> **Lerntipps** 动介搭配有规则，掌握配介是关键。
> **学习提示** 动词须随人称变，强变动词要硬记。

1. Allgemeines 语法常识

（1）动词的配介

我们在语法口诀中已经指出，动词是德语句子的"主心骨"。德语句子中的动词都根据其支配功能和一定的语法要求，搭配一定的其他词，从而构成句子。这就是动词的配介。有的语法研究人员据此提出了"配介语法"的概念。除开某些特殊的和习惯的用法，德语每个句子都不能没有动词，即谓语。所以，必须把掌握德语常用动词的配介作为德语学习第一位的任务，花最多的时间，下最大的功夫。

（2）动词的强弱变化

德语动词在根据人称和时态进行变化时，有强弱之分。所谓强变化，就是没有规则的变化；所谓弱变化，就是有规则的变化。本册教材将在各单元的语法图表最后介绍三个（主要是强变化）常用动词的变位情况。

（3）代词总说

顾名思义，代词是"代替之词"。代词主要代替名词和形容词。代替名词的代词也有性数格的变化。德语中的代词一般分为七种，用法各异。初学者必须注意：代词虽"小"，用处却大，学习语言，代词先行。

（4）不定冠词的用法

德语中的不定冠词，一般表示其所冠名词是：① 首次提到未知的，② 或不确定的，③ 或泛指的，④ 或某类事或人中的一个。和定冠词一样，德语不定冠词也有性数格的变化。但复数名词的不定冠词用"无冠词"（即没有冠词）表示。不定冠词的性数格变化情况请见本单元语法图表。

2. Grammatische Tabellen 语法图表

（1）不定冠词的四格变化

格	单数			复数
	阳性	中性	阴性	（无冠词）
第一格	ein (Vater)	ein (Kind)	eine (Frau)	(Fische)
第二格	eines (Vaters)	eines (Kindes)	einer (Frau)	(Fische)
第三格	einem (Vater)	einem (Kind)	einer (Frau)	(Fischen)
第四格	einen (Vater)	ein (Kind)	eine (Frau)	(Fische)

说明：我们可从表中找出规律性的变化：单数第一格都不变；第二格阳/中性加es，阴性加er；第三格阳/中性加em，阴性变化同第二格；第四格只有阳性变化，词尾要加en；复数大多不变化，只有第三格加 (e)n。请比较定冠词的变格，找出异同。

（2）代词简介

代词类别	主要用法	举例
人称代词	表示谁	（详见第一单元语法图表）
物主代词	表示谁的	mein, dein, sein, ihr, unser, Ihr （详见第六单元语法图表）
指示代词	表示指称	dieser, dieses; solcher, solche （详见第八单元语法图表）
不定代词	表示不定的人和事物	man, jemand; etwas; einige; viel （详见第九单元语法图表）
疑问代词	表示疑问	wer, was; welcher, welches, welche （详见第四单元语法图表）
反身代词	表示宾语	mich, dich, sich, euch, uns （详见第十五单元语法图表）
关系代词	表示从句与主句的关系	（本册教材基本不涉及从句，故从略）

说明：有关物主代词、指示代词和不定代词，我们将在第六、第八和第九单元另作简单介绍。

（3）动词分类

动词分类	主要特点	简单举例
独立动词	1. 及物动词（支配宾语） 2. 不及物动词（不支配宾语，须支配介词）	1. jn. anrufen, etwas essen 2. lachen, spielen, kommen / zu ... gehen, auf ... antworten

（续表）

动词分类	主要特点	简单举例
功能动词	与名词一起构成谓语	eine Party geben, einen Antrag stellen
助动词	帮助独立/功能动词构成不同时态	haben, sein, werden
情态动词	表示行为主体情状	können, wollen, sollen, müssen, dürfen, mögen (möchten)
反身动词	宾语是行为主体本人或本身	sich gewöhnen, sich beeilen, sich verteidigen

（4）动词 essen, trinken, möchten 的现在时变位

人称	essen	trinken	möchten
ich	esse	trinke	möchte
du	isst	trinkst	möchtest
er / sie / es	isst	trinkt	möchte
wir	essen	trinken	möchten
ihr	esst	trinkt	möchtet
sie / Sie	essen	trinken	möchten

说明：动词 heißen 和 kommen 的现在时按弱（规则）变化动词变位，其变位词尾有规律可循。动词 sein 是强（不规则）变化动词，其不同人称和时态的变位没有或基本没有规律可循，必须硬记。

3. Übungen 练习

（1）Partnerübung 结伴练习

Partner 1　　　　　　　　　　　　*Partner 2*

Ich esse Fisch. Und du?　　　　　　Ich esse _____.

Sie essen Brot. Und ihr?　　　　　　Wir essen _____.

Sie isst Kartoffel. Und er?　　　　　Er isst _____.

Was isst du?　　　　　　　　　　　_____.

Wir trinken Kaffee. Und du?　　　　Ich _____ Cola.

Sie trinken Cola. Und ihr?　　　　　Wir _____ Kaffee.

Was trinken Sie?　　　　　　　　　_____.

Was trinkt er?　　　　　　　　　　_____.

Ich möchte Fleisch essen. Und du? Ich _____ Fisch essen.
Wir möchten Salat essen. Und ihr? Wir _____ Fleisch essen.
Möchtest du Kartoffel essen? Ja, _____.
Was möchte er essen? Er _____ europäisch essen.

（2）**Beantworten** 回答问题

① 什么是"动词配介"？
② 动词的强弱变化有什么区别？
③ 代词主要分哪几种？
④ 不定冠词和定冠词有什么不同？
⑤ 请说说不定冠词的主要用法！

（3）**Selbstkontrolle** 自我检测（找出正确答案）

① Wir essen im _____. a. Salat
② Haben Sie _____? b. gibt es
③ Sie wollen etwas Europäisches _____. c. Kaffee
④ Was möchten _____ essen? d. Hunger
⑤ Ich esse _____ Kartoffel und Fisch. e. Restaurant
⑥ Was _____ Sie? f. essen
⑦ Er trinkt _____. g. gern
⑧ Was _____ sie trinken? h. Sie
⑨ Möchtet ihr _____ probieren? i. trinken
⑩ Was _____ heute? j. möchte

（4）**Schriftliche Übungen** 书面练习

① 请用简单的图表列出不定冠词（和名词）四格变化的词尾！
② 请用简单的图表列出动词 essen 现在时变位的词尾！
③ 请用简单的图表列出动词 trinken 现在时变位的词尾！
④ 请用简单的图表列出动词 möchten 现在时变位的词尾！

D Hörverständnis 听力

🎧 **1. Thema: In der Mensa** 题目：在食堂里

- Mahlzeit!

- Mahlzeit!

- Was gibt's denn heute?

- Fisch, Ei und Fleisch mit Salat. Was möchtest du?

- Ich nehme zwei Eier und Salat. Gibt's keine Suppe?

- Doch, eine Tomatensuppe!

- Prima! Ich esse sehr gern Tomatensuppe.

- Isst du auch gern Kartoffeln und Brot?

- Ja. Aber zu Hause esse ich viel Reis.

- Haben Sie den Essensbon?

- Ach, den habe ich vergessen. Wo kann ich ihn kaufen?

- Dort an dem Schalter!

2. Wörter 词汇

die Mensa   （大学里的）食堂
die Mahlzeit -en   膳食，（一）餐
　　denn   （加强语气的语气词）
das Ei -er   蛋；鸡蛋
die Suppe -n   汤
die Tomatensuppe -n   番茄汤
　　zu Hause   在家

der Reis   稻；大米，米饭
der Essensbon -s   饭票
　　vergessen vt   忘记
　　kaufen vt   购买
der Schalter   （铁路、银行、邮局等对外的）窗口

3. Erläuterungen 解释

（1）**Satzmodelle für Anfänger** 初学句型

◎ **Was gibt's (denn heute)?** （今天）有什么（啊）？

　　这是询问 "有什么" 的句型。gibt's 是 gibt es 的缩写形式，主要出现在口语中。它后面可用吃的、穿的、用的等名词为宾语。注意：句中名词须用第四格。这里的副词 denn

用于加强语气，本身没有意义。

◎ **Gibt's keine Suppe?** 没有汤吗？/有没有汤？

kein 是个否定词（也有德语语法书称它为"否定冠词"），其具体含义和用法见第五单元语法部分。在理解这个"初学句型"时，必须注意：说话人原本是希望有汤的；用 kein 是为了强调、突出 Suppe。德语中 kein 的这种用法较多见。又例：Hast du kein Geld mitgebracht?（难道你没有带钱？）

（2）**Feste Kombinationen** 固定搭配

◎ **am Schalter** 在窗口那儿/旁

名词 Schalter（窗口）与介词 an 搭配，表示"在窗口那儿""在窗口前""在窗口旁"等意思。又例：Es gibt viele Menschen am Schalter.（窗口那儿有许多人。）Ich warte am Schalter.（我等在窗口前。）请注意：am 是介词 an 与第三格冠词 dem 的合并用法，表示不强调在哪个窗口。如要强调"在这个/那个窗口"，就要用 an dem Schalter 来表达。

（3）**Idiomatische Wendungen** 习惯用语

◎ **Mahlzeit!** 去吃饭了！/ 祝胃口好！

这是德国人在去吃饭前（表示上午或下午的工作已结束）和去吃饭途中常用的招呼语，相当于中国人常说的"吃饭去"。它一般用于较熟的同事、同学之间。吃饭时用的"祝胃口好"另有表达，以后再作介绍。

◎ **zu Hause** 在家

德语中有关 Haus 的习惯用语不少，这是其中一个。zu 是介词，原支配第三格。但在这里 Haus 不变化，而且词尾加了 -e，这是由于习惯用语和发音的关系。注意：zu Hause 是静态。它可用作状语，也可与动词 sein 连用。例：Zu Hause esse ich viel Reis.（我在家米饭吃得多。）Ist er zu Hause? - Ja, er ist zu Hause.（他在家吗？— 是的，他在家。）

4. Übungen 练习

（1）**Beantworten** 回答问题

① Was gibt's denn heute?

② Was nimmt er?

③ Welche（怎样的）Suppe isst er gern?

④ Wo isst er viel Reis?

⑤ Wo kann er Essensbons kaufen?

（2）**Vervollständigen** 完整句子

① Ich esse gern _____.

② Zu Hause isst er _____.

③ Heute gibt's _____.

④ Sie kauft Essensbons am _____.

⑤ Er isst gern _____.

⑥ Bist du morgen（明天）zu Hause? Ja, _____.

⑦ Am Schalter können wir Fahrkarten _____.

（3）**Übersetzen** 翻译

① Die Chinesen essen zu Hause viel Reis und wenig Brot.

② Essen Sie auch gern Tomatensuppe?

③ Er hat den Essensbon vergessen.

④ Sie können ihn an dem Schalter kaufen.

⑤ Was isst sie gern, Suppe oder Salat?

⑥ Heute gibt es Fleisch mit Salat und Fisch mit Kartoffeln.

E Lesetext 阅读课文

1. Thema: Das sonderbare „Frühstück" 题目：特殊的"早餐"

Der englische Physiker Newton vergaß oft bei der Arbeit alles andere. Er aß und trank nicht, und er schlief auch nicht. Eines Morgens kam er wieder nicht zum Frühstück. Da brachte ihm seine Dienerin das Essen, aber auch einen Topf mit Wasser und ein Ei. Die Dienerin nahm die Uhr Newtons, legte sie neben das Ei und sagte: „Hier liegt das Ei und hier die Uhr. Kochen Sie das Ei 3 Minuten!" Dann ging sie. Nach einiger Zeit kam sie wieder in das Zimmer. Newton stand neben dem Topf. Er las. In der linken Hand hielt er ein Buch, in der rechten das Ei. - Im Topf kochte seine Uhr.

2. Wörter 词汇

sonderbar 特殊的，不寻常的
das Frühstück -e 早饭，早餐
der Physiker - 物理学家
　Newton 牛顿（人名，1643—1727）
die Arbeit -en 工作，劳动
　bringen *vt* 带，带来
die Dienerin -nen 女佣
das Essen - 饭菜
der Topf ⸚e 锅

die Uhr -en 钟，表
legen *vt* 放
neben 旁边（介词，支配第三或第四格）
kochen *vt / vi* 煮
die Minute -n 分钟
link 左的，左边的
halten *vt* 持，握，拿着
recht 右的，右边的

3. Erläuterungen 解释

（1）Satzmodelle für Anfänger 初学句型

◎ **In der linken Hand hielt er (ein Buch), in der rechten (das Ei).** 他左手拿着（一本书），右手拿着（鸡蛋）。

　　这是德语中常用的表达"一手拿什么，另一手拿什么"的句型。后半句或第二句 (in der rechten das Ei) 借用了前面的主语和谓语，实际上是"In der rechten Hand hielt er das Ei."的省略句。句中动词 halten 表示"持有""拿着"的一种状态，与介词 in（要求第三格）连用，表示"用什么（持有/拿着）"。若表示"去拿什么"这个动作，则动词用 nehmen，介词用 mit（也要求第三格）。例：Mit der linken Hand nahm er das Buch, mit der rechten das Ei.（他用左手去拿书，右手去拿鸡蛋。）

（2）Feste Kombinationen　固定搭配

◎ **ein Topf mit Wasser　一个盛着水的锅**

　　德语中表示"一个锅中放着或盛着什么"时，要用介词 mit（支配第三格）。类似的表达很多，如：ein Topf mit Kartoffeln（一个盛着土豆的锅），ein Topf mit Reis（一个盛着米饭的锅）。

◎ **zum Frühstück kommen 去 / 来吃早饭**

　　kommen 和 zu 是常用搭配，这在第二单元中已有介绍。但那里的 zu 支配的是地点等名词，表示"出行方向/目的地"。这里的 zu 支配的是与吃有关的名词，表示去用什么

餐。又例：zum Mittagessen kommen（去/来吃中饭），zum Abendessen kommen（去/来吃晚饭）。

（3）**Idiomatische Wendungen** 习惯用语

◎ **alles andere** 别的一切

用"alles + 一个形容词"可组成许多习惯表达。如 alles Gute（一切好/万事如意——常用于祝愿）和 alles neue/alte（一切新/旧的东西）等。alles 后面的形容词按定冠词后面的形容词进行变化。

◎ **eines Morgens** 在某一天早晨

德语中往往用某一表示时间的名词的第二格来表示"在某一时间"。它在句中作状语。类似的表达很多，如：eines Abends（有一天晚上）；eines Tages（有一天）；eines Jahres（有一年）。这种用法在讲故事和叙述中较多见。

（4）**Sonstiges** 其他

◎ **Der englische Physiker Newton vergaß oft bei der Arbeit alles andere.** 英国物理学家牛顿工作起来常常忘记其他的一切。

注意：句中谓语 vergaß 是动词 vergessen 的（不规则变化）过去时。本单元课文后面出现的动词，除了引号中的直接引语外，都是过去时。其中不规则变化的有 aß (essen)，trank (trinken)，schlief (schlafen)，kam (kommen)，brachte (bringen)，nahm (nehmen)，ging (gehen)，stand (stehen)，las (lesen)，hielt (halten) 等；规则变化的有 legte (legen)，sagte (sagen)，kochte (kochen) 等。有关动词过去时的构成和用法请见下一单元语法部分。

4. **Übungen** 练习

（1）**Beantworten** 回答问题

① Wer ist Newton?

② Was vergaß er bei der Arbeit?

③ Was brachte ihm seine Dienerin eines Morgens?

④ Was machte Newton neben dem Topf?

⑤ Was kochte er im Topf?

（2）**Ergänzen** 填空

① Newton _____ oft bei der Arbeit alles andere.

② Eines Morgens kam er wieder nicht _____ _____.

③ Die Dienerin legte _____ _____ neben das Ei.

④ Hier _____ das Ei und hier die Uhr.

⑤ Sie kam nach weniger Zeit wieder in _____ _____.

(3) **Satzbilden** 造句

① etw. in der Hand halten

② jm. etw. bringen

③ eines Morgens

④ etw. vergessen

⑤ bei der Arbeit

⑥ etw. (A) im Topf kochen

(4) **Übersetzen** 翻译

① Eines Morgens kam er wieder nicht zum Frühstück.

② Sie brachte ihm auch einen Topf mit Wasser und ein Ei.

③ Im Topf kochte aber seine Uhr.

④ Nach einiger Zeit kam sie wieder in das Zimmer.

⑤ Newton stand neben dem Topf und las.

⑥ 牛顿工作时常常不吃不喝也不睡觉。

⑦ 他的女佣给他送来了饭菜。

⑧ "您要把蛋煮三分钟！"

⑨ 他左手拿着书，右手拿着蛋。

⑩ 她把牛顿的钟放到蛋旁边。

Lektion 4

第四单元

Hauptthema: Der Verkehr　主题：交通

A　Lernziel　导学

1. Klassendeutsch 课堂用语

Der Unterricht ist zu Ende.	我们的课结束。/ 下课。
Das ist alles für heute.	今天就到此为止。
Lesen Sie lauter!	请您大声点念！

2. Redemittel 会话句型

Wo steigen wir um?	Ich steige (bei der nächsten Station) aus.
Wohin fahren Sie?	Wie lange soll ich (in Kassel) warten?
Was wollen Sie von mir?	Verzeihen Sie!
von einer Reise zurückkehren	durch die Straßen gehen

3. Tipps zur Grammatik 语法提示

◇ **重点**：① 德语动词有六种时态，本册教材讲授现在时、现在完成时和过去时。② 动词现在时主要表示句中的动作或行为现在正在发生，或还在持续。

◇ **难点**：① 学习和掌握许多强变化动词的各个人称现在时的变化。② 有的疑问词也有格的变化。

Lektion 4 第四单元

4. Etwas über das Hauptthema 背景点滴

> 这里仅说说德国的铁路交通。火车是德国人旅行的首选交通工具。一是因为火车班次多，且很准时；二是因为城市里都有停车难问题。德国的火车种类很多：ICE和IC是国内城际快车，只停靠大中城市；EC是欧洲城际特快，属国际列车；IR、RE和RB一般是连接大城市与周边小城市或在联邦州内运行的距离较短、运行速度较慢的火车。德国的火车票有多种，如五人以上的集体票和往返票、周末票及夜间票等。它们各有不同程度的优惠，但都有某种限制。德国还有一种"年票"，凭票可享受乘火车到德国任何地方的车票半价优惠，对经常乘火车出差、旅游，以及上下班的人很有吸引力。

B Gespräch 对话

1. Thema: Wir fahren zum Bahnhof 题目：我们乘车去火车站

(*Situation: Zhonghua und Hongying fahren mit Bus 12 zum Bahnhof und wollen einen chinesischen Freund abholen. Unterwegs treffen sie Maria.*)（会话情景：中华和红英乘12路公共汽车去火车站接一个中国朋友。途中他们碰到玛莉娅。）

M: Hallo! Fahrt ihr auch zur Uni?

Z: Guten Tag, Maria! Nein, wir fahren zum Bahnhof.

M: Da kommt der Bus. Wir steigen ein.

(*In Bus 12*)

M: Habt ihr schon Fahrkarten? Ihr könnt Fahrkarten auch beim Fahrer kaufen.

H: Ja, wir haben sie schon vom Automaten. Ist das der Entwerter?

M: Richtig. Mit ihm stempelt man die Fahrkarte ab.

Z: Wo steigen wir um?

M: Mit dem Bus könnt ihr direkt zum Bahnhof kommen. Ich steige bei der nächsten Station um und fahre mit Straßenbahn 3 weiter.

H: Gibt es hier eine U-Bahn?

M: Die Stadt ist klein und wir haben keine U-Bahn. Ich steige jetzt aus. Wiedersehen!

H: Wiedersehen!

2. Wörter 词汇

fahren *vi* （人）乘车；（车、船）行驶

der Bahnhof ¨e 火车站

die Fahrkarte -n 车票

der Fahrer - 驾驶员，司机

der Automat -en, -en 自动装置，自动（售票）机

der Entwerter - 自动检票机

richtig 对的，正确的

ab/stempeln *vt* 在……上盖章，打戳

um/steigen *vi* 换车

direkt 直接，直接地

die Station -en 车站

weiter/fahren *vi* （乘车船等）继续前行

die Straßenbahn 有轨电车

die U-Bahn 地铁

klein 小的

aus/steigen *vi* 下车

3. Erläuterungen 解释

（1）**Satzmodelle für Anfänger 初学句型**

◎ **Wo steigen wir um? 我们什么地方换车？**

um/steigen 是可分离的不及物动词。在什么地方换车，须用地点状语表达，例：Hier steigen wir um.（我们在这里换车。）Bei der nächsten Station steigen wir um.（我们在下一站换车。）

◎ **Ich steige (jetzt) aus. 我（现在）下车。**

aus/steigen 也是可分离的不及物动词。又例：Wir steigen gleich aus.（我们马上就下车。）Ihr sollt am Bahnhof aussteigen.（你们要在火车站那儿下车。）

（2）**Feste Kombinationen 固定搭配**

◎ **zum (Bahnhof) fahren 乘车去（火车站）**

与我们前面已讲过的常用搭配 zu ... kommen 一样，zu ... fahren 也表示行动方向："去什么地方"，zu 支配第三格。但用动词 kommen 时并不指明交通工具是什么，而用动词fahren 时则指定要"乘车"或"乘船"。又例：Wir fahren zur Universität.（我们乘车

去大学。）

◎ **mit (Straßenbahn 3) weiter fahren** 继续乘（3路电车）

可分动词 weiter/fahren 与介词 mit 搭配，表示"乘坐什么继续前行"。介词 mit（支配第三格）用来表示"使用什么交通工具去（何处）"或"乘坐什么"之意。例：Sie fährt mit dem Auto in die Stadt.（她乘坐小汽车进城。）Ich fahre mit dem Zug nach Berlin.（我乘火车去柏林。）Er fährt mit dem Schiff nach Nanjing.（他乘船去南京。）

（3）**Sonstiges** 其他

◎ 动词 steigen（登上，上升）加前缀构成的派生动词

① ein/steigen vi（上车） 例：Einsteigen, bitte!（请上车！——从外面进去）Wir steigen in den Bus ein.（我们登上这辆公共汽车。）

② aus/steigen vi（下车） 例：Aussteigen, bitte!（请下车！——从里面出来）Wir steigen aus dem Zug aus.（我们走下这辆火车。）

③ ab/steigen vt（下车） 例：Absteigen, bitte!（请下车！——从上面下来）Sie steigt von der Kutsche ab.（她从马车上下来。）

④ um/steigen vt（换车） 例：Sie sollen nächste Station umsteigen.（下一站你们得换车。——从一辆车换到另一辆车）Er steigt von Bus 12 in die Straßenbahn 3 um.（他从12路公共汽车下来换乘3路有轨电车。注意：Bus 12 是专有名词，与介词连用时不带冠词，也不变格。）

◎ **U-Bahn** 地铁

这是德语 Untergrundbahn（地下铁路）的简称。德国地铁的标志是大写的 U，法国用大写的 M（是Metro <地铁> 的缩写）。德国还有 S-Bahn（Schnellbahn, Stadtbahn 的简称），是短途或市内的高速火车，可在地下，也可在地上，还可是高架，有些地方跟我国的轻轨相似。

4. Übungen 练习

（1）**Partnerübung** 结伴练习（相互检查词汇掌握情况）

Partner 1	Partner 2
下车	_____
换车	_____
die Fahrkarte	_____

die Station　　　　　_____

der Fahrer　　　　　_____

地铁　　　　　　　　_____

有轨电车　　　　　　_____

direkt　　　　　　　_____

richtig　　　　　　　_____

（2）Konversationsübung 会话练习

三位同学一组，分别扮演课文中的三个角色，并按照课文情景进行有关乘车的对话。

（3）Beantworten 回答问题

① Wohin fahren Zhonghua und Hongying?

② Warum（为什么） fahren sie dorthin（去那儿）?

③ Womit（用什么） stempelt man die Fahrkarte ab?

④ Wo steigen Zhonghua und Hongying um?

⑤ Wie kommen sie direkt zum Bahnhof?

⑥ Wo steigt Maria um?

（4）Satzbilden 造句

① um/steigen

② zu ... fahren

③ mit ... fahren

④ aus/steigen

⑤ ein/steigen

（5）Übersetzen 翻译

① Wohin fahren Sie? - Wir fahren zum Bahnhof.

② Man kann Fahrkarten auch beim Fahrer kaufen.

③ Wo sollen wir umsteigen? - Nächste Station.

④ Mit dem Entwerter stempelt man die Fahrkarte ab.

⑤ Ich steige jetzt aus und fahre mir der U-Bahn weiter.

⑥ Sie haben die Fahrkarten schon vom Automaten.

Lektion 4 第四单元

> Weisheit（智慧箴言）
> Wer nicht wagt, der nicht gewinnt.
> 不入虎穴，焉得虎子。

C Grammatik 语法

Lerntipps　动词时态是特色，基本形式有三个。
学习提示　只要记住三形式，举一反三全掌握。

1. Allgemeines 语法常识

（1）德语句子的类型

按句子表达的情况或说话人的态度，德语句子可分为叙述句、疑问句、感叹句和命令句四种。本册教材主要讲授前三种句型。根据句子构成的情况，德语句子又可分为简单句和复合句。本册教材主要讲授和涉及简单句。

（2）动词的时态

所谓"时态"，就是动词表达的动作或行为发生的时间、态势或先后。德语动词的时态共有 6 种，即现在时（目前发生、正在进行）、现在完成时（已经完成，但与现在仍有关联）、过去时（过去发生，用于报告和叙述）、过去完成时（在过去时之前发生）、第一将来时（将要或可能发生）和第二将来时（在第一将来时之前发生）。本册教材主要讲授前 3 种。

（3）动词现在时

德语中动词的现在时，主要表示句中的动作或行为现在正在发生，或还在持续。有时，它也表示将要发生的动作或行为，但句中一般都带有时间状语。了解动词现在时这一概念并不难，难在掌握许多强变化动词的各个人称现在时的变化。望摸索经验，找到窍门，又快又省地记住常用强变化动词的现在时变化形式。

（4）疑问句和疑问词总说

德语疑问句分为一般疑问句和特殊疑问句。一般疑问句通常表示疑问，并要求回答。而特殊疑问句（如明知故问的假设问句）则是例外。一般疑问句又可分为带疑问词和不带疑问词的两种。

疑问词一般表示疑问或询问，总是放在句首。疑问词有两种：疑问副词和疑问代词。注意有的疑问词也有格的变化。

2. Grammatische Tabellen 语法图表

（1）动词三时态比较（以动词 haben, sein, werden 为例）

时 态	比较举例
现在时	Er hat das Buch.（他有这本书。——强调现在有） Er ist Lehrer.（他是老师。——强调现在是） Er wird Lehrer.（他快当老师了。——强调要变成）
现完时	Er hat das Buch gehabt.（他是有这本书。——强调持续） Er ist Lehrer gewesen.（他当老师了。——强调持续） Er ist Lehrer geworden.（他当上了老师。——强调持续）
过去时	Er hatte das Buch.（他有过这本书。——强调有过） Er war Lehrer.（他曾经当过老师。——强调当过） Er wurde Lehrer.（他成了老师。——强调已变成）

（2）动词现在时变位

① 规则（弱）变化词尾及举例

人称	词尾	举例
ich	-e	frage / gehe / bade / werde
du	-(e)st	fragst / gehst / badest / wirst
er / sie / es	-(e)t	fragt / geht / badet / wird
wir	-en	fragen / gehen / baden / werden
ihr	-t	fragt / geht / badet / werdet
sie / Sie	-en	fragen / gehen / baden / werden

说明：动词现在时规则变化的构成是：动词词干 + 人称变化词尾。动词werden 属混合变化动词，除单数第二和第三人称外，均是规则变化。

② 不规则（强）变化

德语语法把无变化规则的动词称为强变化动词。掌握其变化也是德语学习的一大难点。德语动词现在时不规则（强）变化的特点（不是规则的规则）是：动词词干（注意词干元音要发生变音或换音）+ 人称变化词尾。词例请见前面各单元语法图表。

（3）疑问代词

① 疑问代词和疑问冠词的区别

疑问词类	主要区别	简单举例
疑问代词	对事物提问	Was ist das? - Das ist ein Auto.
	对人提问	Wer kommt? - Der Lehrer kommt.
	与介词连用提问	Mit wem spreche ich? - Ich bin Hans.
疑问冠词	置名词前对整体中的人或物提问	Welche Uhr soll ich kaufen?
	置名词前对事物或人的特性提问	Was für ein Auto hast du?

② 主要疑问词分类及举例

分类	举例
主要疑问代词	wer / was / welch- / was für ein- （谁）（什么）（哪个）（怎么样的一个）
主要疑问副词	wann / wo / wie / warum （何时）（何地）（如何）（为什么） weshalb / wieviel / woher / wohin （为何）（多少）（从何处）（去何处）

说明：疑问代词 welch- 和 was für ein 必须根据连用名词的性数格变化。welch- 按定冠词变化，was für ein- 按不定冠词变化。

（4）动词 werden, sollen, steigen 的现在时变位

人称	werden	sollen	steigen
ich	werde	soll	steige
du	wirst	sollst	steigst
er / sie / es	wird	soll	steigt
wir	werden	sollen	steigen
ihr	werdet	sollt	steigt
sie / Sie	werden	sollen	steigen

3. Übungen 练习

（1）Partnerübung 结伴练习

Partner 1
Ich werde Lehrer. Und du?
Er wird Lehrer. Und sie?

Partner 2
_____ auch Lehrer.
_____ auch Lehrer.

Wir werden Lehrer. Und ihr? _____ auch Lehrer.

Sie wird Lehrer. Und Sie? _____ auch Lehrer.

Ich soll kommen. Und du? _____ auch kommen.

Er soll kommen. Und sie? _____ auch kommen.

Wir sollen kommen. Und ihr? _____ auch kommen.

Sie soll kommen. Und Sie? _____ auch kommen.

Ich steige aus dem Zug. Und du? _____ auch aus dem Zug.

Er steigt aus dem Zug. Und sie? _____ auch aus dem Zug.

Wir steigen aus dem Zug. Und ihr? _____ auch aus dem Zug.

Sie steigt aus dem Zug. Und Sie? _____ auch aus dem Zug.

（2）Beantworten 回答问题

① 按表达的情况和说话人的态度，德语句子可分哪四种？

② 德语动词一般分哪几种时态？

③ 动词三时态（现在时、过去时和现在完成时）有什么区别？

④ 动词现在时的含义是什么？其学习难点是什么？

⑤ 请说说德语中的（8个）主要疑问词及其含义！

（3）Selbstkontrolle 自我检测（找出正确答案）

① Wir fahren _____ Bahnhof.   a. Stadt

② Da _____ der Bus.   b. umsteigen

③ Ihr könnt mit _____ direkt zum Bahnhof kommen.   c. Fahrkarten

④ Ihr sollt nächste _____ aussteigen.   d. möchte

⑤ In der _____ gibt es keine U-Bahn.   e. zum

⑥ Sollen wir hier _____ ?   f. dem Bus

⑦ Wir haben _____ schon vom Automaten.   g. Uni

⑧ Fahrt ihr auch zur _____ ?   h. Fahrer

⑨ Er _____ später Lehrer werden.   i. kommt

⑩ Sie kaufen beim _____ Fahrkarten.   j. Station

（4）Schriftliche Übungen 书面练习

① 请用简单的图表列出规则变化动词现在时各人称变位的词尾！

② 请用简单的图表列出动词 werden 现在时变位的词尾！

③ 请用简单的图表列出动词 sollen 现在时变位的词尾！

④ 请用简单的图表列出动词 steigen 现在时变位的词尾！

D　Hörverständnis 听力

1. Thema: Im Zug 题目：在火车上

- Guten Abend! Wohin fahren Sie?

- Abend! Ich möchte nach Hamburg.

- Nach Hamburg? Dann sollen Sie einmal umsteigen.

- Wo soll ich umsteigen?

- In Kassel.

- Wie lange soll ich in Kassel warten?

- Etwa eine halbe Stunde. Das alles soll auf der Zugverbindung stehen.

- Zugverbindung? Wo kann man sie bekommen?

- Am Schalter oder bei der Info des Bahnhofs.

- Vielen Dank! Ich bin neu in Deutschland.

- Woher kommen Sie?

- Aus China.

- Oh, das ist ein riesiges Land mit vielen Menschen.

2. Wörter 词汇

einmal 一次	sollen *vi* 应该
lange 长时间，很久	die Zugverbindung 火车联乘时刻表
Kassel 卡塞尔（地名）	stehen *vi* 站，立
warten *vi* 等，等待	bekommen *vt* 得到
etwa 约，大约	die Info (=Information) 问讯处；信息
halb 半，一半	neu 新的
die Stunde -n 小时	riesig 巨大的
alles 全部，所有，一切	

3. Erläuterungen 解释

（1）Satzmodelle für Anfänger 初学句型

◎ **Wohin fahren Sie?** 您去哪儿？

句中 fahren 指乘坐汽车、火车等交通工具，也可用 gehen，表示"走路""步行"（去哪儿）。wohin 是疑问词，意谓"去哪儿"。在口语中往往把它分开说：Wo fahren Sie hin?

◎ **Wie lange soll ich (in Kassel) warten?** 我得（在卡塞尔）等多久？

wie lange 是疑问词，问"多长时间""多久"。句中主语和行为动词均可以变换。如：Wie lange sollen wir noch zu Fuß gehen?（我们还得走/步行多久？）Wie lange soll sie das kochen?（这东西她得烧/煮多久？）

（2）Feste Kombinationen 固定搭配

◎ **bei der Info** 在问讯处

这既是个常用搭配，又是个习惯用语。Info 是 Information 的缩写，与介词 bei 搭配，表示"在问讯处"。在火车站、旅游点等处的问讯处，往往挂着写有很大的 i 的牌子或标记，以方便乘客、游客问讯。很多德国人也用 bei der Auskunft 表达此意。

（3）Sonstiges 其他

◎ **Ich möchte nach Hamburg.** 我想去汉堡。

注意：句中 möchten 既可视为独立动词，支配方向性补足语；也可理解为情态助动词，省略了行为动词 fahren，所以它也是句省略句。如在吃饭时说"Ich möchte Reis."则该句省略了动词 essen。

◎ **Etwa eine halbe Stunde.** 大约半个小时。

这也是句省略句。全句为：Sie sollen in Kassel etwa eine halbe Stunde warten. 但在口语中常用这种省略句，既突出对方想知道或了解的东西，又节省了时间。课文对话中的"Am Schalter oder bei der Info des Bahnhofs."也是此类省略句。

4. Übungen 练习

（1）Beantworten 回答问题

① Wohin will er fahren?

② Wo soll er umsteigen?

③ Wie lange soll er in Kassel warten?

④ Wo kann man eine Zugverbindung bekommen?

⑤ Wann（什么时候）fährt er mit dem Zug?

（2）**Vervollständigen** 完整句子

① Er soll in Kassel _____.

② Ich möchte nach Hamburg _____.

③ Wohin fahren Sie? - Ich fahre _____.

④ Du kannst sie am Schalter des Bahnhofs _____.

⑤ Sie fährt am Abend nach _____.

（3）**Übersetzen** 翻译

① Sie möchten mit dem Zug nach Hamburg fahren.

② Man muss in Kassel umsteigen und dort eine halbe Stunde warten.

③ Wie lange sollen wir am Bahnhof warten?

④ „Vielen Dank! Ich bin neu hier."

⑤ Wo kann man die Zugverbindung bekommen?

E Lesetext 阅读课文

1. Thema: Ein Missverständnis 题目：一场误会

Spät in der Nacht kehrt Herr Schulz von einer Reise zurück. Er geht durch die Straßen nach Hause. Plötzlich bemerkt er: Ein Mann folgt ihm. Herr Schulz geht schneller, der Mann geht auch schneller. Da geht er langsamer, sein Verfolger geht auch langsamer. Jetzt bleibt Herr Schulz stehen. „Was wollen Sie von mir?"  fragt er angstvoll. „Verzeihen Sie!" antwortet der Fremde, „Ich will nur zu Frau Linke. Man sagt zu mir: ‚Folgen Sie immer diesem Mann, er wohnt in demselben Haus.'"

2. Wörter 词汇

das Missverständnis -se 误会

 spät 晚的

die Nacht ¨e 晚上

 zurück/kehren vi 回来，回去

 Schulz 舒尔茨（人名）

 durch 经过，通过（介词，支配第四格）

das Haus ¨er 房子

 plötzlich 突然的

 bemerken vt 发觉，发现

der Mann ¨er 男子；丈夫

folgen vi 跟随

schneller 较快的（schnell 的比较级）

langsamer 较慢的（langsam 的比较级）

stehen/bleiben vi 站住，停住

angstvoll 恐慌的，恐惧的

verzeihen vi 原谅，宽恕

der/die Fremde -n 陌生人（按形容词变化）

die Frau -en 妇女；太太；妻子

Linke 林克（人名）

3. Erläuterungen 解释

（1）Satzmodelle für Anfänger 初学句型

◎ **Was wollen Sie von mir?** 您想干什么？/ 您到底要干什么？

  这是一种在被纠缠、跟踪、打扰等不愿接受的行为后表示不理解、不耐烦、不客气等心态的常用句型。课文中表示不知所措和害怕的心态。

◎ **Verzeihen Sie!** 请您原谅！/ 抱歉！/ 对不起！

  这是请别人原谅、向别人表示歉意的常用句型。句中往往可以加上第三格宾语 mir 和 bitte（请）：Bitte verzeihen Sie mir! 有时也可只用一个动名词表示：Verzeihung!（抱歉！/ 对不起！）

（2）Feste Kombinationen 固定搭配

◎ **von (der Reise) zurückkehren** 从（旅行）回来 / 回去

  介词 von 后面的名词要用第三格。类似的用法很多，如 von einer Sitzung zurückkehren（开完一个会议回来）vom Unterricht zurückkehren（上课回来），vom Einkauf zurückkehren（购物回来）等。

◎ **durch (die Straßen) gehen** 穿过（街道）

  注意：durch die Straßen gehen 中的 die Straßen 是复数，所以它表示"七拐八弯地穿过多条街道"。durch 后面的名词要用第四格，因为这是动态。auf der Straße gehen 表示

"在街上行走"，auf 后面的名词用第三格，因为这是静态。而"穿过一条马路"则用 eine Straße überqueren（横穿）。若用 durch die Straßen fahren，则表示"乘车穿过街道"。

（3）**Idiomatische Wendungen** 习惯用语

◎ **spät in der Nacht** 深夜，夜里很晚的时候

也可用 in der späten Nacht 表示"深夜"之意。类似的用法还有很多，如 spät am Nachmittag（傍晚），spät im Jahr（一年的后期）等。

◎ **nach Hause** 回家

nach Hause 系固定的搭配，Haus 不变化，但因发音关系词尾一般要加 -e（有些德语地区的方言中则不加）。nach ... gehen 表示"走"这一行为的方向。例：Dann gehen wir nach Süden.（然后我们往南走去。）若乘车回家则用 nach Hause fahren。

（4）**Sonstiges** 其他

◎ **in demselben Haus** 在同一所房子里

demselbe（同一的）由指示代词 dasselbe（用于中性名词）变化而来。对阳性和阴性名词的第一格则用 derselbe 和 dieselbe。注意：这种指示代词在句中有两处要根据语法进行变化：前面der/die/das 要按定冠词变化，后面词尾则按形容词变化。例：Wir lesen dasselbe Buch.（我们看同一本书。——这里的dasselbe 是中性第四格。）Den Sohn derselben Frau kennen er und ich.（他和我认识同一位女士的儿子。——这里的 derselben 是阴性第二格。）

4. Übungen 练习

（1）**Beantworten** 回答问题

① Wann kehrt Herr Schulz von einer Reise zurück?

② Wohin（去何处）geht er vom Bahnhof?

③ Was bemerkt er unterwegs（途中）?

④ Wie folgt der Mann hinter Herrn Schulz?

⑤ Warum folgt ihm der Fremde?

（2）**Ergänzen** 填空

① Was wollen Sie von _____ ?

② Er kehrt von _____ zurück.

③ Wir gehen _____ die Straßen.

④ Spät in der _____ kommt sie nach Hause.

⑤ Sie und Herr Schulz wohnen in _____ Haus.

（3）**Satzbilden** 造句

① verzeihen

② von der Reise zurückkehren

③ zu jm. (D) sagen

④ spät in der Nacht

⑤ angstvoll

⑥ in demselben Haus

（4）**Übersetzen** 翻译

① Er geht schneller, der Mann geht auch schneller.

② Jetzt bleibt Herr Schulz stehen.

③ „Was wollen Sie von mir?" fragt er angstvoll.

④ „Ich wollte nur zu Frau Linke."

⑤ „Folgen Sie immer diesem Mann."

⑥ 舒尔茨先生深夜结束旅行回来。

⑦ 他穿过街道回家。

⑧ 他突然发现有一个男人跟着他。

⑨ "请您原谅！"

⑩ 她和他住在同一幢房子里。

Lektion 5

第五单元

Hauptthema: Wohnen　主题：居住

A　Lernziel　导学

1. Klassendeutsch 课堂用语

> Bitte lesen Sie alle zusammen! 请大家一起读！
> Bitte lesen Sie mir nach! 请大家跟我念！
> Lesen Sie weiter! 请继续念！

2. Redemittel 会话句型

Hier gefällt mir fast alles.	Man macht viel Lärm.
... muss ich zugeben.	Wie teuer ist ...?
Was kann ich für Sie tun?	Ich bin neu hier.
... ist noch ein Platz frei.	Jd. ist (nicht) von ... abhängig.

3. Tipps zur Grammatik 语法提示

◇ 重点：① 德语也讲究词序，不同词序表示不同的意义或重点。一般陈述句（主句）有个"雷打不动"的规则：谓语（动词或助动词或其可变部分）始终在句子第二位。② 德语助动词的功能：与其他动词的不定式（或其第二分词）构成不同的时态形式（或被动态）。它们本身没有意义，但注意它们也可作独立动词使用。

◇ 难点：① 构成动词现完时态要用助动词 haben 或 sein，哪些用 haben？哪些用 sein？② 学习和掌握否定词 kein 和 nicht 的不同用法和不同含义。

4. Etwas über das Hauptthema 背景点滴

> 在德国人中，拥有私房的人大约占2/5，大多数德国人租房子住。这是因为德国出租的私房多，而且国家有一套保护租房人权益的政策法规。德国大学生的住房比较紧张，因为"僧多粥少"。这有几种解决办法：(1) 租住大学生宿舍。但一般只能租住四个学期左右。(2) 租住私人出租房。这主要适用于家庭经济较好的以及不能再租住大学生宿舍的大学生。(3) 租住私人办的"集体宿舍"。(4) 有条件（指父母处有住房及/或有私车来回方便）的德国大学生，也可以"走读"。

B Gespräch 对话

🎧 **1. Thema: Leon möchte ein privates Zimmer mieten** 题目：莱昂想租一间私房

(*Situation: Leon wohnt eigentlich im Studentenheim. Jetzt will er nicht mehr dort wohnen und ein privates Zimmer mieten. So wird ein Gespräch über das Wohnen zwischen Leon, Maria, Zhonghua und Hongying geführt.*)（会话情景：莱昂本来住在大学生宿舍里。现在他想租一间私房。于是，就有了莱昂、玛莉娅、中华和红英之间的一场有关居住的谈话。）

Z: Leon, wirst du von hier ausziehen?

L: Ja. Ich habe im Studentenheim schon vier Semester gewohnt.

Z: Gefällt dir hier was nicht?

L: Hier gefällt mir fast alles, besonders die netten Freunde wie ihr.

Z: Na gut! Warum möchtest du denn unbedingt im privaten Haus wohnen?

L: Hier macht man manchmal viel Lärm und ich kann nicht gut schlafen.

Z: Das muss ich zugeben. Kannst du leicht ein Zimmer draußen finden?

L: Nicht sehr leicht. Viele Studenten möchten ein privates Zimmer mieten.

H: Wie teuer ist die Miete?

M: Ein Zimmer, 15-20 qm groß, kostet zur Zeit monatlich 200-250 Euro.

H: Oh, sehr teuer.

Z: Mit Küche und Dusche?

L: Ja, aber das ist eine ganz kleine Küche und eine gemeinsame Dusche.

H: Gibt es auch eine Heizung?

M: Natürlich!

2. Wörter 词汇

privat 私人的，私有的	schlafen *vi* 睡觉，过夜
das Zimmer - 房间，室	müssen *vi* 必须，不得不，一定要
mieten *vt* 租，租用	zu/geben *vt* 承认，同意
aus/ziehen *vi* 搬出，迁出	draußen 外面
das Semester - 学期	finden *vt* 找到
gefallen *vi* 喜欢，满意，中意	die Miete -n 房租，租金
fast 几乎	qm (= Quadratmeter) 平方米
besonders 特别地	kosten *vt* 价值，价格为
nett 可爱的，和蔼可亲的，讨人喜欢的	zur Zeit 目前，眼下（缩写 z. Z.）
warum 为什么（疑问副词）	der Euro -s 欧元
unbedingt 一定地，绝对地，无论如何	die Küche -n 厨房
manchmal 有时候	die Dusche -n 淋浴，淋浴装置
der Lärm 吵闹声，喧闹声	die Heizung -en 暖气（设备），供暖装置

3. Erläuterungen 解释

（1）Satzmodelle für Anfänger 初学句型

◎ **(Hier) gefällt mir (fast) alles.** （几乎这里的）一切我都满意。

gefallen 这个动词有点"怪"。它不能支配第四格宾语，只能支配一个第三格宾语，而且这个第三格宾语实际上是"喜欢""满意"的行为主体，即翻译成汉语时的主语。又例：Das Buch gefällt ihr sehr.（她很喜欢这本书。）

◎ **(Hier) macht (man manchmal) viel Lärm.** （这里有时候）太吵闹。

viel Lärm machen 既可表示"大声吵闹/喧哗"，也可转义指"大肆喧嚷"。句中 man 是不定代词，代表不知道或不愿指明的一个人，或多个或许多人。（详见第十二单元语法常识）又例：Im Park darf man nicht viel Lärm machen.（公园里不可大声喧哗。）德语中有个很常用的俗语：Viel Lärm um nichts! 它表示"无事喧嚷""小题大作"的意思。

◎ **Das muss (ich) zugeben.** 这一点（我）不得不承认。

etwas zugeben 的意思是"供认什么""承认什么""同意什么"，常带点贬义或无可奈何之情；与情态动词 müssen 连用时，则表示"必须或不得不承认/同意什么"的意思。句中 das 是第四格宾语，主语 ich可随着行为主体的变化而变化。请初学者在使用时注意。

◎ **Wie teuer ist (die Miete)?** （房租）多少？/（房租）多贵？

这是问价钱的常用句型之一。句中 die Miete 可换成别的东西，如：Wie teuer ist das Buch?（这本书多少钱？）如果在商店中询问某样货物的价钱，则可说：Wie teuer ist das?（这要多少钱？）或：Was kostet das?（这要多少钱？/这东西价格如何？）

（2）Feste Kombinationen 固定搭配

◎ **von ... ausziehen** 从……搬走/迁出

"从（什么地方）搬走/迁出"要用 von ... ausziehen，介词 von 支配第三格。又例：Er zieht von Shanghai aus.（他迁出上海。）"从老房子搬走/迁出"则要用 aus dem alten Haus ausziehen。由此可见，ausziehen 与 von 搭配，von 后面的名词一般是比较大的地理概念或地方。它若与 aus（也支配第三格）搭配时，后面的名词则一般是具体的、较小的建筑或地方，如大楼、房子、房间等。

（3）Idiomatische Wendungen 习惯用语

◎ **Na gut!** 那好啊！

这是用于表示说话对方说得对的应对语，它包含的言外之意是："既然你这么说，为什么还要那么做。"有人也用"Na schön!"来表示此意。请注意：一定要有特定的说话场合或情景方能用此表达。

◎ **zur Zeit** 目前，眼下

zur Zeit 可缩写为 z. Z.（注意：仍须读 zur Zeit）。它在句中作状语，具有限定时间的功能。在翻译成汉语时，一般译作定语。课文句子：Ein privates Zimmer, 15-20 qm groß, kostet zur Zeit monatlich 200-250 Euro.（一间 15 至 20 平方米大小的私人房间目前每月的房租是 200 到 250 欧元。）

（4）Sonstiges 其他

◎ **Ich habe ... schon ... Semester gewohnt.** 我在……已经住了……学期。

句中谓语 habe gewohnt 是动词 wohnen 的现在完成时，表明 Leon 在大学生宿舍中已

经住了四个学期，而且说话时还住在大学生宿舍里。说明：德国的大学生宿舍对大学生住宿一般均有年限规定，其长短视宿舍数量和大学生的多少而定，有的是四年或更长，有的只有两年，但若有某些特殊原因或为大学生宿舍管理处义务做些事情也可延长一至两年。

4. Übungen 练习

（1）Partnerübung 结伴练习（相互检查词汇掌握情况）

Partner 1	Partner 2
私人的	_____
das Zimmer	_____
mieten	_____
学期	_____
gefallen	_____
为什么（疑问副词）	_____
der Lärm	_____
睡觉，过夜	_____
必须	_____
zu/geben	_____
die Miete	_____
厨房	_____
die Dusche	_____
die Heizung	_____

（2）Konversationsübung 会话练习

四个同学一组，分别扮演课文中的四个角色，并按照课文情景进行有关居住的对话。

（3）Beantworten 回答问题

① Von wo（从哪儿）wird Leon ausziehen?

② Wer gefällt ihm besonders?

③ Warum möchte Leon ausziehen?

④ Kann er leicht ein privates Zimmer finden?

⑤ Wie teuer ist die Miete?

⑥ Was hat ein vermietetes（出租的）Zimmer unbedingt noch?

⑦ Gibt es im Zimmer auch eine Heizung?

（4）**Satzbilden** 造句

① gefallen

② teuer

③ ein Zimmer mieten

④ leicht finden

⑤ natürlich

⑥ kosten

⑦ zur Zeit

（5）**Übersetzen** 翻译

① Wie lange hat Leon schon im Studentenheim gewohnt?

② Die Wohnung hier gefällr ihm sehr.

③ Die chinesischen Freunde sind sehr nett.

④ Warum möchte er unbedingt im privaten Haus wohnen?

⑤ Man kann nicht leicht ein Zimmer draußen finden.

⑥ Ein 15-20 qm großes Zimmer kostet z. Z. monatlich 230 Euro.

⑦ In der Wohnung gibt es eine kleine Küche und eine Dusche.

Weisheit（智慧箴言）

Viel Geschrei und wenig Wolle.

雷声大雨点小。

C Grammatik 语法

> **Lerntipps** 过去时态是难点，强变形式是难题。
> **学习提示** 莫要小看助动词，时态变化靠它们。

1. Allgemeines 语法常识

（1）德语词序

所谓"词序"，就是句中各个句子成分（或词类）的先后次序。德语也讲究词序，因为不同的词序往往表示不同的意义或不同的句子重点。德语词序的特点可简单归纳为三点：

① 谓语（或谓语的变化部分），即动词（或助动词或动词的变化部分）始终位于句子的第二位。但在主从复合句的从句中有个例外（请见第二单元的"框形结构"和下一单元的"正语序和反语序"）。

② 要突出什么，就把什么放在句首位。

③ 要否定什么，就把否定词放在什么之前。

（2）动词现在完成时

表示动作或行为已经完成，但与现在仍有联系，或其状态还在持续，一般须用动词现在完成时表达。这种时态在日常会话和演讲中用得特别多。学习该时态的难点是：在构成该时态时要用助动词 haben 或 sein。那么什么动词用 haben？什么动词用 sein？初学时只要记住：一般表示静态的及物动词用 haben，一般表示动态的不及物动词用 sein。为易记起见，不妨可简单说成："静 H 动 S"。举例：Er hat gut geschlafen.（他睡得很好。——schlafen是"静态的"，用 haben。）Er ist schnell eingeschlafen.（他很快入睡了。——eingeschlafen是"动态"的，从未睡着到睡着，用 sein。）

（3）助动词总说

顾名思义，"助动词"是帮助其他动词发挥特定功能的动词。德语有三个助动词：haben, sein 和 werden。它们与其他动词的不定式或第二分词构成不同的时态形式和被动态，其本身没有意义。但请注意，它们也可作为独立动词使用，表示"有""是"和"成为"等意义。

（4）否定词 kein 和 nicht 的用法

kein 是德语中特有的否定词，有的语法书也称之为"否定冠词"。它的变化与不定冠词相同。它的含义是"没有""不是"，其作用是否定后面连用的名词，如：Er kauft kein Buch.（他买的不是书。/ 他没有买书。）

◎ nicht 也是德语中很常用的否定词。其用法比 kein 自由多了。它既可否定其后面的名词（像 kein 那样），又可否定句中其他任何一个成分，还可否定整个句子。试比较：Er kauft nicht das Buch.（他买的不是这本书。）Er kauft das Buch nicht.（他不买这本书。）Nicht er kauft das Buch.（不是他买这本书。）

2. Grammatische Tabellen 语法图表

（1）动词现在完成时的构成

人称	用 haben 作助动词		用 sein 作助动词	
	例词：fragen / sprechen		例词：gehen / fahren	
ich	habe	gefragt / gesprochen	bin	gegangen / gefahren
du	hast	同上	bist	同上
er / sie / es	hat	同上	ist	同上
wir	haben	同上	sind	同上
ihr	habt	同上	seid	同上
sie / Sie	haben	同上	sind	同上

说明：动词现在完成时的构成比较简单：助动词haben或sein的现在时人称变位 + 动词的过去分词（第二分词）。因此，haben和sein的变位是"基础的基础"，必须牢记。

（2）基数词 0—20

数字	德语表达	数字	德语表达	数字	德语表达
0	null	7	sieben	14	vierzehn
1	eins	8	acht	15	fünfzehn
2	zwei	9	neun	16	sechzehn
3	drei	10	zehn	17	siebzehn
4	vier	11	elf	18	achtzehn
5	fünf	12	zwölf	19	neunzehn
6	sechs	13	dreizehn	20	zwanzig

说明：从上述图表可以发现，13至19是由3至9加上10构成的。

（3）钟点的表达

说明：德语钟点的表达有点复杂和与"中"不同。简单说，其主要不同则在于它可以"倒着说"（尤其在口语中）。如十点半可表达为"到十一点差半个小时"，十点三刻可说成"十一点不到一刻"或"到十一点已走了三刻"。至于电台、铁路、民航等"官方部门"的钟点表达就比较"死板"和好说：如 10:25 就说"十点二十五"（不说"十点半差五分钟"；十点三刻则表达为"十点四十五"。上述图表归纳了德语钟点的几种日常口头表达方式。请注意：有人有时在说 10:05 等带分钟的时间时，在几分钟后面加 Minuten（分钟）：Es ist fünf Minuten nach zehn. 有人在表达钟点时间时最后加 Uhr，特别是表达整几点时。在将钟点时间用作时间状语时，须用介词 um。如：Ich komme um zehn Uhr.（我十点钟来。）Der Zug fährt um Viertel vor elf ab.（这班火车十点三刻开出。）

（4）动词 lesen, schlafen, gefallen 现在时和现在完成时的变位

① 动词 lesen 的现在时和现在完成时变位

人称	现在时	现在完成时
ich	lese	habe + gelesen
du	liest	hast + gelesen
er / sie / es	liest	hat + gelesen
wir	lesen	haben + gelesen
ihr	lest	habt + gelesen
sie / Sie	lesen	haben + gelesen

② 动词 schlafen 现在时和现在完成时的变位

人称	现在时	现在完成时
ich	schlafe	habe + geschlafen
du	schläfst	hast + geschlafen
er / sie / es	schläft	hat + geschlafen

（续表）

人称	现在时	现在完成时
wir	schlafen	haben + geschlafen
ihr	schlaft	habt + geschlafen
sie / Sie	schlafen	haben + geschlafen

③ gefallen 现在时和现在完成时的变位

人称	现在时	现在完成时
ich	gefalle	habe + gefallen
du	gefällst	hast + gefallen
er / sie / es	gefällt	hat + gefallen
wir	gefallen	haben + gefallen
ihr	gefallt	habt + gefallen
sie / Sie	gefallen	haben + gefallen

3. **Übungen** 练习

（1）**Partnerübung** 结伴练习

Partner 1　　　　　　　　　　　　　　　　　*Partner 2*

Ich lese das Buch. Und Sie?　　　　　　　　　_____

Er hat das Buch gelesen. Und sie?　　　　　　_____

Wir lesen das Buch. Und ihr?　　　　　　　　_____

Hast du das Buch gelesen?　　　　　　　　　　_____

Ich schlafe gut. Und du?　　　　　　　　　　　_____

Sie hat gut geschlafen. Und er?　　　　　　　　_____

Habt ihr gut geschlafen?　　　　　　　　　　　_____

Wir schlafen gut. Und Sie?　　　　　　　　　　_____

Das hat mir gut gefallen. Und dir auch?　　　　_____

Hat Ihnen der Film（电影）gut gefallen?　　　　_____

Der Film gefällt ihm. Gefällt er ihr auch?　　　　_____

Hat euch der Film doch gefallen?　　　　　　　_____

（2）Beantworten 回答问题

　①词序是什么意思？德语词序有什么特点？

　②一般在什么时候用动词现在完成时？

　③德语有哪三个助动词？它们的意义和作用是什么？

　④kein 是什么词？它在句中怎么变化？

　⑤请说说 nicht 的主要用法！

（3）Selbstkontrolle 自我检测（找出正确答案）

　① Im privaten Zimmer _____ auch eine Heizung.　　　　a. ihm

　② Hans wird von _____ ausziehen.　　　　　　　　　　b. leicht

　③ Hast du gut _____?　　　　　　　　　　　　　　　　c. zur Zeit

　④ Kann er _____ ein Zimmer draußen finden?　　　　　d. Dusche

　⑤ Das ist aber eine ganz _____ Küche.　　　　　　　　e. mieten

　⑥ Wir haben auch eine gemeinsame _____.　　　　　　f. geschlafen

　⑦ Das Buch hat _____ gut gefallen.　　　　　　　　　g. kleine

　⑧ Im Studentenheim kann man manchmal nicht gut _____.　h. gibt es

　⑨ Das Zimmer kostet _____ monatlich 230 Euro.　　　　i. hier

　⑩ Sie möchte ein privates Zimmer _____.　　　　　　　j. schlafen

（4）Schriftliche Übungen 书面练习

　①请用图表简单归纳德语弱变化动词现在完成时的词尾变化！

　②请简单归纳德语钟点表达与汉语的主要不同之处！

　③请用图表简单归纳动词 lesen 现在完成时的构成！

　④请用图表简单归纳动词 schlafen 现在完成时的构成！

　⑤请用图表简单归纳动词 gefallen 现在完成时的构成！

D　Hörverständnis 听力

🎧 **1. Thema: Im Studentenwerk 题目：在大学生事务处**

　- Guten Tag, was kann ich für Sie tun?

　- Guten Tag! Ich bin neu hier. Ich brauche dringend ein Zimmer.

　- Oh, das ist ziemlich schwierig. Aber zuerst füllen Sie das Formular aus. Dann warten Sie auf unsere Antwort.

- Wie lange muss ich warten?

- Ein oder zwei Semester.

- So lange!

- Sie können doch ein privates Zimmer mieten.

- Aber ...

- Moment! Hier ist noch ein Platz in einem Doppelzimmer frei.

- Wie teuer ist die Miete?

- Recht billig.

- Was gibt's im Zimmer?

- Fast alles: ein Bett, einen Schreibtisch, einen Stuhl, ein Bücherregal und einen Kleiderschrank - natürlich mit Heizung.

- Auch mit gemeinsamer Küche und Dusche?

- Ja.

2. Wörter 词汇

das Studentenwerk　大学生事务处，大学生服务部

tun *vi*　〔口语〕做，干

brauchen *vt*　需要；使用，用

dringend　急的，紧急的

ziemlich　相当的，可观的

schwierig　难的，困难的

aus/füllen *vt*　填写，填满

das Formular -e　表格

die Antwort -en　回答，答复

der Platz ¨e　位子，场地；广场

das Doppelzimmer -　两个床的房间，双人房间

billig　便宜的，价廉的

das Bett -en　床，床位

der Schreibtisch -e　写字台，写字桌

der Stuhl ¨e　椅子

das Bücherregal -e　书架

der Kleiderschrank ¨e　衣橱，衣柜

3. Erläuterungen 解释

（1）Satzmodelle für Anfänger 初学句型

◎ **Was kann ich für Sie tun? 我能为您做点什么？**

　　这是德国一些办事机构（包括银行）的职员常用的接待招呼语，其功能相当于饭馆里的"Was möchten Sie (essen)?"（参见第三单元）和商店里的"Darf ich Ihnen helfen?"

（我可以为您效劳吗？）。注意：有时可用 darf 替换 kann：Was darf ich für Sie tun? 这是更客气的表达。德国人也常用 "Was wünschen Sie?" 作为接待招呼语。

◎ **Ich bin neu hier.** 这里我是初来乍到。

若初到某地，都可用此句型。如要表达在某地的具体时间，则说：Ich bin hier erst seit zwei Tagen / einer Woche / einem Monat.（我来这里才两天 / 一个星期 / 一个月。）若要表达在某地住了很长时间，则不能用 Ich bin alt hier，而要用别的表达，如：Ich bin seit langem hier.（我在这里已很长时间。）Ich bin seit zwei Jahren hier.（我在这里已有两年。）

◎ **Hier ist noch ein Platz (in einem Doppelzimmer) frei.** 这里（的双人房间中）还有一个空位子。

这句句子中的主语是 ein Platz，frei 是表语，hier 是地点状语。在德国的火车或公共汽车上，或在有位子坐着等候的地方，常可听到有人问：Ist hier frei?（这里没有人吗？）Ist der Platz frei?（这个位子空着吗？）这是有人看到一个空位子，想坐上去之前向邻座的招呼语，是讲话客气和有修养的表现。

（2）**Feste Kombinationen** 固定搭配

◎ **auf etwas (A) / jn. warten** 等待某事 / 某人

warten 是不及物动词，必须通过介词 auf（支配第四格）才能带宾语。auf 后面可以是人，也可以是事或物。例：Dann warten Sie auf unsere Antwort.（然后您等候我们的回音。）Sie warten auf ihren Lehrer.（他们在等他们的老师。）Er wartet auf Bus 12.（他在等 12 路公共汽车。）

4. Übungen 练习

（1）**Beantworten** 回答问题

① Sind Sie neu hier?

② Was soll er zuerst ausfüllen?

③ Wie lange muss er auf die Antwort warten?

④ Wie teuer ist die Miete im Doppelbettzimmer?

⑤ Warum will er nicht ein privates Zimmer mieten?

⑥ Was gibt's im Zimmer?

⑦ Auch mit gemeinsamer Küche und Dusche?

（2）Vervollständigen 完整句子

① Ich _____ dringend ein Zimmer.

② Sie müssen ein oder zwei _____ warten.

③ Was kann ich für _____ tun?

④ In dem Doppelzimmer ist noch _____ frei.

⑤ Im Zimmer gibt es fast _____.

⑥ Sie haben auch _____ Küche und Dusche.

⑦ Natürlich haben wir im Zimmer _____.

（3）Übersetzen 翻译

① Ist das Zimmer auch mit gemeinsamer Küche und Dusche?

② Im Studentenheim ist noch ein Doppelzimmer frei.

③ Wie teuer ist die Miete? - Nicht sehr teuer.

④ Leon braucht dringend ein privates Zimmer.

⑤ Man muss ein oder zwei Semester auf die Antwort warten.

⑥ Das Zimmer hat natürlich Heizung.

⑦ Im Zimmer gibt es fast alles: ein Bett, einen Schreibtisch, einen Stuhl, ein Bücherregal und einen Kleiderschrank.

E Lesetext 阅读课文

1. Thema: Die Wohnungen sind klein und teuer 题目：住房既小又贵

Die Deutschen haben nicht mehr viele Kinder: fünf von zehn Familien haben gar keine Kinder. Das hat viele Gründe: Das Leben in den Städten ist mit Kindern nicht leicht. Die Wohnungen sind klein und teuer. Auf den

Straßen können die Kinder nicht spielen. Und die Nachbarn kennt man kaum. Viele Deutsche wollen mehr Freizeit. Mit Kindern hat man wenig Zeit und wenig Geld für sein Leben. Mit siebenundsechzig bekommt man eine monatliche Rente. Die Eltern sind also im Alter nicht von ihren Kindern abhängig.

2. Wörter 词汇

die Wohnung -en　住房，套房
　　teuer　贵的，贵重的
　　mehr　较多，更多（viel的比较级）
das Kind -er　孩子，儿童
die Familie -n　家庭
　　gar　完全地，根本
der Grund ¨e　原因
das Leben　生活
　　leicht　轻松，容易
　　spielen *vi*　玩，做（游戏）

der Nachbar -n　邻居
　　man　有人，某人（不定代词）
　　kaum　几乎没有，几乎不
die Freizeit　空闲时间
das Geld　钱
　　monatlich　每月的
die Rente -n　养老金，社会保险金
die Eltern (Pl.)　父母，双亲
das Alter -　年龄，年岁；老年
　　abhängig　依赖的，不独立的

3. Erläuterungen 解释

（1）**Satzmodelle für Anfänger 初学句型**

◎ **(Die Eltern) sind (also im Alter) nicht von (ihren Kindern) abhängig.**（家长在晚年）不依靠（他们的孩子）。

　　von etwas / jm. nicht abhängig sein 表示"独立自主""不依赖什么"或"不依靠什么人"之意。介词 von 支配第三格。句中 im Alter 是固定搭配。大至一个国家，小至一个孩子都可以作这种句型的主语。nicht abhängig 有时可用 unabhängig 代替。

（2）**Feste Kombinationen 固定搭配**

◎ **im Alter 在老年，在晚年**

　　介词 in 与名词 das Alter 搭配，支配第三格。这既是常用搭配，又是习惯用语。请注意，表示"在老年"或"在晚年"之意不能用 in dem Alter，只能用 im Alter。例：Sie leben im Alter sehr glücklich.（他们晚年生活得很幸福。）Alter 这个词用法较复杂，既可作"老年""晚年"解，又可用作"年龄""年岁"。请大家注意并记住课文中出现的用法。

（3）**Idiomatische Wendungen 习惯用语**

◎ **fünf von zehn Familien 十个家庭中有五个家庭**

　　这是德语中表示"多少中的多少"的习惯用语。介词 von 支配第三格。若表示"八个人中的三个"则用：drei von acht Menschen。而 zehn von hundert Universitäten 则表示

"百所大学中的十所"。由此可见，von 后面的名词可随意换用。

◎ **wenig Zeit** 很少的时间

wenig 是不定代词，又是不定数词，用法极多，因为它既可当形容词用，又可当副词用，还可当名词用。这里只要记住，它与单数名词连用时，其第一和第四格是不用变化的。如：Er hat wenig Zeit.（他有空的时间不多/很少。）Ich habe wenig Geld.（我钱不多/很少。）

◎ **mit siebenundsechzig** 67岁的时候

这是表示"多大年岁"或"在什么年纪"的习惯用语，后面省略了 Jahren。如：Mit achzig (Jahren) treibt er noch täglich Sport.（他80岁高龄还每天进行体育锻炼。——前面括号中的Jahren可省略。）

4. Übungen 练习

（1）Beantworten 回答问题

① Gibt es viele Kinder in Deutschland?

② Wie viele Familien haben gar keine Kinder?

③ Wie sind die Wohungen in den Städten?

④ Was bekommen die alten Frauen und Männer?

⑤ Wie leben die Eltern im Alter in Deutschland?

（2）Ergänzen 填空

① Fünf von zehn _____ haben keine Kinder.

② Das Leben in den _____ ist mit Kindern nicht leicht.

③ Sie leben _____ sehr glücklich.

④ Mit Kindern _____ man wenig Zeit und wenig Geld.

⑤ Die Eltern sind von ihren _____ nicht abhängig.

⑥ Die Wohnungen sind _____ und _____.

⑦ Auf den _____ können die Kinder nicht spielen.

⑧ Viele Deutsche wollen mehr _____.

（3）Satzbilden 造句

① im Alter

② von jm. unabhängig sein

③ drei von acht Menschen

④ nicht mehr

⑤ glücklich

⑥ wenig Zeit haben

⑦ spielen

⑧ die Wohnungen in den Städten

(4) Übersetzen 翻译

① In Deutschland haben fünf von zehn Familien gar keine Kinder.

② Das Leben in den Städten ist mit Kindern nicht leicht.

③ Mit Kindern hat man wenig Zeit und wenig Geld für sein Leben.

④ Monatlich bekommt man mit siebenundsechzig eine Rente.

⑤ Auf den Straßen können die Kinder nicht spielen.

⑥ 德国人不再有很多孩子。

⑦ 城里的住房又小又贵。

⑧ 许多德国人想有更多的空闲时间。

⑨ 邻居相互之间几乎不认识。

⑩ 在德国，父母年老时生活不依靠子女。

Wiederholung 1

第一阶段复习

Teil 1 Leseverstehen（阅读理解）

A. Wählen Sie die geeignete Überschrift für den jeweiligen Abschnitt.（选择合适的标题）

1. Im Sommer 2015 feierte er seinen 80. Geburtstag. Jetzt ist Dimitri tot. Wie seine Tochter Masha sagt, schloss der größte Schweizer Clown um 21.45 Uhr für immer seine Augen.

2. *Drei* Vornamen hat er: Jaden, Christopher und Syre. *Vier* Monate trainierte Jaden als Zwölfjähriger täglich Karate. *Fünf* Jahre älter als er ist Jadens jetzige Freundin.

3. Auf dem Rhein bei Dießenhofen kollidiert heute Vormittag ein Kursschiff mit einem Schlauchboot. Zum Glück ist niemand verletzt.

4. Der Chemikkonzern Lonza erzielt das beste erste Halbjahr. Der Umsatz steigt von 1,9 Milliarden Euro auf 2,0 Milliarden Euro.

5. Andrea Maier und Ehemann Ulrich Becker sind nicht mehr zusammen. „Es hat uns - wie so viele andere Paare - im verflixten siebten Ehejahr getroffen."

6. Das Leben in den Städten ist mit Kindern nicht leicht. Die Wohnungen sind klein und teuer. Mit Kindern hat man wenig Zeit und wenig Geld für sein Leben.

7. Herr Schulz geht langsamer, sein Verfolger geht auch langsamer. Jetzt bleibt Herr Schulz stehen. „Was wollen Sie von mir?" fragt er angstvoll.

8. Newton stand neben dem Topf. Er las. In der linken Hand hielt er ein Buch, in der rechten das Ei. - Im Topf kochte seine Uhr.

9. Berlin ist groß und schön. Auf den Straßen sind auch viele Menschen und ist viel Verkehr. Überall sehen wir grüne Bäume und Wiesen.

10. Die Bundesrepublik Deutschland (BRD) liegt in Mitteleuropa. Sie ist 357 000 qkm groß. Hier leben 82 Millionen Einwohner.

A) Maier trennt sich

B) Ein Missverständnis

C) Etwas über Deutschland

D) Das sonderbare „Frühstück"

E) Zum ersten Mal in Berlin

F) Kollision mit Boot

G) Leben in Zahlen: Jaden Schmidt

H) Dimitri ist tot

I) Lonza mit Rekord

J) Bringt das Kind Glück?

B. Entscheiden Sie, ob die jeweiligen Aussagen richtig, falsch oder nicht im Text erwähnt sind.（选择正确的表述）

120 Menschen aus 33 Ländern arbeiten jeden Tag in den sieben Restaurants der Hamburger Oktoberkette. Sie bedienen die Gäste, kochen oder schenken aus. Verständigungsprobleme gibt's auch beim größten Andrang nicht: Geschäftssprache ist nur die deutsche Sprache. Darauf legt Inhaber Ömer Merdin den größten Wert. Mit 19 Jahren ist er selbst aus der Türkei nach Deutschland gekommen und weiß, wie wichtig es ist, Deutsch zu sprechen. Darum finanziert er seine Angestellten regelmäßig Sprachkurse, wenn ihre Deutschkenntnisse nicht ausreichend sind. „Ich will Chancengleichheit für alle schaffen", sagt Merdin. So viel Engagement wurde 2018 mit dem ersten Preis beim bundesweiten Wettbewerb „Kulturelle Vielfalt als Chance" belohnt. Sogar ein eigenes Qualifizierungsangebot für seine Beschäftigten hat sich der Gastronom ausgedacht. Mitarbeiter ohne Berufsabschluss können sich in seinen Restaurants zur Fachkraft im Gastgewerbe im Bereich Service und Küche qualifizieren.

11. Ömer Merdin ist erst 19 Jahre alt.

   A) Richtig.　　　　　B) Falsch.　　　　　C) Nicht erwähnt.

12. In den Resaurants von Merdin werden Deutsch und Türkisch als Geschäftssprache gesprochen.

   A) Richtig.　　　　　B) Falsch.　　　　　C) Nicht erwähnt.

13. Merdin hat den ersten Preis beim bundesweiten Wettbewerb „Kulturelle Vielfalt als Chance" gewonnen.

   A) Richtig.　　　　　B) Falsch.　　　　　C) Nicht erwähnt.

14. Die Angestellten von Merdin haben in seinen Restaurants die Möglichkeit der Ausbildung.

   A) Richtig.　　　　　B) Falsch.　　　　　C) Nicht erwähnt.

15. 120 Menschen arbeiten jeden Tag in den sieben Restaurants der Harburger Oktoberkette.

   A) Richtig.　　　　　B) Falsch.　　　　　C) Nicht erwähnt.

16. Beim größten Andrang gibt es auch keineVerständigungsprobleme.

   A) Richtig.　　　　　B) Falsch.　　　　　C) Nicht erwähnt.

17. Im Alter von 19 Jahren ist Merdin seblst aus der Slowakei nach Deutschland gekommen.

   A) Richtig.　　　　　B) Falsch.　　　　　C) Nicht erwähnt.

18. Merdin finanziert jeden Angestellten regelmäßig Sprachkurse.

   A) Richtig.　　　　　B) Falsch.　　　　　C) Nicht erwähnt.

19. Jeder Angestellte dankt Merdin für die Chancengleichheit für alle.

   A) Richtig.　　　　　B) Falsch.　　　　　C) Nicht erwähnt.

20. Wer ohne Berufsabschluss mitarbeitet, hat auch die Möglichkeit, sich in seinen Restaurants zur Fachkraft im Gastgewerbe im Bereich Service und Küche zu qualifizieren.

   A) Richtig.　　　　　B) Falsch.　　　　　C) Nicht erwähnt.

C. Wählen Sie die passenden Sätze. Zu jeder Lücke passt nur ein Satz.（选择正确的句子，每空一句）

Monika: Hallo! Fahrt ihr auch zur Uni?

Dietrich: Nein, Monika!　　21　　

Monika: Da kommt der Bus.　　22　　

Monika:　　23　　Ihr könnt Fahrkarten auch beim Fahrer kaufen.

Thomas: Ja, wir haben sie schon vom Automaten. ____24____

Monika: Richtig. ____25____

Dietrich: ____26____

Monika: Mit dem Bus könnt ihr direkt zum Bahnhof kommen. ____27____

Thomas: ____28____

Monika: Die Stadt ist klein und wir haben keine U-Bahn. ____29____ Wiedersehen!

Thomas: ____30____

A) Gibt es hier eine U-Bahn?

B) Ist das der Entwerter?

C) Ich steige bei der nächsten Station um und fahre mit Straßenbahn 3 weiter.

D) Wir steigen ein.

E) Habt ihr schon Fahrkarten?

F) Mit ihm stempelt man die Fahrkarte ab.

G) Wiedersehen!

H) Wo steigen wir um?

I) Ich steige jetzt aus.

J) Wir fahren zum Bahnhof.

Teil 2 Grammatik und Wortschatz（语法和词汇练习）

A. Wählen Sie für jede Lücke das richtige Wort.（选择正确的单词填空）

Die ____31____ haben ____32____ mehr viele Kinder: fünf ____33____ zehn Familien haben gar keine Kinder. Das hat viele Gründe: Das Leben in den ____34____ ist mit ____35____ nicht leicht. Die Wohnungen sind klein und teuer. Auf den Straßen können die Kinder nicht spielen. Und die Nachbarn ____36____ man kaum. Viele Deutsche wollen mehr Freizeit. ____37____ Kindern hat man wenig Zeit und wenig Geld für ____38____ Leben. Mit sechzig (Frauen) bzw. fünfundsechzig (Männer) bekommt man eine monatliche ____39____. Die Eltern sind also im ____40____ nicht von Kindern abhängig.

31. A) Deutsch	B) Deutsche	C) Deutschen	D) Deutscher
32. A) kein	B) keine	C) nicht	D) nichts
33. A) an	B) aus	C) mit	D) von
34. A) Stadt	B) Städte	C) Stadten	D) Städten
35. A) Kind	B) Kindn	C) Kinder	D) Kindern
36. A) kennt	B) kennen	C) lernt	D) lernen
37. A) Bei	B) Mit	C) Von	D) Zu
38. A) sein	B) seine	C) seinem	D) seinen
39. A) Rat	B) Ratte	C) Rente	D) Ruhe
40. A) Alt	B) Alte	C) Alten	D) Alter

B. Wählen Sie passsende Präpositionen oder Artikel und füllen Sie die Lücken.（选择合适的介词或冠词填空）

A) der	B) neben	C) das	D) die	E) einen
F) mit	G) ein	H) Nach	I) bei	J) in

Der englische Physiker Newton vergaß oft ____41____ der Arbeit alles andere. Er aß und trank nicht, und er schlief nicht. Eines Morgens kam er wieder nicht zum Frühstück. Da brachte ihm seine Dienerin das Essen, aber auch ____42____ Topf ____43____ Wasser und ____44____ Ei. Die Dienerin nahm die Uhr Newtons, legte sie neben ____45____ Ei und sagte: „Hier liegt das Ei und hier ____46____ Uhr. Kochen Sie das Ei 3 Minuten!" Dann ging sie. ____47____ einiger Zeit kam sie wieder ____48____ das Zimmer. Newton stand ____49____ dem Topf. Er las. In der linken Hand hielt er ein Buch, in ____50____ rechten das Ei. - Im Topf kochte seine Uhr.

Teil 3 Übersetzung der unterstrichenen Teile aus dem Deutschen ins Chinesische mit Hilfe von einem Wörterbuch（借助词典翻译划线部分）

51. Einreise in die BRD

Ausländer brauchen bei der Einreise einen gültigen Reisepass oder ein Passersatzpapier. Für Angehörige der meisten westeuropäischen Staaten genügt ein gültiger Personalausweis. Kinder brauchen in den meisten Fällen ein eigenes Reisedokument. Für Staatsangehörige bestimmter Länder ist zur Einreise ein Visum erforderlich. Für Informationen sind die deutschen Auslandsvertretungen (Botschaften und Konsulate) Ansprechpartner.

52. Ein Zimmer mieten

Die helle und freundliche Wohnung befindet sich im EG einer gepflegten Wohnanlage. Die Wohnung wurde renoviert und das Bad verfügt über ein Fenster. Schöne 1-Zimmer-Wohnung mit Blick in den Garten, Balkon ebenfalls Richtung Garten, ruhig gelegen. Gleichzeitig befindet man sich in der Stadtnähe. Diverse Einkaufsmöglichkeiten und sonstige Angebote des täglichen Bedarfs sowie öffentliche Verkehrsmittel findet man im Umkreis von 10 Minuten. Die Autobahnen A 7 und A 1 sind ebenfalls in wenigen Minuten erreichbar.

Teil 4 riftlicher Ausdruck（书面表达）

Schreiben Sie zum Thema „Mein Deutschlernen" einen Aufsatz mit mindestens 50 Wörtern.（以 *„Mein Deutschlernen"* 为题写一篇不少于50个单词的作文）

53. Der Aufsatz beinhaltet（作文内容）：

    1) Wo und wie lange lernen Sie Deutsch?

    2) Wie lernen Sie Deutsch?

    3) Ihre Erfahrungen vom Deutschlernen.

Lektion 6

第六单元

Hauptthema: Besuchen 主题：拜访

A Lernziel 导学

1. Klassendeutsch 课堂用语

Welcher Tag ist heute? 今天是星期几？	- Heute ist Montag. 今天是星期一。
Der wie vielte ist heute? 今天是几号？	- Heute ist der 6. Dezember. 今天是12月6日。

2. Redemittel 会话句型

Wir sind bei jm. (D) zu Gast.	Was sind Sie von Beruf?
Besten Dank für das Geschenk!	Er beschäftigt sich mit etwas (D).
Nichts zu danken!	Es machte jm. Spaß, ... zu ...
Ist das nicht wahr?	jm. auf die Nerven gehen

3. Tipps zur Grammatik 语法提示

◇ **重点**：① 抓好德语"常用句型"（包括"初学句型"）是学好德语语法，乃至德语的重点之一。请初学者努力掌握各单元课文解释中的"初学句型"。② 德语介词是"桥梁"，与不同词类连用或搭配，构成介词词组或"固定搭配"。而它们正是德语的"精要"之一，亦是学好德语的一个"牛耳"。

◇ **难点**：① 学习德语动词过去时的难点在于：如何掌握强变化动词的过去时形式？我们提出四点经验（16字诀），供初学者参考借鉴。② 德语物主代词也有性数格的变化。初学需要寻找和总结变化规律，化难为易。

4. Etwas über das Hauptthema 背景点滴

说起德国人的作客之道,那是规矩多多。比如:① 准时。这不仅指不要迟到,也包括不能早到(均以5分钟为限,否则就失礼了)。② 送礼。德国人送礼倒是真的讲究"礼轻情意重",一瓶普通的葡萄酒,一本薄薄的畅销书,一束常见的鲜花,价格大多为几个欧元。当然,我们中国人去德国人家里作客,最好带点有中国特色的礼品,那是很受欢迎的。③ 吃相。作客时注意"坐相"和"吃相",讲究雅观和斯文,切忌旁若无人、狼吞虎咽、咂嘴出声和高谈阔论。④ 话题。不谈论容易引起尴尬的话题,如政治、宗教、意识形态或涉及私人隐秘(如个人收入)等方面的话题。

B Gespräch 对话

1. Thema: Wir sind bei Professor Becker zu Gast 题目:我们在贝克尔教授家作客

(*Situation: Professor Becker ist Leons Vater und der Lehrer von Zhonghua und Hongying. Sie besuchen die Familie von Professor Becker.*)(会话情景:贝克尔教授是莱昂的父亲和中华及红英的老师。他们拜访贝克尔教授一家。)

F (*Frau Becker*): Guten Abend! Bitte kommen Sie herein!

Z und H: Guten Abend, Frau Becker!

L: Mami, das sind Zhonghua und Hongying.

H: Hier ist etwas Chinesisches für Sie.

F: Vielen Dank! Bitte nehmen Sie Platz!

(*Frau Becker packt das Geschenk aus.*)

F: Oh, eine schöne Bluse aus echter Seide. Besten Dank für Ihr Geschenk!

Z: Nichts zu danken! Das ist nur eine kleine Erinnerung.

F: Ich habe gehört, China hat eine weltberühmte „Seidenstraße". Ist das nicht wahr?

H: Das ist wahr.

F: Was möchtet ihr trinken?

Z: Ich trinke gern Tee.

H: Ich Mineralwasser.

F: Trinken die Chinesen täglich Tee?

Z: Nicht alle, vor allem die älteren Leute.

H: Ist Professor Becker nicht zu Hause?

F: Nein, er arbeitet noch an der Uni und kommt gleich.

2. Wörter 词汇

der Professor -en　教授
　　Becker　贝克尔（姓）
der Gast ⸚e　客人，旅客
der Abend -e　晚上，傍晚
　　herein/kommen vi　进来，进入
die Mami -s　妈咪（妈妈的昵称）
das Geschenk -e　礼物，礼品
　　aus/packen vt　打开，解开
die Bluse -n　女衬衣，女上装
　　echt　真的，真正的，真实的
die Seide -n　丝，丝绸，丝织品
die Erinnerung -en　回忆，记忆，纪念

weltberühmt　世界闻名的
die Seidenstraße　丝绸之路
der Tee　茶；茶叶
das Mineralwasser　矿泉水
der Chinese -n,-n　中国人
täglich　每天的，日常的
alle　大家，所有的人（不定代词）
vor allem　首先，特别是
älter　较老的，年纪比较老的，较旧的
　　（alt的比较级）
die Leute (Pl.)　人，人们，公众（复数）
arbeiten vi　劳动，工作

3. Erläuterungen 解释

（1）Satzmodelle für Anfänger 初学句型

◎ **Wir sind bei (Professor Becker) zu Gast.** 我们在（贝克尔教授家）作客。

　　bei jm. zu Gast sein 是常用的句型，表示"在某人处作客"之意。注意：bei 后面支配第三格，zu Gast 是固定搭配，Gast 不带冠词。句中 Professor（可缩写为 Prof.）Becker 是第三格，但不变化，因为是专名。又例：Er ist bei Herrn Li zu Gast.（他在李先生那儿作客。）Sie waren gestern bei ihrem Lehrer zu Gast.（他们昨天在他们的老师那儿作客。——动词是过去时态。）

◎ **Bitte nehmen Sie Platz!** 您请坐！

这是招待客人或接待顾客时常用的招呼语。也可将 bitte 置后：Nehmen Sie bitte Platz! 或不用 bitte: Nehmen Sie Platz! 句中 Platz 是第四格宾语，因 Platz nehmen 是习惯用语，故不带冠词。对比较熟悉的、用"你"称的人，则可用：Nimm Platz!（<请>坐！）

◎ **Nichts zu danken!** 不用谢！/ 不必客气！

这是动词不定式加 zu 的句型。直译其意的译文可为：没有什么（东西）值得感谢的！这种句型主要用于回应对方的感谢，往往是一种客套。德语中这种客套不少，尤其是在问候、祝愿和表示谢意方面。请在与德国人交往时注意正确使用客套用语。（有关"动词不定式＋zu"的用法等请见第十四单元语法部分）

◎ **Ist das nicht wahr?** 这不对吗？/ 这不会有错吧？

这是带点肯定的提问，以证实已经谈到的事情或听到的消息。不用 nicht 的句型 Ist das wahr? 也很常用。它表示带点怀疑的提问：这是真的吗？而句型"Nicht wahr?"则用得更多，表示"对不对？""是不是？"，有时带点征求意见之意。例：Das hast du gekauft. Nicht wahr?（这是你买的，对不对？）Der Zug fährt in einer Stunde ab. Nicht wahr?（这班火车一小时后开出，是吧？）

（2）Feste Kombinationen 固定搭配

◎ **(eine Bluse) aus Seide** 丝绸做的（女衬衣）

表示一件衣服用什么料子做的，须用介词 aus，支配第三格。因为料子往往是集合名词，所以一般不带冠词。又例：Das ist ein Hemd aus Baumwolle.（这是一件棉料男衬衣。）Er hat eine Hose aus Wolle gekauft.（他买了一条毛料裤子。）

◎ **an der Uni** 在大学里

汉语表达"在大学里"，译成德语则往往为 an der Universität。an 是介词，这里支配第三格，意谓"在……旁边/附近"。又例：Er studiert an der Uni.（他在这所大学学习。）Sie ist an der Uni immatrikuliert.（她是在这所大学注册的。）但请注意，如表达"某人在大学里"，则要用介词 in，也支配第三格。例：Wo ist Prof. Becker? - Er ist in der Uni.（贝克尔教授在哪里？—他在大学里。）这也许是使用习惯使然。

（3）Idiomatische Wendungen 习惯用语

◎ **Besten Dank für (Ihr Geschenk)!** 非常感谢（您的礼物）！

这个习惯用语同第二单元"习惯用语"中所介绍的 vielen Dank für (IhreAuskunft) 基

本相同，只不过在表达的谢意上"更多些"或"意更浓些"。我们在前面已经提到，德语中表示感谢的"客套"很多。请注意经常复习和操练这些习惯用语。

◎ **vor allem** 首先，主要，特别是

这是介词 vor 和不定代词 all 搭配构成的习惯用语，其字面原意是"在一切之前"。课文句子"Nicht alle, vor allem die älteren leute."的意思是"不是所有的中国人，主要是年纪较大的人"。又例：Ihr lernt alle fleißig, vor allem Herr Li.（你们学习都很努力，特别是李先生。）Er sieht sich gern Filme an, vor allem die Kungfu-Filme.（他喜欢看电影，尤其是功夫片。）

4. Übungen 练习

（1）**Partnerübung** 结伴练习（相互检查词汇掌握情况）

Partner 1	*Partner 2*
教授	＿＿＿＿＿
客人	＿＿＿＿＿
herein/kommen	＿＿＿＿＿
礼物	＿＿＿＿＿
丝	＿＿＿＿＿
weltberühmt	＿＿＿＿＿
der Chinese	＿＿＿＿＿
每天的	＿＿＿＿＿
首先	＿＿＿＿＿
besten Dank	＿＿＿＿＿
die Leute	＿＿＿＿＿
劳动	＿＿＿＿＿
作客	＿＿＿＿＿

（2）**Konversationsübung** 会话练习

四位同学一组，分别扮演课文中的四个角色，并按照课文情景进行有关拜访的会话练习。

（3）**Beantworten** 回答问题

① Bei wem（在谁那儿）sind Zhonghua und Hongying zu Gast?

② Was haben sie Frau Becker geschenkt（赠送）?

③ Was hat Frau Becker gesagt?

④ Trinken die Chinesen täglich Tee?

⑤ Wo ist Prof. Becker?

⑥ Wann kommt er?

⑦ Warum dankt Frau Becker?

（4）**Satzbilden** 造句

① bei jm. zu Gast sein

② Platz nehmen

③ Nichts zu danken!

④ zu Hause

⑤ vor allem

⑥ an der Uni

⑦ arbeiten

（5）**Übersetzen** 翻译

① Nehmen Sie bitte Platz!

② Hier haben wir etwas Chinesisches für Sie.

③ Das ist eine schöne Bluse aus echter Seide.

④ Besten Dank für Ihr Geschenk!

⑤ Das ist nur eine kleine Erinnerung.

⑥ Nichts zu danken!

⑦ China hat eine weltberühmte „Seidenstraße".

⑧ Die Chinesen trinken gern Tee, vor allem die älteren Leute.

Weisheit（智慧箴言）

Blinder Eifer schadet nur.

盲目热情只会坏事。/欲速则不达。

C　Grammatik 语法

> **Lerntipps**　动词时态是特色，基本形式有三个。
> **学习提示**　介词虽小用处大，连结词类功能多。

1. Allgemeines 语法常识

（1）"常用句型"

　　这里说的"常用句型"（包括本教程各单元列出的"初学句型"），不是什么"常用的句子类型"，而是日常生活中经常使用的、约定俗成的句子结构，甚至句子成分。在第一单元的语法常识中，我们已经谈到抓好"常用句型"是学好德语语法，乃至德语的重点之一。我们在各单元课文、听力和阅读材料的生词之后均列出了有关"初学句型""固定搭配"和"习惯用语"，就是希望大家在熟读和记住生词的同时，花时间和精力学会使用，并掌握这些学习重点。

（2）动词过去时

　　动词过去时表示动作或行为在过去发生，与现在已经毫无关系，强调的是"发生过和存在过"。构成动词过去时无须助动词的帮助，而是由动词直接变化构成。因此，学习动词过去时的难点是：如何掌握强变化动词的过去时形式？我们的经验是四句话：①"总结规律"（德语强变化动词的变化也有某些"小规律"可寻）；②"寻找典型"（找出30个左右有代表性和典型性，即强变化相同或差不多的动词）；③"抓住要害"（主要记住强变化动词的单数第一、二和三人称的变化形式）；④"强化记忆"（下大力气，死记硬背"典型"动词的"要害"变化，然后举一反三，扩大词量，最好是动词的三种基本形式一起背，一起记）。已学强变化动词的过去时变化请见有关单元的语法图表。

（3）介词总说

　　德语介词是个特殊词类，一不变化，二不能单独使用。但它有特定的词义和独特的语法功能，所以又是个极其重要的词类。它同名词、形容词等词类连用，可构成介词词组；它与动词搭配，可构成"固定搭配"。而介词词组和"固定搭配"正是德语的"精要"之一，亦是大家学好德语的一个"牛耳"。

（4）物主代词总说

物主代词表示一种所属或占有关系，回答"谁的"问题。它由人称代词的第二格变化形式派生而得，可作名词，也可作形容词。它也有性数和四格的变化。其变化情况请见语法图表。物主代词不难掌握，初学只要先了解它的两种主要用法和其主要变化同形容词就行。但要注意：用作名词的物主代词，前面可以有定冠词，其变化如同形容词弱变化。

2. Grammatische Tabellen 语法图表

（1）动词过去时构成举例

① 规则（弱）变化词尾及举例

人称	构成	举例
ich	-(e)te	sagte / fragte / antwortete / badete
du	-(e)test	sagtest / fragtest / antwortest / badetest
er / sie / es	-(e)te	sagte / fragte / antwortete / badete
wir	-(e)ten	sagten / fragten / antworteten / badeten
ihr	-(e)tet	sagtet / fragtet / antwortetet / badetet
sie / Sie	-(e)ten	sagten / fragten / antworteten / badeten

② 不规则（强）变化框框与特点

德语强变化动词的人称变化是不规则的，但其构成有一个很粗、很原则性的框框：**动词词干（词干元音发生变音或换音）+ 过去时强变化人称变化词尾**。它还有一个特点：其第一和第三人称词形相同。举例从略，请见各单元语法图表介绍。

（2）介词（I）——介词分类及支配第三和第四格的常用介词

① 介词分类

种类	如何提问	种类	如何提问
地点介词	用 wo 提问	时间介词	用 wann 提问
方向介词	用 wohin / woher 提问	原因介词	用 warum 提问
情态介词	用 wie 提问	目的介词	用 wozu 提问

② 支配第三和第四格的常用介词

支配格数	常用介词
第三格	aus, bei, mit, nach, seit, von, zu
第四格	bis, durch, für, ohne, um, wider

（3）物主代词的变格

	人称代词	ich	du	er / sie / es	sie	wir	ihr	sie / Sie
阳性	第一格	mein	dein	sein	ihr	unser	euer	ihr / Ihr
	第二格	-es	-es	-es	-es	-es	eures	-es
	第三格	-em	-em	-em	-em	-em	eurem	-em
	第四格	-en	-en	-en	-en	-en	euren	-en
中性	第一格	mein	dein	sein	ihr	unser	euer	ihr/Ihr
	第二格	同阳性第二格						
	第三格	同阳性第三格						
	第四格	同第一格						
阴性	第一格	meine	deine	seine	ihre	unsere	eure	ihre / Ihre
	第二格	-er	-er	-er	-er	-er	eurer	-er
	第三格	同第二格						
	第四格	同第一格						
复数	第一格	meine	deine	seine	ihre	unsere	eure	ihre/Ihre
	第二格	同阴性第二格						
	第三格	-n	-n	-n	-n	-n	-n	-n
	第四格	同第一格						

说明： 物主代词的变化看似复杂，其实有规律可循，有很多变化是相同的。请寻找和总结规律。

（4）动词 nehmen, schreiben 和 ziehen 的现在时和过去时变位

动词	nehmen		schreiben		ziehen	
第二分词	(h) genommen		(h) geschrieben		(h) gezogen	
时态	现在时	过去时	现在时	过去时	现在时	过去时
ich	nehme	nahm	schreibe	schrieb	ziehe	zog

Lektion 6　第六单元

（续表）

动词	nehmen		schreiben		ziehen	
时态	现在时	过去时	现在时	过去时	现在时	过去时
du	nimmst	nahmst	schreibst	schriebst	ziehst	zogst
er / sie / es	nimmt	nahm	schreibt	schrieb	zieht	zog
wir	nehmen	nahmen	schreiben	schrieben	ziehen	zogen
ihr	nehmt	nahmt	schreibt	schriebt	zieht	zogt
sie / sie	nehmen	nahmen	schreiben	schrieben	ziehen	zogen

3. **Übungen** 练习

（1）**Partnerübung** 结伴练习

Partner 1　　　　　　　　　　　　　　　　　　　　　*Partner 2*

　Ich nehme Fleisch. Und ihr?　　　　　　　　　　_____

　Er nahm Schnitzel. Und Sie?　　　　　　　　　　　_____

　Sie hat das genommen. Und er?　　　　　　　　　　_____

　Was haben Sie genommen?　　　　　　　　　　　　_____

　Nehmt ihr das nicht?　　　　　　　　　　　　　　　_____

　Er nimmt Fisch. Und sie?　　　　　　　　　　　　　_____

　Er schreibt seinem Freund. Und sie?　　　　　　　　_____

　Sie schrieb einen Brief（信）. Und du?　　　　　　　_____

　Habt ihr das geschrieben?　　　　　　　　　　　　　_____

　Wir haben die Wörter geschrieben. Und was haben Sie geschrieben?　_____

　Er zieht von hier aus. Und sie?　　　　　　　　　　_____

　Wir ziehen nicht aus. Und ihr?　　　　　　　　　　 _____

　Wer ist von hier ausgezogen?　　　　　　　　　　　_____

　Sie zog vor einem Monat aus. Und er?　　　　　　　_____

（2）**Beantworten** 回答问题

　①"常用句型"究竟是什么？

　②什么情况下动词要用过去时？

③ 动词过去时构成的特点是什么？

④ 为什么说"介词虽小功能大"？

⑤ 请说说物主代词的用法！

（3）**Selbstkontrolle** 自我检测（找出正确答案）

① Wir _____ etwas Chinesisches gekauft.　　　　a. kleine

② Nehmen Sie bitte _____ !　　　　　　　　　　b. das Geschenk

③ Was hat der Lehrer _____?　　　　　　　　　　c. haben

④ Er nimmt in der _____ Hand ein Buch.　　　　d. China

⑤ Frau Becker packt _____ aus.　　　　　　　　e. nicht wahr

⑥ Das ist nur eine _____ Erinnerung.　　　　　f. für

⑦ Was hat Frau Becker _____?　　　　　　　　　g. geschrieben

⑧ _____ hat eine weltberühmte „Seidenstraße".　h. linken

⑨ Besten Dank _____ Ihr Geschenk.　　　　　　i. gehört

⑩ Ist das _____ ? - Das ist wahr.　　　　　　　j. Platz

（4）**Schriftliche Übungen** 书面练习

① 用图表简单归纳弱变化动词过去时的词尾变化！

② 学习、掌握强变化动词过去时有什么"诀窍"？

③ 用图表简单归纳已学过的支配第三或第四格的介词（意义和用法）！

④ 用图表简单归纳物主代词的变格情况！

⑤ 用图表简单归纳动词 nehmen 的过去时变位！

⑥ 用图表简单归纳动词 schreiben 的过去时变位！

⑦ 用图表简单归纳动词 ziehen 的过去时变位！

D　Hörverständnis 听力

🎧 **1. Thema: Beruf und Alter** 题目：职业与年龄

- Guten Morgen, Frau Müller!

- Ah, Herr Li! Morgen!

- Wie geht's Ihnen?

- Danke, gut. Und Ihnen?

- Danke, auch gut. Studieren Sie noch hier?

- Nein, ich habe mein Studium schon vor zwei Jahren beendet und arbeite jetzt hier.

- Oh, die Chinesen sehen immer jünger aus.

- Ich bin schon 32 Jahre alt.

- Wirklich? Sie sehen viel jünger aus.

- Danke schön!

- Was sind Sie von Beruf?

- Ich bin Arzt. Und arbeiten Sie hier auch?

- Ja, ich bin Lehrerin. Was sind Ihre Eltern von Beruf?

- Mein Vater ist Bauingenieur, meine Mutter Ärztin.

- Oh, deshalb haben Sie Medizin studiert.

- Nicht ganz! Was sind Ihre Eltern von Beruf?

- Mein Vater ist Lehrer, meine Mutter ist Verkäuferin.

2. Wörter 词汇

der Beruf -e   职业，职务
der Herr -n,-en   先生，男子
das Studium ...ien   （在大学）学习
   beenden *vt*   结束，完成
   aus/sehen *vi*   看起来，显得
   immer   一直，总是
   jünger   较年轻的（jung 的比较级）
die Lehrerin -nen   女教师

der Bauingenieur -e   建筑工程师，土木工程师
die Ärztin -nen   女医生
deshalb   因此，所以
die Medizin   医学
   ganz   完全的，所有的，全部的
die Verkäuferin -nen   女售货员

3. Erläuterungen 解释

（1）Satzmodelle für Anfänger 初学句型

◎ **Wie geht's Ihnen?** 您好吗？/ 您身体好吗？

这是与"Guten Tag！"这类问候语有所不同的问候语，常用于有点熟悉的人之间，或有一段时间未曾见面的熟人或朋友之间。在较熟的朋友之间，大多省去Ihnen，用"Wie geht's？"或"Wie geht's dir？"。请注意："Wie geht es jm.?"（某人身体怎么样？）或

"Es geht jm. (gut / schlecht)."［某人身体（好 / 不好）。］是常用句型，一般不能没有 jm.。又例：Wie geht es Ihren Eltern?（您父母可好？）Es geht mir soso lala.（我的情况马马虎虎。）Wie geht's? - Es geht.（怎么样？— 还可以。）

◎ **(Die Chinesen) sehen (immer) jünger aus.**（中国人）看起来（总）显得年轻。

动词 aus/sehen 的本意是"从外貌或外表上看起来……"。其用法不少，jung / jünger aussehen 是其中一种。此类用法在课文中还出现过一次: Sie sehen viel jünger aus.（您看起来年轻多了。）又例：Er sieht gut/schlecht aus.（他看起来脸色不错 / 不好。）/ Er sieht wie seine Mutter aus.（他看上去像他母亲。）Es sieht nach Regen aus.（看起来要下雨。）

◎ **Ich bin (schon 32) Jahre alt.** 我（已经三十二）岁。

表示几岁或多少年纪要用 ... Jahre alt sein，婴儿则用 ... Monate / Tage alt sein。若提问则用"Wie alt bist du?"或"Wie alt sind Sie?"。请注意：在与人交往中，德国人习惯上不（能）问对方年纪，除非相互之间非常熟悉了。对孩子或老人，则是例外。

◎ **Was sind Sie von Beruf?** 您的职业是什么？

这是比较客气地询问说话对方职业或身份的常用句型。von 要求第三格，但 Beruf 不带冠词，因是固定搭配。回答时不必再用 von Beruf。例：Was sind Sie von Beruf? - Ich bin Taxifahrer.（您的职业是什么？— 我是出租车司机。）

（2）Idiomatische Wendungen 习惯用语

◎ **Morgen!** 早安！/ 早上好！

这是"Guten Morgen!"的省略用法，口语中较多见，主要用于回应较熟悉的人的问候。在这种情况下，一般的问候语均可如此省略。如：Tag! (= Guten Tag!) / Abend! (= Guten Abend!) / Nacht! (= Gute Nacht!)

◎ **Nicht ganz!** 不完全是！

这是对说话对方的提问等作部分肯定的回答。若要作完全肯定的回答，则可用"Ja!"或"Ganz richtig!"等。如回答是完全否定的，则用"Nein!"等。

（3）Sonstiges 其他

◎ **Ah, Herr Li!** 啊，是李先生！

这是对见到某人略感意外或吃惊的表达。可能是李先生在一两年前同对方见过几次，有点熟；后来却一直没有往来和见过面。Ah 是象声感叹词。这类词还不少。如 Oh（啊 / 哦），Ach（啊/啊呀），Uh（哎哟）等。

◎ **Ich bin Arzt.** 我是医生。

这是介绍身份、职业的句型。对此，我们已在第一单元听力部分作过讲解。本课出现此类句型较为集中，除这一句外，尚有五处：Ich bin Lehrerin. / Mein Vater ist Bauingenieur（建筑工程师）. / Meine Mutter ist Ärztin（女医生）. / Sein Vater ist Lehrer. / Seine Mutter ist Verkäuferin（女售货员）. 这里再强调一下：表示身份或职业等的名词一律不用冠词。

4. Übungen 练习

（1）**Beantworten** 回答问题

① Was hat Herr Li studiert?

② Wann studierte er?

③ Wie alt（几岁）ist er?

④ Was ist er von Beruf?

⑤ Was ist Frau Müller von Beruf?

⑥ Was sind ihre Eltern von Beruf?

⑦ Wie sieht Herr Li aus?

（2）**Vervollständigen** 完整句子

① Ich habe mein Studium schon vor _____ _____ beendet.

② Viele Chinesen sehen immer _____ aus.

③ Er _____ schon 32 Jahre alt.

④ Was sind Ihre Eltern _____ Beruf?

⑤ Mein Vater ist _____, meine Mutter _____.

⑥ Haben Sie deshalb Medizin _____?

⑦ Ihr Vater arbeitet _____ der Universität.

（3）**Übersetzen** 翻译

① Die Chinesen sehen immer jünger aus.

② Er hat sein Studium vor drei Jahren beendet

③ Was hat Herr Li vor drei Jahren studiert?

④ Er hat an der Uni Hamburg Wirtschaft studiert.

⑤ Was sind Ihre Eltern von Beruf?

⑥ Mein Vater ist Lehrer, meine Mutter ist Ärztin.

⑦ Wie geht's Ihnen? - Danke, gut. Und Ihnen?

E Lesetext 阅读课文

🎧 1. Thema: Zwillinge sind nie allein 题目：双胞胎总成双

Als Babys haben Stefan und Chris immer zur selben Zeit die gleichen Krankheiten gehabt. Später machte es ihnen Spaß, das Gleiche anzuziehen und die gleiche Frisur zu haben. Doch jetzt gibt es Probleme: Den beiden gefällt dasselbe Mädchen. Stefan und Chris sind Brüder. Und sie sind am selben Tag geboren, also Zwillinge. Sie sind gern zusammen. Trotzdem geht es ihnen oft auf die  Nerven, Zwillinge zu sein. Man wird immer wieder mit dem Bruder verwechselt. Sie haben zwar dieselben Hobbys und hören dieselbe Musik, aber in der Schule interessieren sie sich für verschiedene Fächer. Stefan möchte später Jura studieren. Doch Chris will sich lieber mit Physik und Chemie beschäftigen.

2. Wörter 词汇

die Zwillinge (Pl.) 双胞胎（复数）
    nie 从不，永不
    allein 单独，孤单
das Baby -s 婴儿
    Stefan 斯特凡（人名）
    Chris 克里斯（人名）
das Gleiche 同样，相同（按形容词变化）
die Frisur -en 发式，发型
das Problem -e 问题，麻烦
    gebären vt 生，养，分娩

der Nerv -en 神经
    verwechseln vt 搞错，混淆
    zwar 虽然，尽管（连词）
das Hobby -s 业余爱好
    verschieden 不同的
das Fach ¨-er 专业
die Jura (Pl.) 法学，法律（复数）
    sich beschäftigen 从事，忙于
die Physik 物理学
die Chemie 化学

Lektion 6　第六单元

3. Erläuterungen 解释

（1）**Satzmodelle für Anfänger 初学句型**

◎ **(Später) machte es ihnen Spaß, (das Gleiche anzuziehen und die gleiche Frisur zu haben).**（后来，穿相同的衣服和理同样的发型）给他们带来了乐趣。

jm. Spaß machen 这个句型我们已在第一单元的阅读部分做过介绍。这句句子涉及的是"动词不定式 + zu"的语法现象。这是德语中的一种特殊语法现象。有关"动词不定式 + zu"请见第十四单元语法部分。

◎ **(Sie haben) zwar (dieselben Hobbys und hören dieselbe Musik), aber (in der Schule interessieren sie sich für verschiedene Fächer).** 虽然（他们的爱好相同，听的音乐也相同），但（在学校里感兴趣的专业却是不同的）。

这是用连词 zwar ... aber ...（尽管……但是……）构成的句型，aber 后面的句子往往表示转折，与前面句子的意思相反或有很大不同。有关连词的简介请见第九单元语法部分。

◎ **(Doch Chris will) sich (lieber) mit (Physik und Chemie) beschäftigen.**（克里斯却很想）从事（物理和化学方面的工作）。

这是表示从事某种职业、做某种工作或事情的常用句型。sich 是第四格反身代词。又例：Sie beschäftigt sich mit Übersetzen.（她从事翻译工作。）Die Eltern beschäftigen sich mit ihren Kindern.（父母忙于照料他们的孩子。）Womit beschäftigst du dich?（你在忙什么？）

（2）**Idiomatische Wendungen 习惯用语**

◎ **zur selben Zeit / zur gleichen Zeit 在同一时间/同时**

在前面"学习提示"中，我们说到"介词虽小用处大，连结词类功能多"。前面几个单元中已经介绍的 zu Fuß gehen, zu Hause, nach Hause, bei der Info, im Alter, ein Topf mit etw., zur Zeit 等习惯用语或固定搭配都是由介词构成的，由此可见一斑。zur gleichen Zeit 和 zur selben Zeit 都是介词结构，意思也相同，在句中都作状语。例句：Sie und er kamen zur selben Zeit in Deutschland an.（她和他是在同一时间到达德国的。）Er macht Hausarbeit. Zur gleichen Zeit hört er Musik.（他在做家庭作业的同时听音乐。）请注意：句中要么有两个或更多的行为主人（主语），要么同一行为主人进行两种或更多的行为，否则不能用这个表达。

◎ **am selben Tag** 在同一天

这也是一个由介词构成的习惯用语，也可说是一种固定搭配。介词 an 在这里支配第三格。请注意：与 Tag 搭配，只能用 an；与 Zeit 搭配，只能用 zu 。这是使用习惯问题。课文句子：Und sie sind am selben Tag geboren, also Zwillinge.（他们是在同一天出生的，也就是双胞胎。）又例：Wir besuchten am selben Tag Professor Becker.（我们在同一天去看望贝克尔教授。）其注意点同上。

◎ **jm. auf die Nerven gehen** 使某人心烦，使某人神经受不了

句中jm.（某人）是第三格间接宾语，介词 auf 在这里支配第四格，die Nerven 是第四格复数。如果根据这一习惯用语的词面意思来解释，它或许同上海话中的"触到了某人的神经"有些相似。注意在用这个习惯用语组句时，主语往往是不好的或不受欢迎的东西或事情，当然也可是人。课文句子：Trotzdem geht es ihnen oft auf die Nerven, Zwillinge zu sein.（尽管如此，当双胞胎也常常使他们不开心。）又例：Der Lärm geht mir auf die Nerven.（吵闹声使我心烦。）Dieser geht ihr auf die Nerven.（这个家伙使她神经受不了。）

（3）**Sonstiges** 其他

◎ **als (Babys)** 作为（婴儿）/在（婴儿时）

als 是连词，可连接名词、形容词、代词等，对有关词作进一步说明，表示身份、性质和作用，意为"作""作为"或"当作"等。课文句子：Als Babys haben Stefan und Chris immer zur gleichen Zeit die gleichen Krankheiten gehabt.（在婴儿时，斯特凡和克利斯总是在相同的时间得相同的病。）句中 Babys 是复数，因为他们是双胞胎两个人。注意：als 后面名词的变格随句中语法要求而定，可以是第一格（同主语），也可第三或第四格（同宾语）。又例：Als Baby war er dick und nett.（他在襁褓中时又胖又逗人。——Baby 是第一格，同主语 er。）Vor 20 Jahren habe ich dich als Baby gesehen.（20 年前你还是个婴儿时，我看到过你。——Baby 是第四格，同宾语 dich。）Als guter Freund soll ich dir helfen.（作为好朋友我应该帮助你。—— guter Freund 是第一格，同主语ich。）Ich helfe dir als meinem Freund.（你是我朋友我帮助你。—— meinem Freund 是第三格，同宾语 dir。）

4. Übungen 练习

（1）Beantworten 回答问题

① Wie heißen die Zwillinge?

② Was macht den Zwillingen Spaß?

③ Welches Problem haben Stefan und Chris?

④ Was möchte Stefan später studieren?

⑤ Womit will sich Chris später beschäftigen?

⑥ Was geht den Zwillingen auf die Nerven?

（2）Ergänzen 填空

① Als Babys haben sie _____ _____ _____ gleiche Krankheiten.

② Sie kamen _____ selben Zeit in China an.

③ Es _____ ihnen viel Spaß, Zwillinge zu sein.

④ Den beiden gefällt _____ _____ Mädchen.

⑤ Die Zwillinge sind _____ _____ Tag geboren.

⑥ Wir interessieren uns _____ das gleiche Fach.

⑦ Er will sich später mit Chemie _____ .

（3）Satzbilden 造句.

① zwar ... , aber ...

② zur gleichen Zeit

③ sich beschäftigen

④ am selben Tag

⑤ viel Spaß machen

⑥ verwechseln

⑦ jm. auf die Nerven gehen

（4）Übersetzen 翻译

① Sie sind am selben Tag geboren, also Zwillinge.

② Doch jetzt gibt es Probleme: Den beiden gefällt dasselbe Mädchen.

③ Chris will sich lieber mit Physik und Chemie beschäftigen.

④ Später machte es ihnen Spaß, das Gleiche anzuziehen.

⑤ In der Schule interessieren sie sich für verschiede Fächer.

⑥ 在婴儿时代，他们总是在相同的时间生相同的病。

⑦ 有人总把他们兄弟俩搞错。

⑧ 尽管如此，当双胞胎也常常使他们不开心。

⑨ 这对双胞胎爱好相同，听的音乐也相同。

⑩ 斯特凡想将来学法律。

Lektion 7

第七单元

Hauptthema: Einkaufen 主题：购物

A Lernziel 导学

1. Klassendeutsch 课堂用语

> Ist das richtig? 这对不对？
> - Ja, das ist richtig. —对，这是对的
> - Nein, das ist falsch / nicht richtig. —不，这是错的 / 不对的。
> Sie haben recht. 您说得对。

2. Redemittel 会话句型

Wie groß ist der Supermarkt!	Ich brauche es, um ... zu ...
Was kostet das alles zusammen?	Jetzt ist es zu spät.
Was wünschen Sie?	Das Geld stimmt nicht.
Schönes Wochenende!	Man interessiert sich für etwas (A).

3. Tipps zur Grammatik 语法提示

◇ **重点**：① "固定搭配"也是学习德语语法，乃至德语的重点之一。掌握"固定搭配"的窍门是：多用多讲，使之习惯成自然，使介词与动词或别的词成为整体。② 德语情态动词共有6个。其主要特点为：和一个独立动词直接连用，不必加 zu；也可作独立动词使用，构成现在和过去完成时须用助动词 haben。

◇ **难点**：① 德语形容词变格情况复杂，有强弱、混合和特殊等变化。学习诀窍是"先易后难"和"以点带面"，掌握几个典型及有代表性的，从中分析规律，再用于其他。② 学习德语序数词对初学者有点难，因为要以基数词为基础，但有规律可循。

4. Etwas über das Hauptthema 背景点滴

在德国购物得注意，很多地方星期天商店关门，星期六一般只营业到下午某个时间。德国城市中商店很多，而且五花八门，除了往往坐落在郊外的大超市、大卖场，还有不少抢占好市口的大型百货公司，更有形形色色、价高物优的专卖店。当然，对大多数人的日常生活影响最大的则是遍布城乡的中小型连锁超市。另外，德国也有定期、定时、定点营业的自由市场（集贸市场），主要出售新鲜的蔬菜和水果。最后，还要提一下"跳蚤市场"。由于它入市自由、价格低廉、售所余买所需，所以较受欢迎，但每年在一城市仅举办1—2次。在互联网时代，越来越多的德国人也青睐网购了。

B Gespräch 对话

1. Thema: Wir kaufen Lebensmittel 题目：我们购买食品

(*Situation: Zhonghua und Hongying wollen Lebensmittel einkaufen. Sie kommen in einen großen Supermarkt.*)（会话情景：中华和红英想买些食品。他们来到一家大超市。）

(*Im Supermarkt*)

H: Wie groß ist dieser Supermarkt!

Z: Nehmen wir einen Handwagen oder einen Korb?

H: Natürlich einen Handwagen! Wir möchten vieles kaufen.

Z: Oh, hier gibt es alles: Brot und Kuchen, Obst und Gemüse ...

H: Auch Fleisch und Fisch, aber nur nicht frisch.

Z: Noch Milch und Butter ...

H: Ich nehme lieber Joghurt und Käse.

Z: Haben wir was vergessen?

H: Oh, Öl, Salz und Zucker haben wir fast vergessen!

(*Sie legen alle Waren in den Handwagen und kommen mit dem Wagen zur Kasse.*)

Lektion 7　第七单元

K (Kassiererin): Guten Tag! Bitte legen Sie alle Waren auf das Band!

Z:　　　　　Danke!

H:　　　　　Was kostet das alles zusammen?

K:　　　　　Insgesamt 14,27 Euro!

H:　　　　　Hier 20 Euro!

K:　　　　　Danke! Hier 5,73 Euro zurück. Wiedersehen! Schönes Wochenende!

H und Z:　Ihnen auch! Wiedersehen!

2. Wörter 词汇

die Lebensmittel (Pl.)　食品，食物（复数）	der Käse　乳酪，干奶酪
der Supermarkt ¨e　超级市场，自动售货店	das Öl -e　油
der Handwagen -　手推车，小车	das Salz -e　食盐，盐
der Korb ¨e　篮子，筐子	der Zucker -　糖，食糖
das Brot -e　面包	die Ware -n　商品，货物
der Kuchen -　蛋糕，糕点	die Kasse -n　收款处
das Obst　水果	die Kassiererin -nen　女收款员
das Gemüse -　蔬菜	das Band ¨er　带子；传送带
frisch　新鲜的	zusammen　一起，共同
die Milch　牛奶，乳	insgesamt　总共，合计
die Butter　黄油，白脱油	zurück　向后；返还，找还
der/das Joghurt　酸奶，酸奶酪	das Wochenende　周末

3. Erläuterungen 解释

（1）Satzmodelle für Anfänger 初学句型

◎ **Wie groß ist (dieser Supermarkt)！好大的（超市）啊！**

　　这是用"疑问副词 + 形容词 + 动词"构成的句型。这里的 wie 已经没有疑问的意义，只表示"多么"之意。德语中这类表示惊异、高兴、遗憾等意义的句子结构或句型较多见。又如：Wie schön ist das Wetter heute!（今天的天气多好啊！）Wie schade ist das!（这有多可惜啊！）Wie glücklich bin ich jetzt!（我现在是多高兴啊！）

◎ **Haben wir was vergessen?** 我们是不是忘记了什么？

句中谓语 vergessen haben 是现在完成时，was是 etwas 的口语缩略形式。此句也可用 nicht 加以强调：Haben wir was nicht vergessen? 它表达的意思基本相同：我们没有忘记什么吧？

◎ **Was kostet das alles (zusammen)?** 这些东西（总共）多少钱？

该问句的主语是 das alles，谓语是 kostet，第四格宾语是 was（此句一般用疑问词 wie viel 提问，但口语中用 was 为多），zusammen 是状语。这是问价钱的又一种常用句型。注意：句中动词 kosten 含有"价值（多少）""值（多少）钱"之意。试与第五单元已作介绍的问价钱的句型作一比较：Wie teuer ist die Miete?（房租是多少？——原意：房租有多贵？）Wie hoch ist die Miete?（房租是多少？——原意：房租有多"高"？）

（2）Feste Kombinationen 固定搭配

◎ **etwas (A) in (den Handwagen) legen 把某物放到（手推车）中**

我们在第八单元的语法部分讲到介词支配的原则是"静三动四"。etwas in etwas legen 是"把什么东西放到什么里面去"，显然是动态，所以 in 支配第四格。另外请注意，动词 legen 本身就包含了动态：把什么东西放到什么地方。表示"放"的动词 liegen 则是静态的。课文句子：Sie legen alle Waren in den Handwagen.（他们把所有的货物放到手推车里。）请比较：Alle Waren liegen in dem Handwagen.（所有的货物<放>在手推车里。）

◎ **etwas (A) auf (das Band) legen 把某物放到（传送带）上面去**

这是动词 legen 同介词 auf 的常用搭配。其支配情况同上。也请比较：Die Waren liegen auf dem Band.（货物<放>在传送带上。）又例：Das Brot liegt auf dem Tisch.（面包<放>在桌子上。）通过比较，不难发现，legen 的行为主体是"人"，而 liegen 的行为主体不是"人"，而是"物""东西"，即legen的宾语。这也是及物动词 legen 和不及物动词 liegen 用法上的主要区别。

（3）Idiomatische Wendungen 习惯用语

◎ **Hier 5,73 Euro zurück!** 这里找（您）5.73 欧元！

实际上，这是"Hier gebe ich Ihnen 5,73 Euro zurück!"的口语缩略形式。请注意：Euro 在书写时，也可以写作 EUR，但这个缩写仍读为 Euro。还要当心：欧元与分（Cent）之间用的是逗号"，"，而我国的元和角分之间用的是点"."。5,73 Euro 的读法：fünf Euro dreiundsiebzig 或 fünf Komma dreiundsiebzig Euro。

◎ **Schönes Wochenende!** 祝周末过得好！/ 祝周末愉快！

这是客气的祝愿语。实际上，这是 Ich wünsche Ihnen schönes Wochendende!（我祝愿您周末愉快！）的缩略形式。请注意：该祝愿语一般在星期五下班前后至星期六上午，即周末将要开始至开始不久时用。类似的祝愿语很多。如：Schönen Samstag!（祝星期六愉快！）Schönen Sonntag!（祝星期天愉快！）Schönen Nachmittag!（祝下午愉快！）Schönen Abend!（祝晚上愉快！）Schönen Urlaub!（祝度假快乐！）

4. Übungen 练习

（1）**Partnerübung** 结伴练习（检查词汇掌握情况）

Partner 1	Partner 2
der Supermarkt	_____
das Brot	_____
der Kuchen	_____
水果	_____
蔬菜	_____
新鲜的	_____
die Milch	_____
der Käse	_____
油	_____
食盐	_____
die Ware	_____
收款处	_____
insgesamt	_____
周末	_____

（2）**Konversationsübung** 会话练习

两位同学一组，分别扮演顾客和售货员，并根据课文内容进行一段有关"购物"的对话。

（3）**Beantworten** 回答问题

① Warum nehmen sie einen Handwagen, nicht einen Korb?

② Was kostet das alles zusammen?

③ Wohin sollen sie die Waren legen?

④ Was gibt die Kassiererin zurück?

⑤ Wie kommen sie zur Kasse?

⑥ Was haben sie fast vergessen?

（4）**Satzbilden** 造句

① wie groß

② die Kassiererin

③ auf das Band legen

④ etwas vergessen

⑤ insgesamt

⑥ das alles zusammen

（5）**Übersetzen** 翻译

① Der Supermarkt ist sehr groß.

② In dem Supermarkt gibt es alles.

③ Sie möchten dort Lebensmittel kaufen.

④ Er hat Milch und Butter fast vergessen.

⑤ Die Kassiererin wünscht ihnen schönes Wochenende.

⑥ Sie legen alle Waren auf das Band.

Weisheit（智慧箴言）

Jedes Ding hat zwei Seiten.

凡事皆有利弊。

C　Grammatik 语法

Lerntipps　　常用搭配无规律，支配格数最要紧。
学习提示　　变化多端形容词，弱少强多加混合。

Lektion 7 第七单元

1. Allgemeines 语法常识

（1）"固定搭配"

"固定搭配"也是学习德语语法，乃至德语的重点之一。"固定搭配"就是动词或别的词与介词的常用搭配。初学德语时，① 要注意这种"固定搭配"往往是约定俗成的，不能随意改变；② 要注意介词所支配的名词或其他词的变格也是固定的。所以，掌握"固定搭配"的窍门就是：多用多讲，使之习惯成自然，使介词与动词或别的词成为整体。

（2）情态动词总说

表示动作或行为主体的能力、可能、要求、愿望等看法和态度的动词，就是情态动词。它们亦可称作情态助动词，因为它们作为非独立动词使用时，带有与助动词相仿的功能。德语情态动词共有六个。情态动词的主要特点：① 可和一个独立动词直接连用，不必加 zu，而且这个独立动词须用不定式；② 也可以作独立动词使用；③ 构成现在完成时及过去完成时时，也须用助动词 haben。

（3）形容词总说

形容词是德语中仅次于名词和动词的第三大词类，其功能主要是表示人或事物的性质、特征和关系等。它可与动词直接连用，起表语作用；也可放在名词前起修饰作用。所以，形容词是出现极多和极为重要的词类。它有四格变化和比较等级的变化，这是学习和掌握形容词的要点和难点。望注意有关语法图表，熟读并掌握其主要变格规则。

（4）形容词的变格

为什么说形容词的四格变化是德语学习中的又一难点？因为形容词变格有四种情况：① 在无冠词名词前是强变化，② 在带定冠词的名词前是弱变化，③ 在带不定冠词的名词前是混合变化，④ 还有许多特殊变化。根据我们的经验，其学习诀窍，一是"先易后难"（先学先记弱变化和混合变化，再学再记强变化和特殊变化），二是"以点带面"（掌握几个典型的和有代表性的，从中分析规律，再用于其他）。

2. Grammatische Tabellen 语法图表

（1）情态动词主要含义及简单举例

情态动词	主要含义	简单举例
können	表示能力	Er kann das tun.（他能够做这件事。——有能力做）
wollen	表示意愿	Er will das tun.（他愿意做这件事。——心里愿做）

（续表）

情态动词	主要含义	简单举例
möchten (mögen)	表示想要	Er möchte das tun.（他想要做这件事。——主动想做）
sollen	表示应该	Er soll das tun.（他应该做这件事。——责任所驱）
müssen	表示必须	Er muss das tun.（他必须做这件事。——被迫去做）
dürfen	表示允许	Er darf das tun.（他可以做这件事。——允许他做）

（2）形容词变格四种情况及举例

① 形容词变格的三种情况

具 体 情 况	性质
不带冠词的名词前	强变化
带定冠词的名词前	弱变化
带不定冠词的名词前	混合变化

② 弱变化（在带定冠词的名词前）举例

格	单数			复数
	阳性	中性	阴性	
第一格	der alt-e Vater	das alt-e Radio	die alt-e Frau	die alt-en Väter / Radios / Frauen
第二格	des alt-en Vaters	des alt-en Radios	der alt-en Frau	der alt-en Väter / Radios / Frauen
第三格	dem alt-en Vater	dem alt-en Radio	der alt-en Frau	den alt-en Vätern / Radios / Frauen
第四格	den alt-en Vater	das alt-e Radio	die alt-e Frau	die alt-en Väter / Radios / Frauen

③ 混合变化（在带不定冠词的名词前）举例

格	单数			复数
	阳性	中性	阴性	
第一格	ein alt-er Vater	ein alt-es Radio	eine alt-e Frau	alt-e Väter / Radios / Frauen
第二格	eines alt-en Vaters	eines alt-en Radios	einer alt-en Frau	alt-er Väter / Radios / Frauen
第三格	einem alt-en Vater	einem alt-en Radio	einer alt-en Frau	alt-en Vätern / Radios / Frauen
第四格	einen alt-en Vater	ein alt-es Radio	eine alt-e Frau	alt-e Väter / Radios / Frauen

④ 强变化（在不带冠词的名词前）举例

格	单数			复数
	阳性	中性	阴性	
第一格	alt-er Vater	alt-es Radio	alt-e Frau	alt-e Väter / Radios / Frauen
第二格	alt-en Vaters	alt-en Radios	alt-er Frau	alt-er Väter / Radios / Frauen
第三格	alt-em Vater	alt-em Radio	alt-er Frau	alt-en Vätern / Radios / Frauen
第四格	alt-en Vater	alt-es Radio	alt-e Frau	alt-e Väter / Radios / Frauen

（3）序数词第一至第二十

序数词	德语表达	序数词	德语表达
第一	der / die / das erste	第十一	der / die / das elfte
第二	der / die / das zweite	第十二	der / die / das zwölfte
第三	der / die / das dritte	第十三	der / die / das dreizehnte
第四	der / die / das vierte	第十四	der / die / das vierzehnte
第五	der / die / das fünfte	第十五	der / die / das fünfzehnte
第六	der / die / das sechste	第十六	der / die / das sechzehnte
第七	der / die / das siebte	第十七	der / die / das siebzehnte
第八	der / die / das achte	第十八	der / die / das achtzehnte
第九	der / die / das neunte	第十九	der / die / das neunzehnte
第十	der / die / das zehnte	第二十	der / die / das zwanzigste

（4）动词 geben，sehen，vergessen 的现在时和过去时变位

动词	geben		sehen		vergessen	
第二分词	(h) gegeben		(h) gesehen		(h) vergessen	
时态	现在时	过去时	现在时	过去时	现在时	过去时
ich	gebe	gab	sehe	sah	vergesse	vergaß
du	gibst	gabst	siehst	sahst	vergisst	vergaßest
er / sie / es	gibt	gab	sieht	sah	vergisst	vergaß
wir	geben	gaben	sehen	sahen	vergessen	vergaßen
ihr	gebt	gabt	seht	saht	vergesst	vergaßt
sie / Sie	geben	gaben	sehen	sahen	vergessen	vergaßen

3. Übungen 练习

（1）Partnerübung 结伴练习

Partner 1	Partner 2
Sie gibt ihm ein Heft. Und du?	_____ auch ein Heft.
Gab er dir einen Bleistift?	Ja, _____.
Gabt ihr ihm das Buch zurück?	Ja, wir _____.
Hast du ihr das Wörterbuch zurückgegeben?	Nein, _____.
Ich sehe ihn auf der Straße.	Er _____ dich aber nicht.
Er sah sie im Klassenzimmer.	_____ sie ihn auch?
Wir haben den Lehrer gesehen.	Ihr _____ den Lehrer _____.
Saht ihr jemanden im Park?	Ja, wir _____ dort vlele Gäste.
Ich vergesse das. Und du?	Ich _____ das nicht.
Habt ihr das vergessen?	Ja, _____.
Wir haben das nicht vergessen.	Ich _____ das aber _____.
Er vergaß das noch.	Sie _____ das auch.
Schade, ihr vergaßt das alle.	Allein er _____ das nicht.

（2）Beantworten 回答问题

① 什么是"固定搭配"？

② 学习固定搭配要注意些什么？

③ 德语情态动词有哪六个？请说说它们的主要作用和意义！

④ 德语形容词有哪些特点？

⑤ 形容词为什么是学习难点之一？

⑥ 学习和掌握形容词变格有什么"诀窍"？

（3）Selbstkontrolle 自我检测（找出正确答案）

① Was _____ das alles zusammen?	a. kaufen
② Der Supermarkt ist sehr _____.	b. Waren
③ Sie haben _____ Handwagen genommen.	c. vergessen
④ Was möchten Sie _____?	d. kostet
⑤ Hier _____ auch Fleisch und Fisch.	e. ihm
⑥ Man _____ hier alles kaufen.	f. Habt

⑦ Ich habe Öl und Salz fast _____. g. einen

⑧ Sie legen alle _____ in den Handwagen. h. groß

⑨ _____ ihr Brot und Obst gekauft? i. gibt es

⑩ Die Kassiererin gab _____ 4,40 EUR zurück. j. kann

（4）Schriftliche Übungen 书面练习

① 用图表简单归纳形容词强弱和混合三种变化的词尾！

② 用图表简单归纳序数词第一至第二十的构成规律！

③ 用图表简单归纳动词geben现在时和过去时的词尾变化！

④ 用图表简单归纳动词sehen现在时和过去时的词尾变化！

⑤ 用图表简单归纳动词vergessen现在时和过去时的词尾变化！

D Hörverständnis 听力

1. Thema: In der Buchhandlung 题目：在书店里

- Guten Tag! Was wünschen Sie?

- Ich suche ein Wörterbuch.

- Was für ein Wörterbuch? Ein deutsches oder ein englisches?

- Ein deutsches. Ich brauche es, um manche Wörter im Lehrbuch besser zu verstehen.

- Dann empfehle ich Ihnen ein Duden-Wörterbuch. Hier bitte!

- Danke! Darf ich mal blättern?

- Selbstverständlich!

- Das ist doch ein gutes Wörterrbuch, aber für mich sind die Erklärungen zu schwer. Haben Sie Wörterbücher für Schüler?

- Ja. Bitte kommen Sie mit mir zur nächsten Abteilung.

- Ich interessiere mich auch für deutsche Märchen.

- Das haben wir auch. Lesen Sie auch gern Romane?

- Ja, vor allem Erzählungen, aber jetzt habe ich wegen des Studiums dafür keine Zeit mehr.

2. Wörter 词汇

die Buchhandlung -en　书店
　　wünschen vt　希望；要求
　　suchen vt　找，寻找
das Wörterbuch ¨er　字典，词典
das Lehrbuch ¨er　教科书，课本
　　besser　更好的，更好地（gut 的比较级）
　　verstehen vt　理解，懂得
　　empfehlen vt　介绍，推荐
das Duden-Wörterbuch　（德国）杜登词典

blättern vi　翻阅，浏览
die Erklärung -en　说明，解释
der Schüler -　（中小学）男学生
　　sich interessieren (für ...)　（对……）感兴趣
das Märchen -　童话
der Roman -e　长篇小说
die Erzählung -en　短篇小说；叙述

3. Erläuterungen 解释

（1）**Satzmodelle für Anfänger** 初学句型

◎ **Was wünschen Sie？** 您想买／要点什么吗？

这是超市营业员招呼顾客的常用语。此类用语还有很多，比如：Darf ich Ihnen helfen?（我可以帮您做点什么吗？）Brauchen Sie Hilfe?（您要不要帮忙？）在第三单元课文中介绍的"Was möchten Sie？"也属此类招呼语。

◎ **Ich brauche es，um ... zu ...** 我需要这本词典，为的是……

这里涉及的是表示行为目的的"um ... zu + 动词不定式结构"。详见第十四单元语法部分有关讲解。

◎ **Darf ich mal（blättern）？** 我可以（翻看一下）吗？

这是为做某事征求对方意见的常用句型。动词 dürfen 表示很客气的"允不允许""可不可以"之意，mal 是 einmal 的口语缩略形式，句中可根据情况变换动词 blättern。如：Darf ich das mal genau sehen?（我可以仔细看看这个吗？）Darf man hier fotografieren?（这里可以拍照吗？）请注意：这里动词一般不用 können，因为它并不涉及"（行为主人的）能力"。

◎ **（Jetzt）habe ich (wegen des Studiums) dafür keine Zeit mehr.** 我（现在因为学业）没有时间去做这事了。

其原始句型是：für etwas (keine) Zeit haben［（没）有时间做某事］。句中 dafür，指的是上文提到的事（看长篇小说）；keine Zeit mehr 表示"本来或原先是有时间的，

现在没有时间了"；für 支配第四格；Zeit 是抽象名词，所以不带冠词。又例：In den Sommerferien hat er Zeit für Reisen.（暑假里他有时间去旅行。）Heute habe ich keine Zeit für Lesen.（今天我没有时间看书了。）Haben Sie Zeit und Lust für ein gemeinsames Essen?（您有时间和兴趣一起吃饭吗？）

（2）**Feste Kombinationen** 固定搭配

◎ **Wörterbücher für（Schüler）** 供（中小学生）用的词典

要表示"供什么人用的词典"，就得搭配介词 für，支配第四格。又例：Wörterbücher für Studenten（供大学生用的词典），Wörterbücher für Lehrer（供教师用的词典），Wörterbücher für Fachleute（供专业人员用的词典）。由一个名词和介词für构成的此类搭配还不少，如：Filme für Kinder（给儿童看的电影），Filme für Eewachsene（给成人看的电影），Bücher für Frauen（给妇女看的书）。请注意：für前的名词也可根据情况用单数。例：Das ist ein Film für Erwachsene.（这是一部供成人看的电影。）

◎ **sich für etwas interessieren** 对什么感兴趣

sich 是第四格反身代词，sich interessieren是"使自己感兴趣"。若表达"使别人感兴趣"则用 jn. / einen anderen interessieren。而要表示"对什么"感兴趣，就得搭配介词 für，支配第四格。例：Er interessiert sich für Fußball.（他对足球感兴趣。）Ich interessiere mich für Reisen.（我对旅行感兴趣。）Die Studenten interessieren sich für den Vortrag.（大学生对这个报告很感兴趣。）Der Vortrag interessiert die Studenten sehr.（这个报告使大学生很感兴趣。）请注意：从最后两个例句可看出"使自己感兴趣"和"使别人感兴趣"在用法和意义上的差异。

（3）**Idiomatische Wendungen** 习惯用语

◎ **Selbstverständlich！** 那当然！/ 那还用说！

这是对对方提问或有疑问的一个很自信、很肯定的回答。如分析 selbstverständlich 这个词（selbst"自己"，verständlich"可理解的""可明白的"），便可得出其词义：不用我说，你自己就能理解 / 明白。但请注意一定要有上文（对方的问）。例：Kommst du morgen? - Selbstverständlich!（你明天来吗？—当然来！）Hat er recht? -Selbstverständlich!（他说得对吗？—当然对！）

（4）**Sonstiges** 其他

◎ **Was für ein Wörterbuch?** 什么样的一本词典？

请注意：这是问句"Was für ein Wörterbuch brauchen Sie？"的缩略形式。这里的

was für ein 是疑问代词，意谓"什么样的一（本）"，ein 要随后面名词的性数格进行变化。如在第一格时，阳性和中性用 was für ein (Lehrer / Buch)，阴性用 was für eine (Erzählung)，复数用 was für (Kinder)。又例：Was für einem Lehrer soll ich das Heft geben?（这本子我该交给怎么样的一个老师？—— einem Lehrer 是阳性单数第三格。）Was für eine Erzählung schreibt er?（他在写怎么样的一篇短篇小说？—— eine Erzählung 是阴性单数第四格。）

◎ **wegen des Studiums** 由于大学学习的缘故

德语中也有几个支配第二格的介词，wegen 便是其中的一个。详见第十一单元语法部分有关讲解。

4. Übungen 练习

（1）**Beantworten** 回答问题

① Wo kann man Bücher kaufen?

② Was für ein Wörterbuch braucht er?

③ Was hat man ihm empfohlen（推荐）?

④ Wie ist das Duden-Wörterbuch für ihn?

⑤ Wofür（对什么）interessiert er sich noch?

⑥ Warum hat er jetzt für Romane keine Zeit mehr?

（2）**Vervollständigen** 完整句子

① Die Erklärungen sind aber für mich _____ _____.

② Haben Sie Wörterbücher _____ Schüler?

③ Bitte kommen Sie mit _____ zur nächsten Abteilung!

④ Ich brauche es, um Wörter im Lehrbuch besser zu _____.

⑤ Das ist doch ein _____ Wörterbuch.

⑥ Er interessiert sich _____ allem für Erzählungen.

（3）**Übersetzen** 翻译

① Sie empfiehlt mir das Duden-Wörterbuch.

② Darf ich das englische Wörterbuch blättern?

③ Er braucht ein Wörterbuch, um manche Wörter besser zu verstehen.

④ Die Erklärungen sind für mich aber zu schwer.

Lektion 7　第七单元

⑤ Haben Sie Wörterbücher für Schüler?　- Selbstverständlich.

⑥ Bitte kommen Sie mit mir zur nächsten Abteilung.

⑦ Ich interessiere mich auch für deutsche Märchen.

⑧ Jetzt haben wir wegen des Studiums dafür keine Zeit mehr.

E　Lesetext　阅读课文

1. Thema: Zwei Euro zu viel　题目：多了两欧元

Fritz geht in ein Kaufhaus. Hier will er etwas kaufen. In der Abteilung für Schreibwaren kauft er Hefte, einen Bleistift und einen Kugelschreiber. Die Verkäuferin packt alles ein und gibt es ihm. Fritz fragt: „Was muss ich bezahlen?" „3,20 Euro." antwortet ihm die Verkäuferin. Fritz gibt ihr zehn Euro. Die Verkäuferin gibt ihm 8,80 Euro zurück. Auf der Straße zählt der Junge das Geld und geht noch einmal in das Kaufhaus. Er sagt zu der Verkäuferin: „Das Geld stimmt nicht. Bitte zählen Sie es noch einmal!" Die Verkäuferin antwortet ihm einfach: „Jetzt ist es zu spät!" „Schade," antwortet Fritz, „ich habe zwei Euro zu viel und Ihnen fehlen zwei Euro."

2. Wörter　词汇

zu viel　太多

Fritz　弗里茨（人名）

das Kaufhaus ⁻er　百货公司，百货店

die Abteilung -en　部门

die Schreibwaren (Pl).　文具用品（复数）

das Heft -e　本子，练习簿

der Bleistift -e　铅笔

der Kugelschreiber -　圆珠笔

ein/packen vt　包装，包扎

zurück/geben vt　找，交还

der Junge -n　男孩；年轻人，小伙子

stimmen vi　对，正确，相符

einfach　简直，干脆

schade　可惜

fehlen vi　缺少（支配第三格）

3. **Erläuterungen 解释**

（1）**Satzmodelle für Anfänger 初学句型**

◎ **Was muss ich bezahlen？我得付多少钱？**

这是在购物付款时常用的问要付多少钱的句型。也可说："Wie viel muss ich bezahlen？"请注意与本单元对话部分已作介绍的问价钱的句型中主语和动词的区别："Was muss ich bezahlen？"中主语是人，用的是及物动词 bezahlen；而"Wie teuer ist das？"中主语是非人，用的是不及物动词 sein；Was kostet das？中主语也是非人，用的是及物动词 kosten。

◎ **(Das Geld) stimmt nicht.（这钱）不对。**

德国人常用"Das stimmt！"（<这是>对的！/没错！），"Das stimmt nicht！"（<这>不对！/错了！），"Stimmt's？"（对吗？/对不对？）这样一些由动词 stimmen 构成的表达。请注意：用这个句型的前提是要有个"比照"，方能得出"对不对"或"是否相符"的结论。如"Das Geld stimmt nicht."的"比照"是应该找给 Fritz 的钱。

◎ **(Jetzt) ist es zu spät.（现在）太晚了。**

"Es ist zu spät, ... zu ..."是常用句型，意谓"做什么为时已晚"，后面部分是"动词不定式 + zu 结构"的"变种"。请注意：zu 在这里（spät 前）不是介词，而是副词，表示"太""过分"之意。用 zu 与一个形容词或副词构成的"zu 结构"在德语中很多见。如：zu groß（太大），zu klein（太小），zu teuer（太贵），zu billig（太便宜），zu schön（太漂亮），zu schnell（太快），zu gut（太好），zu viel（太多），zu wenig（太少）等。

◎ **Schade, (... ich habe zwei Euro zuviel und Ihnen fehlen zwei Euro). 可惜（我多了两欧元，您少了两欧元）。**

句中 schade 实际上是 Es ist schade 的缩略。这种 schade 句型的一般用法是在 schade 后面用 dass 带出一个从句。如：Schade, dass er zu spät kommt.（可惜他来得太晚了。）Schade, dass sie heute krank ist.（可惜她今天病了。）因课文中句子是口语，所以省略 dass。有关主从复合句的语法问题，将在下册教材语法部分进行讲解，这里从略。

◎ **Ihnen fehlen zwei Euro. 您少了两欧元。**

该句实际主语是 zwei Euro，用 es 作为形式主语可表达为：Es fehlen Ihnen zwei Euro. 请注意，这是动词 fehlen 的用法问题："谁（缺少）"是动词 fehlen 的第三格宾语，

"（缺少）什么"才是动词 fehlen 的主语。又例：Fehlt dir etwas?（你还缺少什么吧？/口语：你有什么不舒服吗？）Es fehlt ihm nichts.（他什么都不缺。/口语：他没有什么不舒服。）Heute fehlen zwei Studenten.（今天缺了两位大学生。）Es fehlt heute niemand.（今天一个也不缺。/今天全到。）

（2）**Feste Kombinationen** 固定搭配

◎ **in der Abteilung für (Schreibwaren)** 在（文具）部

表示在某单位的某（具体的）部门，一般要用介词 für + 有关名词。如：Sie arbeitet in der Abteilung für Kleider.［她在（商店或百货公司的）服装部工作。］Das ist die Abteilung für Lederschuhe.［这是（商店或百货公司的）皮鞋部。］Er ist Leiter der Abtellung für wissenschaftliche Forschung.（他是科研处/部门的负责人。）

◎ **zu jm. (D) sagen** 对某人说

课文句子"Er sagt zu der Verkäuferin ..."的意思是"他对女售货员说……"。动词 sagen 看似简单，实际上意义很多用法很复杂，可与各种词类连用。这里是跟介词 zu 的搭配，表示强调"向谁说"。若不作强调，可直接用第三格宾语，因为动词 sagen 是可以不用介词，直接支配一个第三格和一个第四格宾语的。例：Was hat er Ihnen gesagt?（他对您说了些什么？）Sagen Sie ihm das!（您把这些告诉他！）Du sagst ihr, dass ...（你告诉她，……）

（3）**Idiomatische Wendungen** 习惯用语

◎ **etwas (A) zu viel haben** 多了某物

这里的 zu viel 是不定代词，表示"太多""过分"之意。如要表示"少某物"，则用不定代词 zu wenig + haben。该习惯用语中的动词也可用 sein。但请注意其用法上的不同：haben 须带一个第四格宾语，行为主体是"人"；而用 sein 则不能带宾语，主语是"物"（即太多或太少的东西）。还须注意它与前面介绍过的介词"zu + 形容词或副词"构成的表示"太怎么样"的"zu 结构"在意义上和用法上的差异。

4. **Übungen** 练习

（1）**Beantworten** 回答问题

① Was hat Fritz im Kaufhaus gekauft?

② Wie teuer sind die Schreibwaren?

③ Warum ist Fritz noch einmal in das Kaufhaus gegangen?

④ Was hat ihm die Verkäuferin darauf geantwortet?

⑤ Was hat Fritz dann gesagt?

(2) **Ergänzen** 填空

① Fritz fragt sie：„Was _____ ich bezahlen? "

② Die Verkäuferin _____ ihm 8,80 Euro _____ .

③ „Das Geld _____ nicht. Bitte zählen Sie es noch einmal! "

④ Schade, jetzt ist es zu _____ !

⑤ Warum fehlen _____ Verkäuferin zwei Euro?

⑥ Im Kaufhaus kauft er _____ .

(3) **Satzbilden** 造句

① zu jm. sagen

② fehlen

③ zu spät

④ etwas zu viel haben

⑤ stimmen

⑥ bezahlen

(4) **Übersetsen** 翻译

① Auf der Straße zählt der Junge das Geld.

② Fritz geht noch einmal in das Kaufhaus.

③ Sie antwortet ihm einfach: „ Jetzt ist es zu spät."

④ Im Kaufhaus kauft er Hefte und einen Kugelschreiber.

⑤ Die Verkäuferin packt die Schreibwaren ein.

⑥ 弗里茨走进一家百货商店想买点东西。

⑦ "这钱不对，请您再数一遍！"

⑧ 可惜，他多了两欧元，她少了两欧元。

⑨ 弗里茨问售货员："我得付多少钱？"

⑩ 售货员找给他八欧元八十分。

Lektion 8

第八单元

Hauptthema: Das Wetter 主题：天气

A Lernziel 导学

1. Klassendeutsch 课堂用语

Beachten Sie die Aussprache!	请注意发音！
Ihre Aussprache ist gut.	您的发音不错。
Sprechen Sie dieses Wort noch einmal!	您把这个词再说一遍！

2. Redemittel 会话句型

Wie wird das Wetter heute	Das bedeutet, dass ...
Wie ist die Temperatur?	einen hohen Preis aussetzten, um ... zu ...
Du hast recht.	sich an etwas (A) gewöhnen
Aber ich glaube, dass ...	in größte Not geraten

3. Tipps zur Grammatik 语法提示

◇ **重点**：① 学习动词和介词的搭配，"静三动四"是一个极重要的概念。所谓"静三动四"，指的是表示静态时搭配的介词要支配第三格，而表示动态时介词则支配第四格。② 德语副词分类复杂（七种），品种繁多。推荐学习诀窍是："各个击破，定时归类"，即学一个记一个，复习时归类总结，摸索使用规律。

◇ **难点**：① 分清和掌握德语动词是否及物很重要，因为这关系到宾语及句子的结构组成，所以有点难。更别说德语中还有既可及物又可不及物的"两栖动词"要区分。② 德语指示代词分类也很复杂（八种），绝大部分都有性、数、格的变化。

4. Etwas über das Hauptthema 背景点滴

> 德国位于大西洋和东部大陆性气候间的凉爽西风带，所以其气候的特点是：四季分明，温和湿润。中南部明朗温和，北部比较寒冷阴暗。夏天北部的气温比南部低，但到了冬季，由于受海洋的影响，却比南部暖和。冬天南方下雪较多，景色优美；室外气温比较低，但室内一般都有暖气，所以不会觉得冷。秋天的德国是最美的，树叶颜色五彩缤纷，让人目不暇接，美不胜收。夏天很热的时候，不管太阳有多辣，德国人一般不撑遮阳伞。他们喜欢在河边或湖边晒日光浴，尤其是年轻人，他们觉得把皮肤晒成古铜色很酷，很性感时尚。近年来，德国及欧洲的气候变暖了。

B　Gespräch 对话

🎧 **1. Thema: Wie wird das Wetter heute? 题目：今天天气怎么样？**

(*Situation: Zhonghua und Hongying unterhalten sich mit Leon und Maria über das Wetter in Deutschland und in China.*)（会话情景：中华和红英同莱昂和玛莉娅谈论德国和中国的天气。）

Z: Wie wird das Wetter heute?

L: Der Wetterbericht hat gesagt, heute früh scheint die Sonne und am Nachmittag wird es bewölkt, zeitweise heiter.

H: Jetzt ist es aber kalt. Wie ist die Temperatur?

L: Es ist nicht sehr kalt. Die höchste Tagestemperatur liegt heute bei 5°C.

H: Gibt es im Winter in Deutschland viel Schnee?

M: Nicht so viel wie früher. Das Klima in Deutschland hat sich seit Jahren geändert.

Z: Wird es immer etwas wärmer?

L: Du hast recht.

Z: Im Norden wie im Süden?

L: Vor allem im Norden.

M: Habt ihr in China auch viel Schnee?

H: In Shanghai schneit es wenig, aber es regnet viel.

Z: In Beijing ist es umgekehrt, es regnet wenig und schneit viel.

L: Denn China ist ein riesiges Land?

H: Genau!

M: Ist es in Beijing im Herbst sehr windig?

Z: Früher ja, jetzt viel besser.

2. Wörter 词汇

das Wetter 天气，气候

der Wetterbericht -e 天气预报，气象预报

    scheinen *vi* 照耀，照射

die Sonne -n 日光，太阳

der Nachmittag 下午，午后

    bewölkt (P. II) 多云的，有云的（bewölken 的第二分词形式）

    zeitweise 有时候的

    heiter 晴天的，晴朗的

    kalt 冷的，寒冷的

    höchst 最高的（hoch 的最高级）

die Tagestemperatur -en 白天的温度

    liegen *vi* 位于；放着，躺着

der Winter 冬天，冬季

der Schnee 雪

    früher 以前的，从前的

das Klima -s/...mate 气候

    sich ändern 变化，变动

    seit 自从，从……以来（介词，支配第三格）

    wärmer 比较暖的（warm 的比较级）

der Norden 北，北方

der Süden 南，南方

    schneien *vi* 下雪

    regnen *vi* 下雨

    umgekehrt (P. II) 相反的，颠倒的（umkehren 的第二分词形式）

    denn 因为（连词）

das Land ¨er 国家

der Herbst 秋天，秋季

    windig 多风的，有风的

3. Erläuterungen 解释

（1）Satzmodelle für Anfänger 初学句型

◎ **Wie wird das Wetter (heute)?** （今天）天气怎么样？

    这是询问天气的常用句型。wird 是独立动词 werden 的现在时单数第三人称变位，意

谓"变为""变得"。用独立动词 werden 构成的询问句型还有不少。如：Was wird er? - Er wird Arzt.（他将成为什么？— 他将成为医生。）Wie wird er? - Er wird arm/reich.（他变得怎样？— 他变穷/富了。）

◎ **Wie ist die Temperatur? 气温怎么样？**

这是询问气温、温度的常用句型。Temperatur 既可指气温，又可指人的体温和热度。例：Die Krankenschwester misst Temperatur eines Kranken.（护士给一个病人量体温。）Er hat etwas Temperatur.（他有点热度。）注意掌握有关"气温"的表达，如 Tagestemperatur（白天气温），Nachttemperatur（夜间气温），die höchste Temperatur（最高气温），die niedrigste Temperatur（最低气温）等。

◎ **(Nicht) so viel wie früher. （不）像以前那么多。**

这是 so ... wie... 句型，通常由副词 so + 一个形容词或副词（如 viel, wenig, hoch, niedrig, schnell, langsam 等）+ wie ... 构成，表示"与某人/事/物一样……"的意思。上述例句加了 nicht，则表示否定。又例：Er ist so groß wie sein Vater.（他长得与他父亲一样高。）Ich bin so müde wie du.（我同你一样累。）Sie lernt so gut wie ihr.（她学得和你们一样好。）

◎ **Du hast recht. 你说得对。/ 你做得对。**

这是表示肯定或赞扬对方说话或行为的常用句型。recht 意思较多，如"右边的""合适的""正确的"等。从语法上看，这个句型似乎有点不通，及物动词 haben 没有直接宾语。因为这是特殊的常用句型，所以不能用常规语法进行分析。句中主语当然可以随情况变化。例：Sie haben recht。（您说得对。）Er hat recht.（他说得对。）Habe ich recht?（我说得对吗？）按照较新的正字法规定，该句型中的 recht 也可以大写为 Recht。

（2）Feste Kombinationen 固定搭配

◎ **(Die höchste Tagestemperatur) liegt (heute) bei (5°C). （今天白天最高气温）是（5摄氏度）。**

在第二单元阅读部分我们已介绍了动词 liegen 与 in 的固定搭配，它表示地理位置，上述例句中 liegen 也是"位于"的意思。因句中表示的是"温度"，所以要用介词 bei（靠近……，在……附近）。动词 liegen 与介词构成的固定搭配还有不少，请注意以后的介绍。

Lektion 8 第八单元

（3）Idiomatische Wendungen 习惯用语

◎ **Es ist nicht sehr kalt.** 天气不太冷。

用无人称代词 es（单数第三人称）表示自然现象是德语中的又一习惯用法。又例：Es schneit.（在下雪。）Es regnet.（在下雨。）Es donnert.（在打雷。）Es blitzt.（在闪电。）

◎ **seit Jahren** 多年以来

德语中，这类用介词 seit 和一个表示时间的名词（大多用复数）构成的习惯用语较多。又例：seit Tagen（几天来），seit Monaten（几个月以来），seit Stunden（几个小时以来）。

（4）Sonstiges 其他

◎ **5°C** 5摄氏度

这是表示温度的书面表达。"°"是表示"度"的符号，德语表达为 Grad。"C"是 Celsius（摄氏）的缩略形式。在口头表达时，必须把 5°C 读或说成：fünf Grad Celsius。表示"零下摄氏5度"书面表达则用 –5°C，口头表达为：fünf Grad Celsius minus。minus 用符号"–"表示，意谓"零下"。请注意：在一般的会话中，Celsius 往往省略不说。

◎ **Denn China ist ein riesiges Land?** 因为中国是个地域宽广的国家吗？

denn 是表示原因的并列从句的连词。注意它后面的语序同一般独立句一样，是正语序，即 denn 后面是主语，再后面是谓语等句子成分。又例：Ich bin müde, denn ich habe nicht gut geschlafen.（我很累，因为我没有睡好。）Er hat gute Leistungen bekommen, denn er lernt sehr fleißig.（他得到了好成绩，因为他学得非常用功。）denn 很常用，因为日常生活中要表示"因为""由于"说明原因的场合很多。

4. Übungen 练习

（1）Partnerübung 结伴练习（检查词汇掌握情况）

Partner 1	*Partner 2*
das Wetter	_____
der Wetterbericht	_____
scheinen	_____
多云的	_____

晴天的　　　　　　　　＿＿＿＿＿＿＿＿

kalt　　　　　　　　　＿＿＿＿＿＿＿＿

liegen　　　　　　　　＿＿＿＿＿＿＿＿

5摄氏度　　　　　　　＿＿＿＿＿＿＿＿

der Schnee　　　　　　＿＿＿＿＿＿＿＿

das Klima　　　　　　 ＿＿＿＿＿＿＿＿

下雪　　　　　　　　　＿＿＿＿＿＿＿＿

下雨　　　　　　　　　＿＿＿＿＿＿＿＿

umgekehrt　　　　　　 ＿＿＿＿＿＿＿＿

windig　　　　　　　　＿＿＿＿＿＿＿＿

（2）**Konversationsübung** 会话练习

四个同学一组，分别扮演课文中的四个角色，并按照课文情景进行有关德国和中国天气的对话练习。

（3）**Beantworten** 回答问题

① Wie wird das Wetter heute?

② Wie ist die Temperatur jetzt?

③ Gibt es im Winter in Deutschland viel Schnee?

④ Wie hat sich das Wetter in Deutschland geändert?

⑤ Schneit es in Shanghai auch viel?

⑥ Ist es in Beijing im Herbst sehr windig?

（4）**Satzbilden** 造句

① recht haben

② windig

③ schneien

④ seit Jahren

⑤ die höchste Tagestemperatur

⑥ denn

（5）**Übersetzen** 翻译

① Der Wetterbericht sagt: Heute Nachmittag wird es schneien.

② Wie ist die Tagestemperatur heute?

③ Es gibt in Beijing im Winter auch viel Schnee.

④ Das Klima in Deutschland hat sich viel geändert.

⑤ In der Welt wird es seit Jahren immer wärmer.

⑥ Es schneit in Shanghai sehr wenig, aber regnet recht viel.

> Weisheit（智慧箴言）
>
> **Es fällt kein Meister vom Himmel.**
>
> 没有天生的名师。

C Grammatik 语法

> **Lerntipps**　宾语支配有规律，静三动四要记牢。
> **学习提示**　别说副词作用小，功能却大难用好。

1. Allgemeines 语法常识

（1）"静三动四"

在学习动词和介词的搭配时，"静三动四"是一个很重要的概念。所谓"静三动四"，指的是表示静态（动作或行为主体是静而未改变状态）时搭配的介词要支配第三格，而在表示动态（动作或行为主体是动而改变了状态）时搭配的介词要支配第四格。如：Er liegt im Bett.（他躺在床上。——在床上未动，是静态，in 支配第三格。）Er legt sich ins Bett.（他躺到床上。——从不在床上到床上，是动态，in 支配第四格。）Das Buch liegt auf dem Tisch.（书放在桌上。——在桌上未动，是静态，auf 支配第三格。）Ich lege das Buch auf den Tisch.（我把这本书放到桌上。——从不在桌上到桌上，是动态，auf 支配第四格。）

（2）动词的及物和不及物

德语动词又有及物和不及物之分。能直接带或支配第四格宾语的动词，称作及物动词；不能直接带或支配第四格宾语（但可带或支配第二或第三格宾语）的动词，称作不及物动词。有少数动词是"两栖"的，既可及物，又可不及物。但要注意其及物和不及物时在词义上的差异。掌握动词及物与否的意义在于：① 可更好掌握被动态，因为一般只有及物动词才能构成被动态；② 可了解许多不及物动词与介词的搭配，因为这种动词只能通过介词来支配第四格或其他格的宾语。

（3）副词总说

德语副词的用法和特性同汉语的差不多。德语副词的特点是：无格的变化（但部分副词有比较级别），在句中主要起说明和修饰作用。学习副词的难点主要在于：德语副词分类复杂，品种繁多。如按功能分类，德语副词有表示地点、方向、时间、原因、方式的副词和代副词、疑问副词等多种。学习的诀窍是"各个击破，定时归类"，即学一个，记一个，复习时归类总结，摸索使用规律。

（4）指示代词总说

指示代词用于指称上文或下文提及的人或事物，或在许多人或事物中作出选择。它可作形容词或名词用。德语指示代词共有八种，绝大部分都有性、数、格的变化。尽管德语指示代词"品种"多，变化复杂，但由于其变化同定冠词、不定冠词或形容词差不多，所以不难掌握。

2. Grammatische Tabellen 语法图表

（1）动词及物和不及物用法比较举例

动词类别	动词	比较举例
不及物	antworten（回答）	Er antwortet auf meine Frage.（他回答我的问题。——要用介词才能带宾语）
及物	beantworten（回答）	Er beantwortet meine Frage.（他回答我的问题。——可直接带宾语）
不及物	fahren（乘车）	Er fährt mit dem Auto in die Stadt.（他乘<这辆>小汽车去城里。）
及物	fahren（开车）	Er fährt das Auto in die Stadt.（他开着<这辆>小汽车去城里。）
不及物	schreiben（写）	Er schreibt schnell.（他写得很快。——强调写，不指明写什么）
及物	schreiben（写）	Er schreibt einen Brief.（他写信。——指明、强调写什么）

(2) 副词分类简表

分类	特点	举例
时间副词	表示时间	gestern, heute, morgen, jetzt, dann
地点副词	表示地点	hier, da, dort, rechts, links, außen
因果副词	表示原因	deshalb, trotzdem, also, sonst, daher
方式副词	表示程度/方式	sehr, gern, außerdem, nur, doch
疑问副词	表示疑问	wann, wo ,wie , wer, warum, wozu

说明：根据词义，德语副词一般可分为以上五类。

(3) 指示代词分类简表

单数			复数	意义
阳性	中性	阴性		
der	das	die	die	这个 / 这些
dieser	dieses	diese	diese	这一个 / 这一些
jener	jenes	jene	jene	那一个 / 那一些
solcher	solches	solche	solche	这样的
derjenige	dasjenige	diejenige	diejenigen	那个 / 那些
derselbe	dasselbe	dieselbe	dieselben	同一个的
der eine	das eine	die eine	die anderen	这一个 / 那一些

(4) 动词 stehen, liegen, scheinen 的现在时和过去时变位

动词	stehen		liegen		scheinen	
第二分词	(h) gestanden		(h) gelegen		(h) geschienen	
时态	现在时	过去时	现在时	过去时	现在时	过去时
ich	stehe	stand	liege	lag	scheine	schien
du	stehst	standest	liegst	lagst	scheinst	schienst
er / sie / es	steht	stand	liegt	lag	scheint	schien
wir	stehen	standen	liegen	lagen	scheinen	schienen
ihr	steht	standet	liegt	lagt	scheint	schient
sie / Sie	stehen	standen	liegen	lagen	scheinen	schienen

3. **Übungen** 练习

(1) **Partnerübung** 结伴练习

Partner 1	*Partner 2*
Ich stehe hier. Und ihr?	Wir _____ dort.
Wo stehst du?	_____ _____ im Klassenzimmer.
Mein Buch stand auf dem Tisch.	
Und dein Buch?	Es _____ nich auf _____ Tisch.
Wie steht die Temperatur jetzt?	_____ 28 Grad Celsius.
Wie hoch stand die höchste Tages- temperatur gestern in Berlin?	Bei 33 _____ _____.
Wo lag ihr Wörterbuch?	Ihr Wörterbuch _____ auf _____ Tisch.
Wir liegen auf der Wiese. Und Sie?	Ich _____ auf _____ Bett（床）.
Wo lagt ihr?	Wir _____ _____.
Es schien zu regnen.	Nein, es _____ zu schneien.
Die Sonne scheint. Und der Mond?	Er _____ naturlich nicht.
Wie scheint die Sonne?	Sie _____ hell.
Scheint das euch richtig?	Ja, das _____ _____ richtig.

(2) **Beantworten** 回答问题

① "静三动四"是什么意思？

② 及物和不及物动词在用法上有什么区别？请举例说明！

③ 为什么说"别说副词作用小，功能却大难用好"？

④ 初学副词有什么"窍门"？

⑤ 指示代词有什么作用？请举例说明！

(3) **Selbstkontrolle** 自我检测（找出正确答案）

① In Beijing _____ es wenig und schneit viel.   a. im Winter

② Die _____ Tagestemperatur liegt bei 8°C.   b. wenig

③ Gibt es _____ hier viel Schnee?   c. riesiges

④ Das Klima dort hat sich seit _____ geändert.   d. höchste

⑤ In Shanghai schneit es sehr _____.   e. regnet

⑥ Wie _____ das Wetter morgen?   f. Schnee

⑦ China ist ein _____ Land. g. wärmer

⑧ Es ist in Beijing im Herbst sehr _____. h. wird

⑨ Wird es in Deutschland immer etwas _____? i. Jahren

⑩ Habt ihr in China auch viel _____? j. windig

（4）**Schriftliche Übungen** 书面练习

① 请举几例说明"静三动四"这个规则！

② 用图表简单归纳德语副词的主要类别！

③ 用图表简单归纳德语指示代词的主要类别！

④ 用图表简单归纳动词 stehen 的现在时和过去时变位！

⑤ 用图表简单归纳动词 liegen 的现在时和过去时变位！

⑥ 用图表简单归纳动词 scheinen 的现在时和过去时变位！

D Hörverständnis 听力

1. Thema: Die Jahreszeiten 题目：季节

- Guten Morgen! Na, ausgeschlafen?

- Guten Morgen! Ach, ich bin noch müde. Aber ich glaube, das liegt am Wetter.

- Das ist möglich. Es ist sehr schwül.

- Auch in der Nacht ist es sehr warm.

- Sind Sie an das Klima hier schon gewöhnt?

- Ja, ich fühle mich hier gut. Ist es hier im Herbst immer so schwül?

- Nein. Das Wetter ändert sich.

- Regnet es hier im Sommer viel?

- Nein, nicht viel.

- Wie ist es im Frühling?

- Im Frühling ist das Wetter unbeständig. Ein Sprichwort sagt: „April, April, er weiß nicht, was er will."

- Was bedeutet das?

- Das heißt, im Frühling regnet es mal in Strömen, mal scheint die Sonne.

- Schneit es hier im Winter viel?

- Normalerweise ja!

2. Wörter 词汇

die Jahreszeit -en　季，季节

　　aus/schlafen *vi*　睡足，睡够

　　müde　疲劳的，困倦的

　　möglich　可能的，可能发生的

　　schwül　闷热的

　　gewöhnt (P.II)　已习惯的，已适应的
　　（gewöhnen 的第二分词形式）

　　sich fühlen　感到，觉得

der Sommer　夏天，夏季

der Frühling　春天，春季

　　unbeständig　变化不定的，不稳定的

das Sprichwort ¨er　成语，谚语，俗语

der April　四月

　　bedeuten *vt*　意思是，表示……之意

der Strom ¨e　河流；电流

　　normalerweise　正常情况下，通常

3. Erläuterungen 解释

（1）**Satzmodelle für Anfänger 初学句型**

◎ **(Aber) ich glaube, ...** （但）我认为……

　　动词 glauben 使用时有及物和不及物之分。这里是及物用法，意谓"认为""相信"，表示一种猜测、想法或意见。它可支配第四格宾语，但一般后面跟一个大多用 dass 引出的宾语从句（dass 可以省略）。课文句子：Aber ich glaube, das liegt am Wetter.（可我以为这与天气有关。—— das 指没有睡好。）又例：Ich glaube das nicht.（我不相信这些/这一点。）Er glaubt, dass sie bald kommt.（他认为她马上会来。）Glaubst du wirklich, dass er krank ist?（你真的相信他病了？）

◎ **Was bedeutet das?** 这意味着什么？

　　动词 bedeuten 只有及物的用法。它可支配第四格宾语或跟一个大多用 dass 引出的宾语从句（dass 可以省略）。又例：Was soll das bedeuten?（这是什么意思？—— 对某人的话或行为表示不满或不理解。）Das bedeutet nichts.〔这没有什么（意思）。—— 对前述问题的回答，表示不要误会。〕请注意："Das bedeutet, (dass) ..." 句型中的 das（主语）指的是上文说到的事或物，用 dass 带出的宾语从句往往表示总结或归纳。

◎ **(Im Frühling regnet es) mal (in Strömen), mal (scheint die Sonne).**（春季里）一会儿（大雨如注），一会儿（艳阳高照）。

mal ... mal ... 是口语中常用的表达，表示"一会儿……一会儿……"。这里的 mal 是 einmal 的口语缩略形式。又例：Er spricht mal Deutsch mal Englisch.（他一会儿说德语，一会儿说英语。）Das Kind weint mal laut, mal lacht laut.（这孩子一会儿大哭一会儿大笑。）

（2）Feste Kombinationen 固定搭配

◎ **Das liegt am (Wetter).** 其原因出于（天气）。

an etwas (D) liegen 是由动词 liegen 与介词 an (支配第三格)构成的常用搭配，表示"取决于……"或"原因在于……"。又例：Das liegt an ihm.（这取决于他。）Das liegt nur an seiner schlechten Arbeit.（这全是他工作不好的缘故。）Das liegt mir am Herzen.（我把这事儿特别挂在心上。）

◎ **an etwas (A) gewöhnt sein** 习惯于某事 / 某物

课文句子：Sind Sie an das Klima hier schon gewöhnt?（您已经习惯这里的气候了吗？）句中 gewöhnt 是gewöhnen 的第二分词，与动词 sein 和介词 an 连用，表示"对什么习惯了"或"习惯于什么了"。an 后面可以是事或物，也可以是人。固定搭配 sich an etwas (A) gewöhnen 是动词 gewöhnen 的反身用法，sich 是第四格反身代词，介词 an支配第四格。如果要表达"使什么人习惯于什么"，则用 jn. (A) an etwas (A) gewöhnen。例：Ich habe mich an diese Arbeit gewöhnt.（我已习惯这个工作了。）Haben Sie sich an das Leben hier gewöhnt?（您已习惯这里的生活了吗？）Du sollst dein Töchterchen an die Schule gewöhnen.（你应该让你的小女儿习惯上学。）Man gewöhnt sich an alles.（对一切都能习惯的。）

（3）Sonstiges 其他

◎ **Na, ausgeschlafen?** 喂，睡够了吗？

这是"Na, hast du (haben Sie) ausgeschlafen?"的口语缩略形式。句中 na 是很随便的、为引起听话者注意的招呼语。ausschlafen 是可分离的不及物动词，表示"睡够""睡足"。

◎ **April, April, er weiß nicht, was er will.** 四月啊四月，它也不知道想干什么。

这是德国人对不可捉摸的春季（特别是四月里的）天气的总结，是一个成语、俗语。它朗朗上口，初学者不难把它背出来，但更要掌握它的意思。

◎ **Normalerweise ja!** 正常情况下是这样!

normalerweise 是表示方式方法的副词，其作用是限制后面的 ja。这里的 ja 是表示"肯定"。初学请注意：该回答是一种"有限制的、有条件的肯定"，必须在正常的情况下才如此，否则就不能"肯定"了。

4. Übungen 练习

（1）Beantworten 回答问题

① Haben Sie ausgeschlafen?

② Er ist noch müde. Woran liegt das（这原因何在）?

③ Sind Sie an das Klima hier schon gewöhnt?

④ Schneit es in Deutschland im Winter viel?

⑤ Wie ist das Wetter im Frühling in Deutschland?

⑥ Was sagt ein deutsches Sprichwort über April?

（2）Vervollständigen 完整句子

① Ist es hier im _____ immer so windig?

② Auch in der Nacht ist es sehr _____ und warm.

③ Bist du an _____ Klima hier schon gewöhnt?

④ Es schneit hier in _____ im Winter viel.

⑤ Im Frühling ist das Wetter in Deutschland _____.

⑥ Das bedeutet, in April _____ es mal, mal _____ die Sonne.

（3）Übersetzen 翻译

① Im Frühling regnet es mal in Strömen, mal scheint die Sonne.

② Ist es hier im Herbst immer so schwül?

③ In Deutschland ist das Wetter im Frühling unbeständig.

④ „April, April, er weiß nicht, was er will."

⑤ 在上海春天常下雨，冬天很少下雪。

⑥ 你们习惯这里的气候了吗?

⑦ 我很疲倦，我相信这是天气的关系。

⑧ 北京的天气情况刚好相反。

E Lesetext 阅读课文

1. Thema: Der geheimnisvolle Rattenfänger 题目：神秘的捕鼠人

Vor langer, langer Zeit gab es in der Stadt Hameln eine Rattenplage. Die Einwohner gerieten in größte Not. Um die Stadt von der Plage zu befreien, setzte der Stadtrat einen hohen Preis aus. Eines Tages kam ein junger Mann und erklärte dem Bürgermeister, dass er die Stadt von den Ratten befreien konnte. Sehr früh am nächsten Morgen ging er durch alle Straßen und Gassen und spielte dabei eine eigenartige Melodie auf seiner Flöte. Gleich krochen Ratten aus allen Häusern heraus und folgten ihm. Schließlich ging der Mann an einen Fluss hinunter und alle Ratten ertranken. Aber der Stadtrat wollte den versprochenen Preis nicht geben. Ohne ein Wort zu erwidern, verließ der Mann das Rathaus und flötete wieder. Diesmal aber traten alle Kinder aus den Häusern heraus. Sie verschwanden mit dem Mann für ewig in einem Berg.

2. Wörter 词汇

geheimnisvoll 神秘的，充满秘密的
der Rattenfänger - 捕鼠人
die Zeit -en 时间，时期，时代
Hameln 哈默尔恩（地名）
die Rattenplage -n 鼠害，鼠患
geraten *vi* 陷于，处于
die Not ¨e 困境，困顿
aus/setzen *vt* 悬赏，答应给
der Preis -e 奖励，奖赏
der Bürgermeister - 市长
die Ratte -n 老鼠；家鼠
die Gasse -n 小巷，胡同

eigenartig 特别的，奇特的
die Melodie -n 曲调，旋律
die Flöte -n 笛子，长笛
schließlich 最后，终于；终究
ertrinken *vi* 淹死
versprochen (P.II) 答应的，许诺的
（versprechen 的第二分词形式）
erwidern *vt* 回答
das Rathaus ¨er 市政厅
flöten *vi* 吹笛子
verschwinden *vi* 消失
ewig 永远地

3. Erläuterungen 解释

（1）**Satzmodelle für Anfänger** 初学句型

◎ **Um (die Stadt von der Plage) zu (befreien), setzte (der Stadtrat) einen hohen Preis aus.** 为了（使城市摆脱鼠患），（市政府）高额悬赏。

名词 Preis 意思很多，最常用的是"价格""价钱""奖赏""奖金""赞扬"等，也常用其转义"代价"。einen hohen Preis 意谓"高额奖赏"，常与动词 aussetzen 搭配，构成意谓"高额悬赏"的词组。"um ... zu + 动词不定式"是表示目的的固定结构，意思是"为了……"。又例：Die Polizei hat einen hohen Preis ausgesetzt, um den Verbrecher zu fangen.（警方高额悬赏抓那个罪犯。）Man setzte 100 000 Euro aus, um das Kind von den Gangstern zu befreien.（有人悬赏10万欧元，从歹徒手中解救那个孩子。）请注意："um ... zu + 动词不定式"结构的行为（尽管还没有发生）的主体必须与后面句子的行为主体一致。该结构也可后置。

◎ **Ohne ein Wort zu erwidern, (verließ der Mann das Rathaus und flötete wieder).** 不说一句话，（那人就离开市政厅，又吹起了笛子）。

这是德语中常用的"ohne ... zu + 动词不定式"结构，表示"没有……"（在后面句子行为发生的同时，没有发生本来应该或可以发生的行为）。又例：Ohne mich zu grüßen, ging er an mir vorbei.（他没有同我打一声招呼，就从我身边走了过去。）Der Vater kam von der Reise zurück, ohne etwas für seine Tochter zu kaufen.（父亲旅行回来，没有为女儿买什么东西。）请注意：该结构与上面"um ... zu + 动词不定式"结构一样，其行为（尽管也还没有发生）的主体必须与后面句子的行为主体一致。它也可后置。

（2）**Feste Kombinationen** 固定搭配

◎ **in (größte Not) geraten** 陷于（极度困境）之中

in etwas (A) geraten是常用固定搭配，表示"陷于/处于什么样的境况之中"。größt是形容词groß的最高级。请看动词geraten与其他名词的常用固定搭配：in Angst geraten（陷于恐惧/害怕之中——感到恐惧/害怕），in Schwierigkeiten geraten（陷于困难之中——碰到了困难），in Brand geraten（处于火烧之中——着火了），in Vergessenheit geraten（处于忘记之中——忘记了）。

◎ **(eine eigenartige Melodie) auf der Flöte spielen** 用笛子吹出（一种奇特的曲子）

动词spielen既有及物的，又有不及物的用法。及物和不及物时的意思差不多，常见的含义是"玩""演奏""表演"等。该句的 spielen 是及物用法，意谓"演奏出"，意译为"吹出"。要特别注意的是 auf etwas (D) spielen 这个"动介搭配",其字面意思是"在……上演奏出",可理解为"用……演奏出"。也可用介词 mit (D) 替换 auf：Er spielte mit der Flöte eine eigenartige Melodie.（意思同用介词 auf）

◎ **aus (allen Häusern) herauskriechen** 从（所有的房子）里爬出来

动词 herauskriechen 的意思是"爬出来"。如要表达"从什么地方爬出来",就得与介词 aus（支配第三格）搭配。又例：Aus dem Loch kriecht ein Hund heraus.（从这个洞里爬出来一条狗。）Weißt du, woraus kriecht so ein liebliches Kätzchen heraus?（你知道从什么地方爬出这么一只可爱的小猫吗？）

（3）**Idiomatische Wendungen** 习惯用语

◎ **vor langer, langer Zeit** 很久很久以前

这是德语中常用的"故事开头语"。又例：Vor langer, langer Zeit lebte in der Schweiz ein sehr, sehr reicher Graf.（很久很久以前,在瑞士有一个很有钱很有钱的伯爵。）另一种讲故事用的开头语是"es war einmal",相当于汉语中的"话说"。如：Es war einmal ein Kaiser, der besonderes Interesse für neue Kleider zeigte.（话说有一个皇帝,他特别喜欢新的衣服。）

◎ **für ewig** 永远地

在介词 für 后面加上一个表示时间的副词或名词,就可以构成一个在句子中表示时间状语的习惯用语。例：Ich will dein Freund für immer bleiben.（我愿意永远是你的好朋友。—— 也可用 für ewig。）Er geht nur für kurze Zeit weg.（他只走开一会儿时间。）Sie arbeitete daran für drei Jahre.（这工作/事她干了三年。—— an etwas (D) arbeiten 也是一个固定的"动介搭配",意谓"做什么工作/事情"。）

4. Übungen 练习

（1）**Beantworten** 回答问题

① Wann und wo gab es eine Rattenplage?

② Wie waren die Einwohner der Stadt?

③ Was sagte der junge Mann zum Bürgermeister?

④ Was setzte der Bürgermeister aus, um die Stadt von den Ratten zu befreien?

⑤ Was spielte der Rattenfänger auf seiner Flöte?

⑥ Warum krochen die Ratten aus den Häusern heraus?

⑦ Wie befreite der junge Mann die Stadt von den Ratten?

⑧ Wo und wie verschwanden die Kinder der Stadt Hameln?

(2) **Ergänzen** 填空

① Die Einwohner der Stadt gerieten dadurch in größte _____.

② Schließlich ging der Mann an _____ Fluss hinunter.

③ Alle Ratten ertranken in _____ Fluss.

④ Der Stadtrat wollte aber _____ _____ nicht geben.

⑤ Alle Kinder _____ mit dem Mann für ewig in einem Berg.

⑥ Diesmal aber traten alle Kinderr _____ den Häusern heraus.

⑦ Ohne _____ _____ zu erwidern, verließ der Mann das Rathaus und spielte wieder seine Flöte.

⑧ Am nächsten Morgen ging der junge Mann sehr früh _____ alle Straßen und Gassen.

(3) **Satzbilden** 造句

① herauskriechen

② für ewig

③ erwidern

④ in Schwierigkeiten geraten

⑤ für kurze Zeit

⑥ etwas mit etwas (D) spielen

⑦ verschwinden

⑧ ertrinken

(4) **Übersetsen** 翻译

① Vor langer, langer Zeit hatten die Einwohner von Hameln eine Rattenplage.

② Sie gerieten dadurch in größte Angst.

③ Um die Stadt von der Plage zu befreien, setzte der Stadtrat einen hohen Preis aus.

④ Ein junger Mann erklärte dem Bürgermeister, dass er die Stadt von den Ratten befreien konnte.

⑤ Schließlich ging der Mann an einen Fluss hinunter und alle Ratten ertranken.

⑥ Sie verschwanden mit dem Mann für ewig in einem Berg.

⑦ 他用他的笛子吹出一种很奇特的曲调。

⑧ 可是市政府不想给他已经答应的奖赏。

⑨ 他一句话没说就离开了市政厅,又吹起了笛子。

⑩ 但是,这次从房子里跑出来的是全市的孩子。

⑪ 第二天一大早,他穿街走巷。

⑫ 老鼠马上从家家户户的房子里爬出来跟着他。

Lektion 9

第九单元

Hauptthema: Arztbesuch 主题：就医

A Lernziel 导学

1. Klassendeutsch 课堂用语

Bitte lesen Sie den Text! 请您读课文！
Jetzt lesen wir den Text! 现在我们读课文！
Bitte lesen Sie den Satz! 请您读这个句子！

2. Redemittel 会话句型

Herz und Lunge sind in Ordnung.	sich bei einer Krankenkasse versichern lassen
Ich schreibe Ihnen ein Rezept.	einen Betrag durch eine Bank überweisen
bei jm. Fieber messen	einen Notruf machen
Gute Besserung!	Was ist zu tun?

3. Tipps zur Grammatik 语法提示

◇ **重点**：①"习惯用语"就是"习惯成自然"的表达，大多是语法中的例外现象。初学要掌握它的特点和用法。德语中习惯用语很多，学习的关键是要做到"五个一"。② 德语动词有两个分词，即第一和第二分词，初学要掌握其构成、意义和用法。

◇ **难点**：① 动词的三个基本形式是：现在时单数第三人称，过去时单数第三人称和第二分词。初学动词，特别是强变化动词，就是要掌握、记住它们的三种基本形式。②"不定代词"就是在数量上不确定的代替人或事或物的词。其特点是：数量极少，种类却多，变化各异，使用活跃，能量很大，掌握较难。

4. Etwas über das Hauptthema 背景点滴

> 德国现行医保体制以法定医保为主、私人医保为辅，即一定收入以下的人必须参加法定医保；收入超标的高收入人群则可自由选择其中一种。德国98%的国民都被纳入医保体系中，其中约90%参加法定保险，约8%参加私人保险。参加法定医保者同我国类似，保险费由雇员和雇主各付一半，按比例从工资中扣缴。政府每年根据情况对保险费进行调整。保险费额取决于投保人的经济收入，多者多缴，少者少缴，无收入者不缴，但他们享受的医疗服务大致相同。德国实行医药分家，医生只管看病开方，病人凭药方到独立的药房取药。大多数德国人有家庭医生，看病通常也需要预约。

B Gespräch 对话

1. Thema: Hongying ist krank 题目：红英病了

(*Situation: Hongying fühlt sich nicht wohl. Zhonghua begleitet sie zum Arzt. Frau Doktor Petra hat Sprechstunde.*)（会话情景：红英感到不舒服。中华陪她去看医生。女大夫佩德拉在门诊值班。）

P (*Petra*): Guten Tag! Was fehlt Ihnen?

H: Ich habe schon seit gestern Kopfschmerzen.

P: Haben Sie Fieber?

H: Ich glaube ja, aber nicht hoch.

Z: Sie hat außerdem Husten und Schnupfen.

(*Doktor Petra misst bei Hongying Fieber und untersucht sie.*)

P: Atmen Sie tief! Danke! Herz und Lunge sind in Ordnung. Zeigen Sie mir mal Ihre Zunge! Sie haben Grippe.

H: Ist es schlimm?

P: Nein, keine Sorge. Ich schreibe Ihnen ein Rezept.

Z: Wo kann man die Medikamente bekommen?

P: In irgendeiner Apotheke, aber nur mit dem Rezept.

H: Soll ich im Bett liegen?

P: Ja, mindestens einen Tag. Nehmen Sie täglich dreimal nach dem Essen zwei Tabletten!

H: Soll ich nochmals kommen?

P: Ja, in drei Tagen. Gute Besserung! Auf Wiedersehen!

H: Danke schön, Frau Doktor! Wiedersehen!

2. Wörter 词汇

der Doktor -en 大夫，医生；博士
　　gestern 昨天，昨日
die Kopfschmerzen (Pl.) 头痛，头疼（复数）
das Fieber - 发烧，热度
　　hoch 高的
　　außerdem 此外，另外
der Husten - 咳嗽
der Schnupfen - 鼻塞；伤风
　　messen vt 量，测量
　　untersuchen vt 检查，调查
　　atmen vi 呼吸
das Herz -ens, -en 心，心脏
die Lunge -n 肺，肺脏
die Ordnung -en 条理，秩序

zeigen vt 出示，显示
die Zunge -n 舌，舌头
die Grippe -n 流感
　　schlimm 坏的，糟糕的
die Sorge -n 忧虑，担心
das Rezept -e 药方，处方
das Medikament -e 药品，药物
die Apotheke -n 药房，药店
　　irgendein 任何一个，某一个（不定代词）
　　mindestens 至少，起码
　　dreimal 三次
die Tablette -n 药片，药丸
　　nochmals (= noch einmal) 再次，再一次
die Besserung 改善，好转

3. Erläuterungen 解释

（1）Satzmodelle für Anfänger 初学句型

◎ **(Herz und Lunge) sind in Ordnung.**（心肺）正常／没有问题。

in Ordnung sein 是德语中表达"什么正常""什么没有问题"的句型。若表示否定，则为：Etwas ist nicht in Ordnung."人"也可作这类句型的主语。如：Er ist in Ordnung.（他没有病。／他没有什么。）Der ist nicht in Ordnung.（这个人不行／有点不正常。）又例：Alles ist in Ordnung.（一切正常。）Die Maschine ist nicht in Ordnung.（这部机器有毛

病。) Es ist in bester Ordnung.（一切都正常极了。）In Ordnung? - Ja, in Ordnung!（没问题吗？— 没问题！）

◎ **Ist es schlimm?** 情况严重吗？/ 这病厉害吗？

这是"Etwas ist schlimm."的句型，表示"有关系""情况严重"等意思，具体翻译措辞要根据具体上下文而定。表示否定时则加 nicht 就行。例：Es ist nicht so schlimm.（情况没有这么严重。/ 这没有什么大不了。）Das ist nicht das Schlimmste.（这不是最糟糕的。）Es ist schlimm.（这样就糟糕了！/ 这不好。）

◎ **Ich schreibe Ihnen ein Rezept.** 我给您开张药方。

schreiben 在这里是及物动词，支配一个第三格间接宾语 (Ihnen) 和一个第四格直接宾语 (ein Rezept)。该句型专门用于"医生给病人开药方"的情况。请注意 schreiben 还有不及物的用法：Er schreibt.（他在写字。）Sie schreiben an ihren Lehrer.（他们给老师写信。）Ich schreibe meiner Tochter.（我给女儿写信。）

◎ **Nehmen Sie täglich dreimal nach dem Essen zwei Tabletten!** 这药片您要每天服三次，每次两片，而且要在饭后服！

这是病人如何服药片的句型。句子不长，但内容丰富，先后有序，层次清楚，真的是言简意赅。动词 nehmen 在句中有"服用"之意，相当于动词 einnehmen；täglich 和 dreimal 都是状语，而 zwei Tabletten 是第四格宾语。请注意：这句句子的叙述方式是命令式。所谓"命令式"就是要求受话方按照所说的去做的说话方式。其构成的主要特点是必须把动词置于句首，并要根据人称进行变化，句末一般用感叹号。试与叙述句比较：Ich nehme täglich dreimal vor dem Essen zwei Tabletten.（这药片我每天服三次，每次两片，而且在饭前服。）

（2）**Feste Kombinationen** 固定搭配

◎ **Kopfschmerzen / Fieber haben** 头疼，头痛 / 有热度，有寒热

人一旦有个头疼脑热，怎么表达？自己说：Ich habe Kopfschmerzen. 或：Ich habe Fieber. 别人则问：Haben Sie Kopfschmerzen? 或：Haben Sie Fieber? 请注意：Kopfschmerzen是复数，Fieber是单数，不带冠词。这是使用习惯的关系。如果没有头疼脑热，就说：Ich habe keine Kopfschmerzen. 或：Ich habe kein Fieber.

◎ **bei jm. Fieber messen** 给某人量热度 / 体温

messen 是及物动词，Fieber 是单数第四格宾语，bei jm. 作状语，意谓"给谁（量热度）"。"给某人量体温"也可这样表达：bei jm. Temperatur messen 或 js. Tempertaur messen（请参见第八单元对话部分"初学句型"之例）。又例：Der Arzt misst bei dem Kranken Fieber.（医生给这个病人量热度。）Die Mutter misst bei ihrem Kind Fieber.（母亲给孩子量热度。）

（3）Idiomatische Wendungen 习惯用语

◎ **Keine Sorge.** 别担心。/ 不要发愁。

这是 Haben Sie keine Sorge! 的缩略形式。词组 Sorgen haben 是"发愁""担心"的意思。请注意：句中的 Sorge 是单数，表示"不要有任何担心"。Sorgen haben 中的 Sorgen 是复数，表示"烦恼多多"。

◎ **in drei Tagen** 在三天后

介词 in 的本来意思是"在……之内"。可在这个有关时间的习惯用语中，它表示的是"在……之后"。请特别注意，这是德语中用 in 表示时间的特殊用法，我们中国人往往容易搞错。in 在这里支配第三格。如要表示时间上的"在……之内"，则用支配第二格的介词 innerhalb，例：innerhalb der Arbeitszeit（在工作时间内）；或与介词 von 连用，例：innerhalb von drei Tagen（在三天内），innerhalb von zwei Jahren（在两年内）。

◎ **Gute Besserung!** 祝您 / 你早日恢复健康！

这是对病人或身体不舒服的人的祝愿，也是德国人常用的句型。Besserung 的本义是"好转"，转义是"恢复健康"。实际上，这是 Ich wünsche Ihnen/dir gute Besserung! 的缩略形式。又例：Gesundheit!（祝您/你健康！—— 大多在别人打喷嚏时说）Viel Gesundheit!（祝身体健康！）

4. Übungen 练习

（1）**Partnerübung** 结伴练习（检查词汇掌握情况）

Partner 1	Partner 2
头痛	_____
热度	_____
der Husten	_____
der Schnupfen	_____
大夫	_____
测量	_____
检查	_____

das Herz　　　　　　　＿＿＿＿＿＿＿

die Lunge　　　　　　　＿＿＿＿＿＿＿

die Zunge　　　　　　　＿＿＿＿＿＿＿

流感　　　　　　　　　＿＿＿＿＿＿＿

das Rezept　　　　　　＿＿＿＿＿＿＿

das Medikament　　　　＿＿＿＿＿＿＿

die Apotheke　　　　　＿＿＿＿＿＿＿

药片　　　　　　　　　＿＿＿＿＿＿＿

（2）**Konversationsübung** 会话练习

三个同学一组，分别扮演课文中的三个角色，并按照课文情景进行有关看病的对话练习。

（3）**Beantworten** 回答问题

① Was fehlt Hongying seit gestern?

② Hat sie Fieber?

③ Wie sind ihr Herz und ihre Lunge?

④ Was schreibt ihr Frau Doktor?

⑤ Wo kann man die Medikamente kaufen?

⑥ Soll Hongying im Bett liegen?

⑦ Wie soll sie die Medikamente einnehmen（服用）?

⑧ Was wünscht Frau Doktor ihrer Kranken beim Wiedersehen?

（4）**Satzbilden** 造句

① Fieber messen

② untersuchen

③ ein Rezept schreiben

④ in drei Tagen

⑤ keine Sorge

⑥ schlimm

⑦ in Ordnung sein

⑧ gute Besserung

（5）Übersetzen 翻译

① Die Ärztin schreibt ihm ein Rezept.

② Der Kranke hat Kopfschmerzen, aber kein Fieber.

③ Herz und Lunge sind ganz in Ordnung.

④ Wo kann man die Medikamente kaufen?

⑤ 昨天开始我头疼得厉害。

⑥ 您不用担心，您得了流感。

⑦ 他需要至少卧床休息一天。

⑧ 祝早日恢复健康！

Weisheit（智慧箴言）

Man muss beide Seiten hören.

话听两面。/兼听则明。

C Grammatik 语法

Lerntipps 习惯用语是例外，记住会用最重要。
学习提示 动词分词有两个，三个形式须记牢。

1. Allgemeines 语法常识

（1）"习惯用语"

"习惯用语"指的是"习惯成自然"的表达，可以是完整的句子，也可以是一个句子成分，甚至也可以只是一个词组。它们有的可能不合语法，有的可能有悖配介要求，有的可能违反常规。这是语法中的例外现象。语法其实是根据已经在使用的语言归纳总结出来的，只是带普遍性、代表性和典型性的语言现象的理论升华。任何语言都有"习惯用语"，仅在数量上有所差异而已。如中国人说"他差点没掉进河里"，并不表示句子字面意思所示"他掉进了河里"，而是表达"他没有掉进河里"之意。德语中的 zu Hause 和 nach Hause 也是习惯用语。按语法，介词与名词之间应有一个冠词，且应该变化。可这里的 Haus 前不需要添加冠词，而且名词之后还加了词尾-e。德语中的习惯用语尽管很多，但学习掌握并不很难，关键是要做到五个"一"：学习一个，操练一个，使用一个，熟记一个，写下一个。

（2）动词的分词和三个基本形式

德语动词有两个分词，即第一和第二分词。第一分词由动词不定式＋d 构成，作形容词用，也像形容词那样变格。如：Das fahrende Auto ist rot.（那辆正在行驶的汽车是红色的。——fahrend 即第一分词）第二分词我们已经学过，即构成动词现在完成时（除助动词外）的动词变化部分。

动词的三个基本形式是：现在时单数第三人称，过去时单数第三人称和第二分词。我们学习动词，特别是强变化动词，就要掌握、记住这三种基本形式，因为这三种基本形式是动词变化的代表和"牛耳"，"一抓就灵"，"由点到面"，记住就行。如 fahren，只要记住 fährt - fuhr - gefahren；如 kommen，只要记住 kommt - kam - gekommen。

（3）连词总说

用来连接词或词组或句子的词，称作连词。德语连词按功能分有并列连词和从属连词两种。但从连接关系的意义看，德语连词却有八种之多。初学者大可不必"未学先怕"，只要采用"抓住几个常用的"和"来一个吃一个"的对策就可掌握。

（4）不定代词总说

"不定代词"就是在数量上不确定的代替人或事或物的词。德语不定代词的特点是：数量极少，种类却多，变化各异，使用活跃，能量很大。初学怎么办？我们觉得还是采取"不急不躁，以静制动，各个击破"的态度为好。

2. Grammatische Tabellen 语法图表

（1）34个常用强变化动词的三个基本形式

不定式	现在时单数 第三人称	过去时单数 第三人称	第二分词
beginnen	beginnt	begann	begonnen
denken	denkt	dachte	gedacht
dürfen	darf	durfte	gedurft
essen	isst	aß	gegessen

（续表）

不定式	现在时单数 第三人称	过去时单数 第三人称	第二分词
fahren	fährt	fuhr	gefahren
geben	gibt	gab	gegeben
gefallen	gefällt	gefiel	gefallen
gehen	geht	ging	gegangen
haben	hat	hatte	gehabt
heißen	heißt	hieß	geheißen
helfen	hilft	half	geholfen
kennen	kennt	kannte	gekannt
kommen	kommt	kam	gekommen
laufen	läuft	lief	gelaufen
lesen	liest	las	gelesen
liegen	liegt	lag	gelegen
messen	misst	maß	gemessen
müssen	muss	musste	gemusst
nehmen	nimmt	nahm	genommen
scheinen	scheint	schien	geschienen
schlafen	schläft	schlief	geschlafen
schreiben	schreibt	schrieb	geschrieben
sehen	sieht	sah	gesehen
sein	ist	war	gewesen
sitzen*	sitzt	saß	gesessen
sollen	soll	sollte	gesollt
sprechen	spricht	sprach	gesprochen
stehen	steht	stand	gestanden
steigen	steigt	stieg	gestiegen
trinken	trinkt	trank	getrunken

（续表）

不定式	现在时单数 第三人称	过去时单数 第三人称	第二分词
tun	tut	tat	getan
vergessen	vergisst	vergaß	vergessen
werden	wird	wurde	geworden
wissen	weiß	wusste	gewusst
wollen	will	wollte	gewollt

说明：带有*号的动词sitzen（坐）在前面课文中尚未出现和讲解。

（2）连词主要种类及举例

主要种类	举例
连接性	und, nicht nur ... sondern auch, weder ... noch, ferner, außerdem, sowohl ... als auch
选择性	oder, entweder ... oder
对立性	aber, dennoch, während
条件性	sonst, wenn, falls
原因性	denn, weil, da
结果性	so ... dass, als dass,
时间性	dann, seitdem, als, während, bevor, bis, nachdem, seit
目的性	darum, damit, um ... zu
让步性	zwar ... aber, trotzdem, obwohl, obgleich, wenn ... auch

（3）不定代词主要种类及举例

主要种类	举例
只能代人	man, jemand, niemand, jedermann, irgendwer
只代事物	etwas, nichts, viel, wenig, vieles, ein bisschen
两者都可	alles, manche, viele, wenige, einige, mehrere

说明：man 的用法较复杂，请见第十二单元语法常识。

（4）动词 messen, helfen, treten 的现在时和过去时变位

动词	messen		helfen		treten	
第二分词	(h) gemessen		(h) geholfen		(s) getreten	
时态	现在时	过去时	现在时	过去时	现在时	过去时
ich	messe	maß	helfe	half	trete	trat
du	misst	maßest	hilfst	halfst	trittst	tratst
er / sie / es	misst	maß	hilft	half	tritt	trat
wir	messen	maßen	helfen	halfen	treten	traten
ihr	messt	maßt	helft	halft	tretet	tratet
sie / Sie	messen	maßen	helfen	halfen	treten	traten

3. **Übungen** 练习

（1）**Partnerübung** 结伴练习

Partner 1   *Partner 2*

Ich messe bei ihm Fieber.   _____ du bei ihm Fieber?

Die Ärztin maß bei ihr Fieber.   Der Arzt _____ bei ihm Fieber.

Maßt ihr bei den Kranken Fieber?   Ja, wir _____ bei ihnen Fieber.

Messen Sie bei ihm Fieber?   Nein, ich _____ nicht.

Ich half ihm.   _____ du ihm?

Hilft sie ihm?   Ja, sie _____ ihm.

Wir halfen dem Kind.   Er _____ ihm aber nicht.

Halfen sie ihm?   Ja, sie _____ ihm.

Was fehlt ihr?   Ihr _____ nichts.

Heute fehlen zwei Schüler.   Gestern _____ ein Schüler.

Der Arzt fragt mich.   Was fragt der Arzt _____?

Mir fehlt etwas. Und du?   Ich _____ mich aber wohl.

Die Gäste traten ins Haus ein.   Wer _____ ins Haus ein?

Ich trete nicht ein.   Warum _____ du nicht ein?

Bitte eintreten!   Bitte _____ Sie ein!

（2）**Beantworten** 回答问题

① 什么是"习惯用法"？初学要用什么"窍门"？

② 德语动词的分词有几种？它们各有什么作用？

③ 德语动词的"三个基本形式"指哪三个形式？

④ 德语连词分哪九种？初学者如何学习掌握它们？

⑤ "不定代词"是什么样的词类？它们有什么特点？

（3）**Selbstkontrolle** 自我检测（找出正确答案）

① Die Ärztin fragt mich: „Was _____ Ihnen?"　　　　a. Tabletten

② Sie hat seit gestern _____.　　　　　　　　　　　b. in Ordnung

③ Haben Sie noch _____ und Schnupfen?　　　　　c. helfen

④ Sein Herz und seine Lunge sind _____.　　　　　d. Kopfschmerzen

⑤ Der Arzt _____ der Kranken ein Rezept.　　　　　e. fehlt

⑥ Wo kann man die _____ kaufen?　　　　　　　　f. mir

⑦ Nehmen Sie täglich dreimal nach dem Essen zwei _____!　g. Husten

⑧ Frau Doktor _____ bei ihm Fieber.　　　　　　　h. Medikamente

⑨ Wir sollen dem Alten _____ .　　　　　　　　　i. schrieb

⑩ Vielen Dank! Sie haben _____ viel geholfen.　　　j. misst

（4）**Schriftliche Übungen** 书面练习

① 请写出34个常用强变化动词的三个基本形式！

② 请用图表列出已学连词的意义和用法！

③ 请用图表列出已学不定代词的意义和用法！

④ 请用图表列出动词 messen 的现在时和过去时词尾变化！

⑤ 请用图表列出动词 helfen 的现在时和过去时词尾变化！

⑥ 请用图表列出动词 treten 的现在时和过去时词尾变化！

D Hörverständnis 听力

🎧 **1. Thema: Die Krankenversicherung** 题目：医疗保险

- Morgen muss ich zur Krankenversicherung.

- Zu welcher Krankenversicherung?

- Zur AOK.

- Ist das die Abkürzung von einer Krankenkasse?

- Richtig. AOK heißt Allgemeine Ortskrankenkasse. Die meisten Studenten sind bei ihr versichert.

* * *　　　* * *

- Guten Tag! Ich möchte mich bei Ihnen versichern lassen.

- Sind Sie Student oder ...?

- Ich studiere hier seit kurzem.

- Haben Sie Ihren Pass und Ihren Zulassungsbescheid mit?

- Ja, hier sind sie.

- Gut. Dann füllen Sie bitte dieses Formular aus und zahlen Sie für den ersten Monat 50 Euro.

- Kann man den Betrag durch eine Bank überweisen?

- Ja. So ist es besser für Sie.

2. Wörter 词汇

die Krankenversicherung -en　医疗保险，疾病保险

die Abkürzung -en　缩写，缩短

die Krankenkasse -n　医疗保险公司

allgemein　一般的，普遍的

die Ortskrankenkasse -n　医疗保险公司地方管理处

meist　大多数的，大部分的（viel 的最高级）

versichern vt　给……保险；保证

lassen vt　使，让，请

kurz　短的，简短的

der Pass ¨e　护照；关口

der Zulassungsbescheid　入学通知书

der Monat -e　月，月份

der Betrag ¨e　款项，金额

die Bank -en　银行

überweisen vt　汇划，汇款

3. Erläuterungen 解释

（1）Satzmodelle für Anfänger 初学句型

◎ **Ich möchte mich bei Ihnen versichern lassen.** 我想在您这儿给自己投保。

到医疗保险公司投保是"让医疗保险公司保险投保人"，所以对投保人来说是"被

动的"。其德语表达要么用 lassen "转"一下，要么用被动式。"在哪里投保"要用介词 bei（支配第三格）。mich 是及物动词 lassen 的要求，是其第四格宾语。又例：Sie lässt ihren Sohn bei der AOK versichern.（她让她儿子在大众医疗保险公司投保。）

◎ **Kann man den Betrag durch eine Bank überweisen?** 可以通过银行转帐支付费用吗?

动词 überweisen 是及物的，专门用于汇划钱款；通过谁汇划，则用介词 durch（支配第四格）；从哪儿或谁那儿汇划，则用介词 von（支配第三格）带出；den Betrag 是第四格宾语。这里的 man 泛指"随便什么人"，当然也包括说话人自己。

（2）**Feste Kombinationen** 固定搭配

◎ **das Formular ausfüllen** 填写表格

这是一个固定的动宾搭配。das Formular 是"表格"，也可指"登记表"。ausfüllen（填写）是及物的可分离动词。课文句子：Dann füllen Sie bitte dieses Formular aus ...（那就请您填写这张表格……）在德国，特别是对初到那儿的外国人来说，das Formular ausfüllen 这个表达听到和用得非常多，在大学外事处、银行、医疗保险公司、大学生服务部、外国人管理处等等地方都要填写表格或登记表。

（3）**Sonstiges** 其他

◎ **AOK (die Allgemeine Ortskrankenkasse)** 大众医疗保险公司地方管理处

AOK（只读字母发音）是德国几家全国性的大医疗保险公司之一。它的特点至少有三个：一是"大"，在德国无处不有；二是"公"，至少是半官方性质；三是"低"，即在保险项目相同的情况下其保险费用比较低。所以，大部分大学生都在该公司进行医疗保险。

4. **Übungen** 练习

（1）**Beantworten** 回答问题

① Zu welcher Krankenkasse wollen Sie gehen?

② Was bedeutet AOK?

③ Was braucht man bei der Krankenversicherung?

④ Wie hoch ist der monatliche Betrag für die Krankenversicherung bei AOK?

⑤ Durch wen（通过谁）kann man den Betrag überweisen?

（2）**Vervollständigen** 完整句子

① Haben Sie Ihren _____ und Ihren Zulassungsbescheid mit?

② Was ist AOK? - Das ist die Abkürzung einer _____.

③ Die _____ Studenten sind bei _____ versichert.

④ Zuerst füllen Sie bitte dieses _____ aus und dann _____ Sie für den ersten Monat 50 Euro.

⑤ Er _____ hier seit kurzem.

（3）Übersetzen 翻译

① Zu welcher Krankenversicherung wollen Sie morgen gehen?

② AOK heißt Allgemeine Ortskrankenkasse.

③ Ich möchte mich bei Ihnen versichern lassen.

④ Er hat seinen Pass mitgebracht, aber den Zulassungsbescheid vergessen.

⑤ Sie soll zuerst dieses Formular ausfüllen.

⑥ Man kann den Betrag auch durch eine Bank überweisen.

E Lesetext 阅读课文

1. Thema: Tipps bei Notrufen 题目：如何拨打紧急电话

In den deutschsprachigen Ländern (Deutschland, Österreich, der Schweiz) gibt es ein sehr gut ausgebautes System für Notfälle. Wie in ganz Europa erreicht man über die europaweite Notrufnummer 112 die Rettung. Über eine Rettungsleitstelle organisiert man den Rettungsdienst, das heißt, diese Stelle entscheidet, wer mit welchem Fahrzeug kommt und was zu tun ist.

Einen Notruf zu machen bzw. einen Notfall zu melden scheint erst mal nicht schwer zu sein. In diesem Moment drehen Ihre Nerven mit Ihnen durch und Sie können sich beim Erinnern an Ihren eigenen Namen glücklich schätzen. Beim Wiederfinden in einer Notfallsituation atmen Sie tief durch und erinnern Sie sich an die folgenden Anweisungen. In einem Notfall sollte man diese 5 Fragen beantworten können:

i)   Wer? - Wer ist am Apparat? (Name)

ii) Wo? - Wo ist der Notfallort? (Straße, Hausnummer, Stockwerk usw.)

iii) Was? - Was ist geschehen? (Gründe für einen Notarzt oder einen Rettungswagen)

iv) Wie viel? - Wie viele Verletzte muss man versorgen?

v)   Welche? - Welche Verletzungen oder Krankheitszeichen haben die Betroffenen? (Z.B. es besteht ein Verdacht auf Oberschenkelbruch.)

Die Leitstelle hat keine Fragen mehr und dann beenden Sie erst das Telefongespräch.

2. Wörter 词汇

der Tipp -s 小贴士，小建议
der Notruf 紧急呼救（重病、火灾、匪警等）
   deutschsprachig 说德语的
   ausgebaut 完善的
das System -e 体系，系统
der Notfall ¨e 紧急情况
die Rettungsleitstelle -n 救护调度中心
   organisieren vt 组织，安排

entscheiden vi 决定，确定
durch/drehen vi 晕头转向
sich schätzen 感到
durch/atmen vi 深呼吸
die Anweisung -en 指示
versorgen vt 照顾，照料
bestehen vi 存在
der Verdacht 嫌疑，怀疑
der Oberschenkelbruch （大腿）股骨骨折

3. Erläuterungen 解释

（1）Satzmodelle für Anfänger 初学句型

◎ **Diese Stelle entscheidet, wer mit welchem Fahrzeug kommt und was zu tun ist.** 调度中心做出决定，派遣哪些救护人员、哪辆救护车，做好哪些应急准备。

句中动词 entscheiden 不是"判决""裁定"，而是"决定""确定"的意思。该句用从句把动词 entscheiden 想要说的话表达了出来。在一个由主谓宾组成的简单句中，宾语通常是由单一的名词或者代词组成，表达的内容十分有限，运用从句则可丰富表述内容。请注意：从句一般由连词（dass, ob 和各种疑问代词等）引导，从句中的谓语动词一般要置于句尾。课文中的这句从句是由两个分从句合并组成，两个分从句的连词分别为疑问代词 wer 和疑问代词 was，其谓语动词分别是 kommt 与 ist。

（2）**Feste Kombinationen** 固定搭配

◎ **einen Notruf machen** 拨打紧急电话

　　动词 machen 为口语表达方式，相当于书面词汇 melden，意谓"拨打"；einen Notruf 是第四格宾语。除了情态动词和少数动词（如 lassen，sehen，hören等）之外，一般动词与另一个动词连用，中间必须加 zu，后者构成带 zu 的不定式。该不定式带有自己的宾语或状语时，称为扩展不定式，否则为简单不定式。扩展不定式一般用逗号和主句隔开。课文句子中 einen Notruf zu machen bzw. einen Notfall zu melden 为扩展不定式，在句中担当主语成分。（详见本书第十四单元的语法部分。）

◎ **scheinen ... zu ...** 似乎，好像

　　这是动词 scheinen 与动词不定式的搭配，表示"似乎""好像""看来"等意思。课文句子：Einen Notruf zu machen bzw. einen Notfall zu melden scheint erst mal nicht schwer zu sein.（拨打紧急电话初看起来似乎并不是件难事。）又例：Die Studenten scheinen sehr sportlich zu sein.（大学生们好像都很爱运动。）Sie scheint keine Lust zu haben.（看来她没有兴趣。）请注意：如后面与之搭配的动词是可分离动词，zu 必须插在前缀和词干之间。例：Die Zeit schien stillzustehen.（时间似乎停止不动了。）

◎ **sich glücklich schätzen** 感到非常高兴

　　动词 schätzen 意谓"估计"，一般用作及物动词。如：Meine Mutter schätzt meine Freundin auf 23.（我的母亲估计/猜测我女朋友的年龄为 23 岁。）schätzen 也可作为反身动词与 glücklich 连用，构成固定搭配，其意思不是"自认为幸福"，而是"感到非常高兴"，相当于 sehr froh sein。例：Wir hätten uns schon glücklich geschätzt, wenn wir nur halb so viel erreicht hätten wie er.（倘若我们能取得他一半的成就，我们就已是万分喜悦了。）请注意 glücklich 还有"幸福的"意思。例：Sie leben glücklich.（他们生活很幸福。）

（3）**Idiomatische Wendungen** 习惯用语

◎ **Was ist zu tun?** 必须做什么？

　　动词 sein 与动词不定式连用，具有被动含义，表达"必须（müssen）、允许（dürfen）、能够（können）"等情态色彩，其时 sein 常用现在时与过去时。它究竟表达何种情态色彩，由上下文语义决定。例：Das Paket ist heute aufzugeben. = Das Paket muss heute aufgegeben werden.（这个包裹必须今天发出。）Der Text war nicht leicht zu lesen. = Der Text konnte nicht leicht gelesen werden.（这篇课文不容易看懂。）

◎ **durchgedreht haben/sein** 头脑失控，晕头转向，神经失常

这是德语交际口语中的一个习惯用语，其德语近义短语为 kopflos werden, die Nerven verlieren 等。它较多使用助动词 haben 构成现在完成时态，但也可使用助动词 sein。例：Vor dem Examen habe ich plötzlich durchgedreht.（考试前，我突然大脑"短路失忆"了。）Bei dem Stress ist er völlig durchgedreht!（他备受紧张压力，已彻底失控了！）

（4）**Sonstiges** 其他

◎ **in den deutschsprachigen Ländern** 在德语国家

请注意：该词组一般指的是德语为其官方语言的国家，即德国、奥地利、瑞士和列支敦士登四个国家。但有时候在某些特殊场合，该句也可指德语是其通用语言之一的国家或地区，比如卢森堡（Luxemburg）、意大利南提洛尔（Südtirol, Italien）、比利时（Belgien）的一小部分地区等。因此，要根据句子上下文语境斟酌和理解其意。

4. Übungen 练习

（1）**Beantworten** 回答问题

① Welche Länder sind die deutschsprachigen Länder?

② Wie lautet die europaweite Notrufnummer?

③ Wie organisiert man den Rettungsdienst in Deutschland?

④ Worüber entscheidet die Rettungsleitstelle?

⑤ Was scheint erst mal nicht schwer zu sein?

⑥ Wie viele Fragen sollte man in einem Notfall mindestens beantworten können?

⑦ Sollte man jedenfalls in der Notfallsituation zu seiner inneren Ruhe gelangen (达到)?

⑧ Wann darf man erst das Telefongespräch beenden?

（2）**Ergänzen** 填空

① In den deutschsprachigen Ländern gibt es ein sehr gut _____ System für Notfälle.

② _____ in ganz Europa erreicht man über die Notrufnummer 112 die Rettung.

③ Diese Rettungsleitstelle entscheidet, wer _____ welchem Fahrzeug kommt und was _____ tun ist.

④ Einen Notruf zu machen _____ einen Notfall zu _____ scheint erst mal nicht schwer zu sein.

⑤ In diesem _____ drehen Ihre Nerven _____ Ihnen durch.

⑥ Sie können _____ beim Erinnern _____ Ihren eigenen _____ glücklich schätzen.

⑦ Es _____ ein Verdacht _____ Oberschenkelbruch.

⑧ Die Leitstelle hat _____ Fragen _____ und dann beenden Sie erst das Telefongespräch.

（3）**Satzbilden** 造句

① System

② in ganz Europa

③ organisieren

④ das heißt

⑤ sich glücklich schätzen

⑥ Gründe (für)

⑦ versorgen

⑧ Verdacht (auf)

（4）**Übersetsen** 翻译

① In den deutschsprachigen Ländern gibt es ein sehr gut ausgebautes System für Notfälle.

② Wie in ganz Europa erreicht man hier über die Notrufnummer 112 die Rettung.

③ Beim Wiederfinden in einer Notfallsituation atmen Sie tief durch.

④ Erinnern Sie sich an die folgenden Anweisungen.

⑤ Welche Verletzungen oder Krankheitszeichen haben die Betroffenen?

⑥ 发生紧急情况的地点在哪里？

⑦ 发生什么事情了？

⑧ 呼叫急救医生与救护车的理由是什么？

⑨ 有多少受伤者需要得到照料？

⑩ 急救调度中心没有问题之后，请您再结束通话。

Lektion 10

第十单元

Hauptthema: Auf der Post 主题：在邮局

A Lernziel 导学

1. Klassendeutsch 课堂用语

Öffnen Sie die Bücher auf Seite 18!	请把书翻到第18页！
Schließen Sie die Bücher!	请把书合上！
Bitte blättern Sie um!	请翻到下页！

2. Redemittel 会话句型

Folgen Sie jm. (D)!	Wie hoch sind die Gebühren für ... ?
Keine Ursache!	Es ist für jn. (A) sehr gefährlich.
Kann ich Ihnen helfen?	Wie lange ist der Brief unterwegs?
Das verstehe ich nicht.	Er war durch etwas (A) überrascht.

3. Tipps zur Grammatik 语法提示

◇ 重点：① 德语句子可分为简单句和复合句。但简单句可以扩展，"肚子"里可装很多东西。不过，再复杂的句子，只要抓住"主谓宾"，理解就不难，掌握也会容易多了。② 德语动词在使用时有主动态和被动态之分。对被动态，初学只须注意三点：要掌握被动态的构成；要明确原则上只有及物动词才能构成被动态；要了解被动句中动作或行为主体通过什么介词表达。

◇ 难点：① 德语无人称被动式出现较多，因为它简单明了，语气有力。但有的无人称被动式很隐蔽，容易疏忽搞错。它往往可用无人称代词 es 起首，作形式主语。② 德语形容词比较级的构成虽有规律可循，但初学较难掌握的是：有的形容词变级时要变音，有的在比较级时本身就有所变化。③ 德语中方向位置的表达有点复杂，要通过"动词＋不同的介词＋不同的变格"完成，所以学起来有点难度。这也是德语的特点和学习难点。

4. Etwas über das Hauptthema 背景点滴

德国邮政集团（Deutsche Post）是德国国家邮政局，也是欧洲地区处于领先地位的物流公司。该集团拥有德国邮政、邮政银行、DHL（敦豪快递）、英运物流等四大品牌。其网络覆盖220个国家和地区，全球雇员50余万人。2000年11月，该集团的股票上市，成为欧洲物流公司中的老大，同时也成为世界最大的上市物流企业。该集团的标识（见上图）背景色为黄色，上面有一个牛角号，下面有两个反向的斜线，表示向各地发送邮件。德国邮局的信箱统一采用明亮的黄色，非常醒目。

B Gespräch 对话

1. Thema: Ich möchte ein Paket nach Hause senden 题目：我想寄一个包裹回家

(*Situation: Zhonghua möchte ein Paket nach Hause senden und Hongying möchte einen Brief nach Shanghai abschicken. Sie kommen zu einem Postamt.*)（会话情景：中华想寄一个包裹回家，红英想寄一封信到上海。他们来到一家邮局。）

Z: Guten Tag! Ich möchte ein Paket aufgeben.

P(*Postbeamtin*): Guten Tag! Geht das ins Ausland?

Z: Ja, nach China.

P: Dann müssen sie zuerst eine Paketkarte und eine Erklärung für das Zollamt ausfüllen.

Z: Wie füllt man die zwei Formulare aus? Ich habe so was früher noch nie gemacht.

P: Das ist nicht kompliziert. Lesen Sie genau die Erläuterungen und folgen Sie ihnen! Sie können mich fragen, wenn Sie Fragen haben.

Z: Danke schön!

P: Keine Ursache! Vergessen Sie aber nicht, Ihren Namen als Absender auch deutlich zu schreiben!

* * * * * *

H: Guten Tag! Ich möchte einen Brief nach Shanghai abschicken. Was kostet das Porto?

P: Mit Luftpost oder einfach?

H: Mit Luftpost.

P: Standardbrief 1,5 Euro.

H: Und mit Einschreiben?

P: Noch 2 Euro dazu.

H: Gut, dann nur mit Luftpost. Wie lange ist der Brief unterwegs?

P: Nach China normalerweise 5-7 Tage.

2. Wörter 词汇

das Paket -e 包裹，邮包
   senden *vt* 邮寄，寄发
   auf/geben *vt* 邮寄，托运
die Postbeamtin -nen 邮局女职员
das Ausland 外国，国外
die Paketkarte -n 包裹单
das Zollamt 海关
   kompliziert 复杂的
die Erläuterung -en 解释，注释
die Ursache -n 原因，起因
der Name -ns, -n 名字，姓名

der Absender - 发信人，寄件人
   deutlich 清楚地；清楚的
   ab/schicken *vt* 寄出
das Porto -s/...ti 邮资，邮费
die Luftpost 航空邮件
der Standardbrief -e 标准信件
das Einschreiben - （信）挂号，（邮件）挂号
dazu 外加，另加
unterwegs 路上，途中

3. Erläuterungen 解释

（1）Satzmodelle für Anfänger 初学句型

◎ **Ich habe so was früher noch nie gemacht.** 我以前从来没有做过这样的事。

句中 so was 是 so etwas 的口语形式；früher 意谓"过去""从前"；noch nie 是"从来没有"，表示强调过去从来没有，但不涉及以后。这种句型一般用现在完成时或过去时。类似句型有：So was habe ich noch nie gehört.（这样的事我以前从来没有听到过。）Ich habe so was noch nie gesehen.（我以前从来没有看到过这样的东西/事情。）

◎ **Folgen Sie ihnen!** 您按照它们（指"填写说明"）填写！

在第三单元中我们已经介绍过不及物动词 folgen 的一个用法：jm. folgen（跟随某人）。这里是它的另一个用法：etwas (D) folgen（跟随某物）。重要的是，不管是"跟人"还是"跟物"，它都要求第三格宾语。

◎ **Wie lange ist (der Brief) unterwegs?** （这封信）在路上要多长时间？

这是"Wie lange sein ... ?"句型。又例：Wie lange ist die Fahrt nach Nanjing?（乘车到南京要多少时间？）Wie lange ist der Flug nach Deutschland?（到德国要飞行多长时间？）

◎ **Vergessen Sie aber nicht, Ihren Namen als Absender auch deutlich zu schreiben!** 您可别忘了也要清楚地填写您自己作为寄信人的名字！

请注意：句中两个动词连用，一般要在中间加连词 zu。这个 zu 的作用有点像"韧带"。这属于"带 zu 的不定式"，是一个新的语法现象。详见第十四单元语法部分。又例：Newton vergaß bei der Arbeit oft zu essen.（牛顿工作时常常忘了吃饭。——vergaß 是 vergessen 的单数第三人称过去时。）Gestern habe ich vergessen, das Lehrbuch mitzunehmen.（昨天我忘了带课本。）

（2）Feste Kombinationen 固定搭配

◎ **eine Erklärung für (das Zollamt)** 给（海关）的声明

如要表达"给……的声明"，就得用 Erklärung für jn. 这个搭配，介词 für 支配第四格。又例：Das ist eine Erklärung für die Regierung der USA.（这是给美国政府的声明。）Er hat eine Erklärung für die Ausländerbehörde geschrieben.（他给外国人管理机关写了一份声明。）

（3）Idiomatische Wendungen 习惯用语

◎ **Keine Ursache!** 不客气！/ 不用谢！

这是对别人致谢的客气回答。die Ursache 的原意是"原因""理由"等，kein 是否定词，keine Ursache 的本意是"没有原因（感谢我）"。类似的客套回答还有不少。如：Nichts zu danken!（不用谢！—— 参见第六单元）Bitte schön!（不客气！）Gern geschehen!（别客气！/ 乐意效劳！）

◎ **Mit Luftpost oder einfach? 寄挂号还是平信？**

这是口语中的缩略句。因为有上下文，听的人知道完整的句子是：Wollen Sie Ihren Brief mit Luftpost oder einfach abschicken?（您是想寄挂号信还是平信？—— mit 支配第三格，Luftpost 不带冠词。）又例：Er hat gestern einen Brief mit Luftpost geschickt.（他昨天发出了一封航空信。）Sie hat einen Brief mit Luftpost von ihren Eltern erhalten.（她收到了父母的一封航空信。）请注意："平信"这个概念一般只在邮局里区分挂号信时才用。如发出或收到平信，只要把 mit Luftpost 去掉就行。在网络时代，写信、寄信似乎有点过时，但还是需要学习和掌握有关表达，因为很多文学作品中会出现这一类表达。

（4）Sonstiges 其他

◎ **Sie können mich fragen, wenn Sie Fragen haben. 您如果有问题，尽管问我。**

这是一句复合句，从句 wenn ... 是假设句。请注意：其谓语动词或其变化部分要放在句末。此类从句也可前置。例：Wenn Sie Zeit und Lust haben, können Sie daran teilnehmen.（如果您有时间和兴趣，可以参加该项活动。）

◎ **dazu 外加，此外**

dazu 是代副词，表示"在原来的基础上再加上……"。课文句子：Noch 2 Euro dazu.（还要另加 2 欧元。）请注意：在使用这个词时，上文一定要有一个另加的"基础"。

4. Übungen 练习

（1）Partnerübung 结伴练习（检查词汇掌握情况）

Partner 1	Partner 2
kompliziert	_____
die Erklärung	_____
das Paket	_____
解释	_____
邮寄	_____
航空邮件	_____
senden	_____

das Zollamt　　　　　　＿＿＿＿＿＿

die Ursache　　　　　　＿＿＿＿＿＿

ab/schicken　　　　　　＿＿＿＿＿＿

标准信件　　　　　　　＿＿＿＿＿＿

（信）挂号　　　　　　＿＿＿＿＿＿

路上　　　　　　　　　＿＿＿＿＿＿

（2）**Konversationsübung** 会话练习

　　三个同学一组，分别扮演课文中的三个角色，并按照课文情景进行有关在邮局邮寄东西的对话练习。

（3）**Beantworten** 回答问题

① Was macht Zhonghua auf der Post?

② Wohin（往哪儿）geht sein Paket?

③ Was muss er zuerst ausfüllen?

④ Wie soll er die Erklärung für das Zollamt ausfüllen?

⑤ Was soll er noch nicht vergessen?

⑥ Was möchte Hongying abschicken?

⑦ Was kostet das Porto für einen Standardbrief ins Ausland?

⑧ Wie lange ist ein einfacher Brief unterwegs nach China?

（4）**Satzbilden** 造句

① ausfüllen

② etwas/jm. folgen

③ vergessen

④ wie lange

⑤ unterwegs

⑥ früher nie

⑦ mit Luftpost

⑧ mit Einschreiben

（5）**Übersetzen** 翻译

① Was möchten Sie nach China schicken?

② Das Paket geht ins Ausland, also nach China.

③ Man muss eine Paketkarte und eine Erklärung für das Zollamt ausfüllen.

④ Vergessen Sie bitte Ihren Namen als Absender nicht zu schreiben!

⑤ Wie lange ist der Brief unterwegs?

⑥ 多谢！— 不客气！

⑦ 如何填写这两张表？

⑧ 如果有什么问题，您可以问我。

⑨ 这样的事我过去从来没有做过。

⑩ 您仔细看看（填写）说明，然后按照它来填写！

Weisheit（智慧箴言）

Viele Tropfen machen einen Bach.

聚水成溪。/ 积少成多。

C Grammatik 语法

Lerntipps　　　被动态式不难学，助词用好是关键。
学习提示　　　方向位置讲动静，看图辩向分得清。

1. Allgemeines 语法常识

（1）德语简单句

根据句子的结构，德语句子可分为简单句和复合句。简单句又分纯粹简单句和扩展简单句。只有主语和谓语的句子就是纯粹简单句，如：Er kommt.（他来了。）Wir lachen.（我们笑。）除主谓语外，还带有一个或几个其他句子成分的简单句就是扩展简单句，如：Er kommt gleich mit seinem Freund.（他马上同他的朋友一起来。）Wir lachen laut im Klassenzimmer.（我们在教室里大笑。）但是，请注意德语简单句往往没有这么简单，简单句的"肚子"里还会装很多东西。当然，复合句无疑要更复杂一点了。不过，再复杂的句子，只要抓住主要成分（主语、谓语和主要宾语），理解就不难，掌握也会容易多了。

（2）主动态和被动态

德语动词在使用时有主动态和被动态之分。若句中主语是句子动作或行为的主动体或施事者时，谓语动词则要用主动态（这种句子称作主动句）；若句中主语是句子动作或行为的被动体或受事者（即主动态中的宾语）时，谓语动词则要用被动态（这种句子称作被动句）。对被动态，初学者只须注意三点：① 要掌握被动态的构成；② 要明确只有及物动词才能构成被动态（原则上如此，但有例外）；③ 要了解被动句中动作或行为主体通过什么介词表达。

（3）无人称被动式

无法或无需表达或指明被动行为主体的被动式，就是无人称被动式。它往往可以用无人称代词 es 起首，作形式主语。这种无人称被动式在德语中出现较多，因为它简单明了，语气有力。如：Es wurde ihm viel geholfen.（别人帮了他很多忙。——可能帮他的人很多，无法明确交代；也可能只想表明很多人帮过他。）Überall wird gefeiert.（到处都在庆祝。——谁在庆祝并不重要，因此没有必要交代庆祝的主体。）

（4）方向位置的表达

德语中方向位置的表达有点复杂，要通过"动词 + 不同的介词 + 不同的变格"完成，所以学起来有点难度。如"在桌子上"和"在桌子上方"，德语中要通过不同的介词（auf dem Tisch 和 über dem Tisch）来表达。这也是德语的特点和学习难点。本书第八单元"语法常识"谈到的"静三动四"也属方向位置问题，但强调重点在于动词配介中介词的支配差异。根据我们的经验，只要掌握本单元语法图表中所列德语中表示方向位置的常用介词及其支配要求和副词，这个难题就可以基本解决。

2. Grammatische Tabellen 语法图表

（1）德语被动态的构成及举例

① 构成

时 态	构成
现在时	助动词 werden 的现在时变位 + 动词第二分词
现完时	助动词 sein 的现在时变位 + 动词第二分词 + worden
过去时	助动词 werden 的过去时变位 + 动词第二分词

② 举例

主动态句	Man lobt ihn. (有人表扬他。)
被动态句（现在时）	Er wird gelobt. (他受到表扬。) (主语变化时，只需 wird 随之变化)
被动态句（现完时）	Er ist gelobt worden. (他受到了表扬。) (主语变化时，只需 ist 随之变化)
被动态句（过去时）	Er wurde gelobt. (他受到过表扬。) (主语变化时，只需 wurde 随之变化)

说明：被动态的人称变化主要靠助动词 werden。所以，werden 各时态的变化是"基础的基础"，必须牢牢掌握，必须"滚瓜烂熟"。

（2）形容词变级举例

原级	比较级	最高级
schnell	schneller	der/die/das schnellste - am schnellsten
langsam	langsamer	der/die/das langsamste - am langsamsten
alt	älter	der/die/das älteste - am ältesten
jung	jünger	der/die/das jüngste - am jüngsten
hell	heller	der/die/das hellste - am hellsten
dunkel	dunkler	der/die/das dunkelste - am dunkelsten
teuer	teurer	der/die/das teuerste - am teuersten

说明：形容词比较级的构成是加词尾 er；最高级是加词尾 st，而且只能用定冠词；最高级单独用时，必须加 am，词尾则为 sten。请注意：有的形容词变级时要变音，如 alt, jung 等；有的在比较级时有所变化，如 dunkel, teuer 等。

（3）表示方向位置的常用介词和副词

方向位置	介词（静三动四）	副词	方向位置	介词（静三动四）	副词
上	auf / über	oben	前	vor	vorn(e)
下	unter	unten	后	hinter	hinten
高	无	hoch	里	in	drin
低	无	niedrig	外	außer	draußen
左	无	links	旁	neben	daneben

（续表）

方向位置	介词 （静三动四）	副词	方向位置	介词 （静三动四）	副词
右	无	rechts	中	zwischen	dazwischen
			过	durch (A)	dadurch

（4）动词 finden, senden, verlieren 的现在时和过去时

动词	finden		senden		verlieren	
第二分词	(h) gefunden		(h) gesendet		(h) verloren	
时态	现在时	过去时	现在时	过去时	现在时	过去时
ich	finde	fand	sende	sand	verliere	verlor
du	findest	fandest	sendest	sandest	verlierst	verlorst
er / sie / es	findet	fand	sendet	sand	verliert	verlor
wir	finden	fanden	senden	sanden	verlieren	verloren
ihr	findet	fandet	sendet	sandet	verliert	verlort
sie / sie	finden	fanden	senden	sanden	verlieren	verloren

3. **Übungen** 练习

（1）**Partnerübung** 结伴练习

Partner 1　　　　　　　　　　　　　　*Partner 2*

Was findest du?　　　　　　　　　　　Ich _____ etwas.

Wir finden es nicht. Und er?　　　　　Er _____ es auch nicht.

Haben Sie das Buch endlich gefunden?　Ja, ich _____ es _____.

Sie fand das Buch schon.　　　　　　Wir _____ es nicht.

Was möchten Sie senden?　　　　　Ich _____ ein packet _____.

Habt ihr einen Brief gesandt?　　　　Nein, wir _____ ein Paket _____.

Hat sie was nach Hause gesandt?　　Ja, sie _____ einen Brief nach Hause _____.

Du sandest ein Paket. Und er?　　　Er _____ einen Brief.

Das Kind verliert den Weg.　　　　　Denn seine Mutter _____ den Weg.

Du verlorst nichts. Und sie?   Sie _____ doch etwas.

Hat er etwas Geld verloren?   Ja, er _____ etwas Geld _____.

Ich verliere eine Karte.   Er _____ einen Brief.

（2）**Beantworten** 回答问题

① 德语简单句分几种？它们各有什么特点？请举例说明！

② 德语动词的主动态和被动态有什么区别？

③ 德语动词被动态是怎么构成的？

④ 请说说德语动词无人称被动态的意义和构成！

⑤ 德语中表达方向位置有什么"规律"？

（3）**Selbstkontrolle** 自我检测（找出正确答案）

① Vergessen Sie aber nicht _____ auch deutlich zu schreiben!   a. nie

② Wie füllt man die zwei _____ aus?   b. Ihren Namen

③ Er möchte ein _____ aufgeben.   c. genau

④ Ich habe so was früher _____ gemacht.   d. einen Brief

⑤ Dann müssen sie auch eine Erklärung für das Zollamt _____.   e. Luftpost

⑥ Lesen Sie _____ die Erläuterung!   f. normalerweise

⑦ Sie können _____ fragen, wenn Sie Fragen haben.   g. schreiben

⑧ Sie möchte _____ nach Shanghai abschicken.   h. Paket

⑨ Nach China dauert es _____ 5-7 Tage.   i. Formulare

⑩ Wollen Sie einen Brief mit _____ nach Shanghai abschicken?   j. mich

（4）**Schriftliche Übungen** 书面练习

① 请用图表简单归纳德语动词被动态构成的规则！

② 请用图表简单归纳德语形容词变级的一般规律！

③ 请用图表简单归纳德语中表示方向位置的主要介词和副词！

④ 请用图表简单归纳动词 finden 现在时和过去时的词尾变化！

⑤ 请用图表简单归纳动词 senden 现在时和过去时的词尾变化！

⑥ 请用图表简单归纳动词 verlieren 现在时和过去时的词尾变化！

D Hörverständnis 听力

1. Thema: Geld überweisen 题目：汇款

- Guten Tag! Kann ich Ihnen helfen?

- Guten Tag! Ich möchte etwas Geld überweisen.

- Ins Ausland?

- Nein, nach Trier.

- Möchten Sie mit Postanweisung oder ... ?

- Besser mit Postanweisung. Und wann wird die Überweisung dort ankommen?

- Das kann ich Ihnen leider nicht genau sagen. Aber spätestens in drei Tagen.

- Wie hoch sind die Gebühren für die Überweisung?

- Das steht hier auf der Rückseite des Formulars. Bis hundert Euro Überweisung kostet 4 Euro. Wie viel wollen Sie überweisen?

- 100 Euro.

- Oh, Moment mal! Darf ich fragen, haben Sie ein Girokonto bei irgendeiner Bank?

- Ja, ich habe ein Girokonto bei der Deutschen Bank eröffnet.

- Sind Sie Student?

- Ja, ich studiere hier Wirtschaft.

- Dann können Sie das Geld durch die Bank überweisen.

- Das verstehe ich nicht. Kann ich bei Ihnen nicht Geld überweisen?

- Das ist ein Irrtum. Die Überweisung durch Girokonto ist für Studierende gebührenfrei.

2. Wörter 词汇

Trier 特里尔（地名）	die Gebühr -en 费用
die Postanweisung 邮局汇款，邮政汇票	das Girokonto 汇划账户，转账账户
die Überweisung -en 汇划，（所）汇（的）款	der Irrtum ¨er 错误，误会
leider 可惜，遗憾	der/die Studierende -n, -n 在大学就读者（按形容词变化）
spätestens 最晚，最迟	gebührenfrei 免费的，不收费用的

Lektion 10　第十单元

3. Erläuterungen 解释

（1）Satzmodelle für Anfänger 初学句型

◎ **Kann ich Ihnen helfen? 我能帮您忙吗？**

这是服务性行业招呼顾客的常用语。我们在前面的课文中已介绍过几个类似的句型，请比较它们的异同：Was möchten Sie essen?（您想吃点什么？——参见第三单元）Was kann ich für Sie tun?（我能为您做点什么？——参见第五单元）Was wünschen Sie?（您想要/买点什么？——参见第七单元）

◎ **Wie hoch sind die Gebüren für (die Überweiseung)?（汇款的）费用是多少？**

wie hoch 的意思与 wie teuer 差不多。请与前面已讲过的其他问价钱的句型进行比较：Wie teuer ist die Miete?（房租多少？——参见第五单元）Was muss ich bezahlen?（我得付多少钱？——参见第七单元）Was kostet das alles zusammen?（这总共要多少钱？——参见第七单元）

◎ **Das verstehe ich nicht. 这我就听不明白/搞不懂了。**

verstehen 这个动词在德语中很"活跃"，意思多，用法多，用得也多。除了上面词汇表中所列的三个措辞"理解""明白"和"懂"之外，还有"听明白""听清楚"和"通晓""掌握"等意思。它还有反身的用法。该句在口语中用得较多，一般表示对对方所说的听不懂或听不清楚，其原因可以在对方，也可以在听者自己。请注意：句中 das 指对方所说的有关的话，放在句首表示强调和突出。也可以说：Ich verstehe das nicht. 或用现在完成时：Ich habe das nicht verstanden. 德语口语中也常说：Das verstehe ich.（这我明白/懂。）

（2）Feste Kombinationen 固定搭配

◎ **Geld ins (Ausland)/ nach (Trier) überweisen 汇款到（国外）/（特里尔）**

如要表达"把钱汇划到什么地方"，就得用动词 überweisen 和介词 in（支配第四格）或 nach（支配第三格）这个搭配。Ausland 是集合名词，须与介词 in 搭配；Trier 是德国的一个城市，是马克思的故乡，是具体地名，须与介词 nach 搭配。请注意：überweisen 是不可分离动词，其第二分词是 überwiesen。

◎ **Geld mit Postanweisung überweisen 用/通过邮汇汇款**

如要表达"用什么方法来汇款"，就得用动词 überweisen 和介词 mit（支配第三格）这个搭配。Postanweisung 不必带冠词。请与前面介绍过的类似句型 Geld durch eine Bank / von einer Bank überweisen 进行比较。要注意：不能说 Geld mit einer Bank überweisen，应

把介词 mit 换成 durch 或 von。

（3）Idiomatische Wendungen 习惯用语

◎ **bis hundert Euro** 直至100欧元

这是介词 bis（支配第四格）的用法。这里它表示"到……为止"。bis 后面可以是表示时间、地点等的各种词类，甚至也可以是人。例：Der Zug fährt bis München.（这班火车驶到慕尼黑为止。）Bis morgen!（明天见！）Er arbeitet von Morgen bis Abend.（他从早工作到晚。）Ich weiß das bis jetzt nicht.（直到现在我还不知道这事。）Wir feiern das Frühlingsfest bis den 19. Februar.（我们欢度春节到2月19日为止。）

（4）Sonstiges 其他

◎ **Die Überweisung durch Girokonto ist für Studierende gebührenfrei.** 通过汇划账户汇款对大学生是不收费的。

这里要说明两点：一是 Studierende 的意义和变化。它指所有在大学里学习和从事研究的人，即也包括注册的大学生以外的科研和进修人员等。如我国一些教师去德国进修，尽管有的年纪较大，甚至临近退休，但也在大学里听课或参加研究，不管以什么身份注册或登记，德国人一般都归为 Studierende。该词由动词 studieren 的第一分词 studierend 变化而来（语法上属于"形容词名词化"）。其变化完全同形容词：der Studierende（阳性单数），die Studierende（阴性单数），die Studierenden（复数），das Leben des Studierenden（在大学就读者的生活 —— 复数第二格是 der Studierenden）。二是关于大学生通过银行汇划账户汇款不收费的问题。这是对没有固定收入的大学生的优惠和照顾。德国大学生还得到其他优惠，如银行存款利息不用交税（但有最高限额）、看电影和买各种门票打折等。

4. Übungen 练习

（1）Beantworten 回答问题

① Was möchte der Studierende überweisen?

② Wann wird die Überweisung dort ankommen?

③ Wie hoch sind die Gebühren für die Überweisung?

④ Was hat Zhonghua bei der Deutschen Bank eröffnet?

⑤ Wie viel will er überweisen?

⑥ Was bedeutet der Satz: „Das ist ein Irrtum."?

⑦ Warum sagt man zu ihm: „Dann können Sie das Geld durch die Bank überweisen."?

⑧ Für wen ist die Überweisung durch Girokonto gebührenfrei?

（2）**Vervollständigen** 完整句子

① Sie möchte etwas Geld _____ Ausland überweisen.

② Das kann ich Ihnen leider nicht _____ sagen.

③ Spätestens in _____ _____ kann die Überweiseung dort ankommen.

④ Bis hundert Euro Überweisung _____ 4 Euro.

⑤ Ich studiere hier _____.

⑥ Dann können Sie das Geld _____ die Bank überweisen.

⑦ Die Überweisung durch Girokonto ist für Studierende _____.

⑧ Haben Sie ein Girokonto bei _____ Bank?

（3）**Übersetzen** 翻译

① Möchten Sie Geld mit Postanweisung oder durch eine Bank überweisen?

② Die Überweisung kann spätestens in drei Tagen dort ankommen.

③ Wie viel will der Student nach Trier überweisen?

④ Für wen ist die Überweisung durch Girokonto gebührenfrei?

⑤ 这我不明白：为什么我不能邮汇钱？

⑥ 他想通过银行汇划100欧元到上海。

⑦ 您有随便哪一家银行的账号吗？

⑧ 汇划的费用是多少？——大学生是免费的。

E　Lesetext　阅读课文

🎧 **1. Thema: Der „dumme" Sohn wurde reich** 题目："愚笨"儿子成富翁

In der Schweiz lebte einmal ein Graf. Er hatte nur einen Sohn, aber der war dumm und konnte nichts erlernen. Da schickte ihn sein Vater zu einem guten Lehrer. Der Junge blieb ein Jahr bei dem Lehrer. Danach kam er wieder nach Hause zurück. Der Vater fragte: „ Du warst ein Jahr bei dem Lehrer. Was hast du in dieser Zeit

erlernt?" Der Sohn antwortete: „Vater, ich kann jetzt bellen wie die Hunde, ich verstehe ihre Sprache." Da wurde der Vater wütend und verjagte den Sohn aus dem Haus. Der Sohn musste Tag und Nacht wandern. Eines Tages kam er zu einer Burg. Es war schon Abend, und er wollte die Nacht dort bleiben. Der Burgherr sagte zu ihm: „Du kannst hier übernachten, aber nur unten in dem Turm. Dort leben drei wilde Hunde. Daher ist es für dich sehr gefährlich." Der Junge hatte aber keine Angst und ging in den Turm. Am nächsten Morgen kam der Junge aus dem Turm und war gesund. Der Burgherr war überrascht. Da sprach der Junge zu ihm: „Ich verstehe die Sprache der Hunde. Diese Hunde waren früher Menschen. Jetzt müssen sie dort einen Schatz bewachen. Diesen Schatz können wir morgen herausholen." So bekamen sie den Schatz. Danach lebten sie noch lange und waren sehr glücklich und zufrieden.

2. Wörter 词汇

dumm 笨的，愚蠢的，傻的
der Sohn ¨e 儿子，子
reich 富的，有钱的
der Graf -en, -en 伯爵
erlernen vt 学会，学到
schicken vt 送，寄，派
bleiben vi 停留，逗留，留下
bellen vi （犬）吠，（狼）嗥
der Hund -e 狗，犬
die Sprache -n 语言；用语
wütend（P.I）盛怒的，暴怒的（wüten 的第一分词形式）
verjagen vt 赶走，驱赶
wandern vi 漫游，徒步旅行
die Burg -en 城堡，堡垒

der Burgherr -n, -en 城堡主
übernachten vi 过夜
unten 下面，底下
der Turm ¨e 塔，塔楼，钟楼
wild 野性的，粗野的，野蛮的
gefährlich 危险的，有危害的
die Angst ¨e 害怕，恐惧
gesund 健康的，有益健康的
überrascht 感到意外的，惊异的，惊喜的
der Schatz ¨e 宝藏，珍宝，宝贝
bewachen vt 看守，守卫
heraus/holen vt 取出，掏出
danach 此后，然后，接着
glücklich 幸福的，幸运的
zufrieden 满意的，满足的

3. Erläuterungen 解释

（1）Satzmodelle für Anfänger 初学句型

◎ **(In der Schweiz) lebte einmal (ein Graf).** 从前（在瑞士）有（一个伯爵）。

这是德语中讲故事开头常用的句型。类似的句型还有不少。如：Es war einmal ein König. Er lebte in einer alten Burg ...（从前有一个国王。他住在一座古堡里……）Es war einmal ein Kaiser. Er hatte fünf Söhne ...（从前有一个皇帝。他有五个儿子……）请注意：句中动词都要用过去时态，因为那都是以前的事了。

◎ **(Der Burgherr) war überrascht.**（城堡主）大感意外/感到吃惊。

überrascht 是动词 überraschen 的第二分词，这里用作副词。动词 überraschen 是及物的，意谓"使某人吃惊/惊异/感到意外"。例：Er überrascht mich mit dem plötzlichen Besuch.（他的突然来访使我大感意外/惊喜。）但德语中用得较多的还是 überrascht sein 这个句型。又例：Sie war überrascht durch sein Geschenk.（他的礼物使她不胜惊喜。）Wir sind überrascht über seine Worte.（我们对他的话感到意外。）请注意：句中搭配的介词不同，意思也不同。

◎ **(Daher) ist es für (dich) sehr gefährlich.** 因此，这对（你）是非常危险的。

这是由"für jn. (A) + sehr + 一个形容词"构成的句型。类似的句型很多。例如：Es ist für mich sehr lehrreich.（这对我很有教益。）Es war für ihn sehr nützlich.（这对他非常有用/有益。）Es ist für uns sehr gut.（这对我们来说是太好了。）

（2）Feste Kombinationen 固定搭配

◎ **bei jm. (D) sein** 在某人处/在某人身边

用动词 sein 和介词 bei（支配第三格）搭配，表示"在某人处""在某人身边"。sein 在这里有"停留""逗留"之意，甚至也可指"住宿"。课文句子：Du warst ein Jahr bei dem Lehrer.（你在老师那儿呆了一年。）又例：Wo warst du gestern Abend? - Ich war bei meinem Freund.（昨天晚上你到哪儿去了？— 我在我的朋友那儿。）Sie war den ganzen Nachmittag bei ihrer Lehrerin.（她整个下午都呆在她老师那儿。）注意：bei 后面只能带"人"或其代词。

◎ **jn. (A) aus dem Haus verjagen** 把某人从家里赶出来

要表示"把某人从什么地方赶走"，要用动词 verjagen 和介词 aus（支配第三格）这个固定搭配。课文句子：Da wurde der Vater wütend und verjagte den Sohn aus dem Haus.（此时，父亲怒不可遏，把儿子从家里赶了出来。）又例：Er verjagte Fliegen aus dem Haus.

（他把苍蝇赶出屋子。）Sie haben die Feinde aus dem Land verjagt.（他们把敌人赶出了这个国家。）

（3）Idiomatische Wendungen 习惯用语

◎ **in deiser Zeit** 在这段时间里/在这个时候

该习惯用语中的 in 也可用 zu 代替。课文句子：Was hast du in dieser Zeit erlernt?（你在这段时间里学会了些什么？——指呆在老师那儿的一年时间里）又例：Zu dieser Zeit ist etwas passiert.（在这个时候发生了一点事情。）请注意：in 和 zu 后面都支配第三格。

◎ **Tag und Nacht** 夜以继日/不分昼夜

这是德语中的俗语，表示"不论白天和黑夜（连轴转）"的意思。课文句子：Der Sohn musste Tag und Nacht wandern.（儿子不得不日夜流浪。）又例：Newton arbeitete Tag und Nacht.（牛顿不分昼夜地工作。）请注意：Tag und Nacht是固定的形式，不带冠词，不用复数。它与50 Tage und Nächte（五十个日日夜夜）是完全不同的表达。

4. Übungen 练习

（1）**Beantworten** 回答问题

① Wer lebte einmal in der Schweiz?

② Wie war sein Sohn?

③ Zu wem（到谁哪儿）schickte der Vater seinen Sohn?

④ Wie lange blieb der Sohn bei dem Lehrer?

⑤ Warum wurde der Vater wütend?

⑥ Wieso war der Burgherr überrascht?

⑦ Wie lebten die beiden danach?

⑧ War der Sohn wirklich dumm? Und warum?

（2）**Ergänzen** 填空

① Der Sohn war _____ und konnte _____ erlernen.

② Danach kam er wieder nach _____ zurück.

③ Der Sohn musste _____ und _____ wandern.

④ Am nächsten Morgen kam der Junge _____ dem Turm und war _____.

⑤ „Diesen Schatz können wir morgen _____."

⑥ „Du warst ein Jahr dort. Was hast du in _____ _____ erlernt?"

⑦ Es war schon Abend, und er wollte dort _____.

⑧ Sie lebten danach noch _____ und waren sehr _____.

(3) **Satzbilden** 造句

① nichts

② zu jm. schicken

③ verstehen

④ wütend

⑤ zu dieser Zeit

⑥ für jn. (A) gefährlich sein

⑦ Tag und Nacht

⑧ überrascht

(4) **Übersetsen** 翻译

① Am nächsten Tag haben sie diesen Schatz herausgeholt.

② In der Schweiz lebte einmal ein Graf.

③ Der Junge blieb ein Jahr bei dem guten Lehrer.

④ Da wurde der Vater wütend und verjagte den Sohn aus dem Haus.

⑤ „Jetzt müssen die Hunde dort einen Schatz bewachen."

⑥ Sie war überrascht durch sein schönes Geschenk.

⑦ 但是这个年轻人不怕，他走进了塔楼。

⑧ 伯爵的儿子只能夜以继日地流浪。

⑨ 他可以在那里过夜，但只能在塔楼下面住宿。

⑩ 儿子回答："父亲，现在我能像狗一样地叫，我也懂得狗的语言。"

⑪ 此后他们还活了很长时间，而且生活得很幸福和满足。

⑫ 这对我们是很有教益的。

Wiederholung 2

第二阶段复习

Teil 1 Leseverstehen（阅读理解）

A. Wählen Sie die geeignete Überschrift für den jeweiligen Abschnitt.（选择合适的标题）

1. Wochenlang zeigte sie uns, wie schön schwanger sein kann. Jetzt präsentiert Lisa Nolte (41) ihr neuestes Babyglück. Tochter Nina ist bereits ihr viertes Kind.

2. Ein 13-jähriges Mädchen aus Duisburg wurde am Freitagnachmittag bei einem Tanz auf den Gleisen von einem Zug erfasst und getötet.

3. Vor langer, langer Zeit gab es in der Stadt Hameln eine Rattenplage. Um die Stadt von der Plage zu befreien, setzte der Stadtrat einen hohen Preis aus.

4. Wie in ganz Europa erreicht man in den deutschsprachigen Ländern über die Notrufnummer 112 die Rettung. Über eine Rettungsleitstelle organisiert man den Rettungsdienst.

5. Große Ehre für einen Europameister! Der Flughafen seiner Heimat auf der portugiesischen Insel soll nach Stürmer Ronaldo (31) benannt werden.

6. In der Schweiz lebte einmal ein Graf. Er hatte nur einen Sohn, aber der war dumm und konnte nichts erlernen. Da schickte ihn sein Vater zu einem guten Lehrer.

7. Morgen erwärmt sich die Luft auf 26 bis 30 Grad. Dazu kommt zeitweise die Sonne heraus. Gebietsweise treten Schauer auf. Der Wind weht mäßig aus südöstlicher Richtung.

8. In der Schule wurde er einmal gemobbt und geschlagen. Der 17-jährige lud einige Mitschüler von ihm zum Essen ein, um sich mit ihnen zu beraten, wie man sich rächen kann.

9. Sie rufen uns heute an, und dann liefern wir Ihnen BILD am SONNTAG ab nächsten Sonntag nach Hause. Das kostet Sie keinen Cent extra und Sie können jederzeit abbestellen.

10. Verantwortung ist für 88,9 Prozent der Deutschen etwas Positives. Das ergab eine Studie im Auftrag des Versicherers Leon Merkur.

A) Der gemobbte Schüler

B) Tipps bei Notrufen

C) Weitere Aussichten

D) Lisa Nolte im Babyglück

E) Der „dumme" Sohn wurde reich

F) Der geheimnisvolle Rattenfänger

G) Flughafen trägt Ronaldos Namen

H) Deutsche tragen gern Verantwortung

I) Mädchen(13) stirbt bei Tanz auf Gleisen

J) Wir bringen Ihnen BamS nach Hause. Ohne Mehrkosten, ohne Vertragsbindung

B. Entscheiden Sie, ob die jeweiligen Aussagen richtig, falsch oder nicht im Text erwähnt sind.（选择正确的表述）

Es ist gegen 12 Uhr nachts. Durch die Straße geht ein Bauer. Er sucht das Haus des Arztes. Endlich findet er es. Er klopft an die Haustür. Nach kurzer Zeit öffnet der Arzt die Tür. „Herr Doktor, meine Frau ist krank. Können Sie zu ihr kommen?" fragt der Bauer. Der Arzt zieht sich schnell an und geht mit dem Bauern. Der Weg ist weit und die Nacht ist kalt. Der Bauer wohnt sehr weit von der Stadt. Sein Haus liegt im Wald. Müde kommen sie dort an. Der Bauer lässt den Arzt ins Haus eintreten. Die kranke Frau liegt im Bett, aber sie sieht nicht sehr krank aus. Der Arzt untersucht sie, aber findet keine schwere Krankheit. Er gibt der Frau Medizin und geht hinaus. „Warum haben Sie mich um diese Zeit wegen so einer leichten Krankheit aus dem Bett geholt?" sagt der Arzt böse zu dem Bauern. Aber der Bauer legt die Hand aufs Herz und antwortet ganz ruhig: „Wissen Sie, Herr Doktor, wir haben kein Geld und können Sie nicht bezahlen. Ich hole Sie in der Nacht, da verlieren Sie keine Arbeitszeit." Der Arzt muss nur laut lachen.

11. Um 12 Uhr nachts geht ein Bauer durch die Straße.

    A) Richtig.   B) Falsch.   C) Nicht erwähnt.

12. Der Bauer findet das Haus vom Arzt.

    A) Richtig.   B) Falsch.   C) Nicht erwähnt.

13. Die Frau des Bauern ist schwer krank.

    A) Richtig.   B) Falsch.   C) Nicht erwähnt.

14. Der Arzt zieht sich schnell einen Mantel an und geht mit dem Bauern.

    A) Richtig.   B) Falsch.   C) Nicht erwähnt.

15. Der Bauer wohnt nicht in der Nähe von der Stadt.

    A) Richtig.   B) Falsch.   C) Nicht erwähnt.

16. Das Haus des Bauern liegt am Rand vom Wald.

    A) Richtig.   B) Falsch.   C) Nicht erwähnt.

17. Der Arzt untersucht die Frau des Bauern, aber kann ihre Krankheit nicht feststellen.

    A) Richtig.   B) Falsch.   C) Nicht erwähnt.

18. Die Frau des Bauern braucht keine Medikamente zu nehmen.

    A) Richtig.   B) Falsch.   C) Nicht erwähnt.

19. Der Bauer kann den Arzt doch am Tag bezahlen.

    A) Richtig.   B) Falsch.   C) Nicht erwähnt.

20. Der Arzt ist nicht zufrieden mit der Antwort vom Bauern.

    A) Richtig.   B) Falsch.   C) Nicht erwähnt.

C. **Wählen Sie die passenden Sätze. Zu jeder Lücke passt nur ein Satz.**（选择合适的句子，每空一句）

S (Studentin): Guten Tag! ____21____

P (Postangestellte): ____22____ Geht das ins Ausland?

S: ____23____

P: Dann müssen sie zuerst eine Paketkarte und ____24____.

S: Wie füllt man die zwei Formulare aus? ____25____

P: ____26____ Lesen Sie genau die Erläuterungen und ____27____! Sie können mich fragen, wenn Sie Fragen haben.

S: ____28____

P: ____29____ Vergessen Sie aber nicht Ihren Namen ____30____ auch deutlich zu schreiben!

A) Ich habe so was früher nie gemacht.

B) eine Erklärung für das Zollamt ausfüllen

C) Ich möchte ein Paket aufgeben.

D) folgen Sie ihnen

E) Keine Ursache!

F) Guten Tag!

G) Das ist nicht kompliziert.

H) als Absender

I) Danke schön!

J) Ja, nach China.

Teil 2 Grammatik und Wortschatz（语法和词汇练习）

A. Wählen Sie für jede Lücke das richtige Wort.（选词填空）

Als Babys haben Stefan und Chris immer ____31____ selben Zeit die gleichen Krankheiten gehabt. Später ____32____ es ihnen Spaß, das Gleiche anzuziehen und die gleiche ____33____ zu haben. Doch jetzt gibt es ____34____: ____35____ beiden gefällt dasselbe Mädchen. Stefan und Chris sind ____36____. Und sie sind am selben Tag geboren, also Zwillinge. Sie sind gern zusammen. Trotzdem ____37____ es ihnen oft auf die Nerven, Zwillinge zu sein. Man wird immer wieder mit dem Bruder verwechselt. Sie haben ____38____ dieselben Hobbys und hören dieselbe Musik, aber in der Schule interessieren sie sich ____39____ verschiedene Fächer. Stefan möchte später Jura studieren. Doch Chris will sich ____40____ mit Physik und Chemie beschäftigen.

31. A) bei   B) in   C) um   D) zur
32. A) fehlte   B) hatte   C) machte   D) war
33. A) Friseur   B) Frisur   C) Figur   D) Finger

34. A) Frage	B) Fragen	C) Problem	D) Probleme	
35. A) Den	B) Dem	C) Die	D) Der	
36. A) Brüder	B) Cousins	C) Cousinen	D) Schwestern	
37. A) kommt	B) geht	C) dankt	D) hilft	
38. A) nicht	B) keine	C) trotzdem	D) zwar	
39. A) an	B) für	C) über	D) zu	
40. A) gerner	B) besser	C) lieber	D) mehr	

B. Wählen sie die richtigen von den gegebenen Verben und ergänzen Sie die Lücken.（选择正确的动词填空）

A) fragt	B) stimmt	C) packt	D) antwortet	E) geht
F) bezahlen	G) fehlen	H) gibt	I) kaufen	J) zählt

Fritz geht in ein Kaufhaus. Hier will er etwas ___41___. In der Abteilung für Schreibwaren kauft er Hefte, einen Bleistift und einen Kugelschreiber. Die Verkäuferin ___42___ alles ein und gibt es ihm. Fritz ___43___: „Was muss ich ___44___?" „3,20 Euro." ___45___ ihm die Verkäuferin. Fritz gibt ihr zehn Euro. Die Verkäuferin ___46___ ihm 8,80 Euro zurück. Auf der Straße ___47___ der Junge das Geld und ___48___ noch einmal in das Kaufhaus. Er sagt zu der Verkäuferin: „Das Geld ___49___ nicht. Bitte zählen Sie es noch einmal!" Die Verkäuferin antwortet ihm einfach: „Jetzt ist es zu spät!" „Schade", antwortet Fritz, „ich habe zwei Euro zu viel und Ihnen ___50___ zwei Euro."

Teil 3 Übersetzung der unterstrichenen Teile aus dem Deutschen ins Chinesische mit Hilfe von einem Wörterbuch（借助词典翻译划线部分）

51. Zu Gast in Freiburg

Die internationale Deutscholympiade ist 2018 zu Gast in Freiburg. Von den ca. 250.000 Menschen, die hier leben, sind gut 35.000 Studierende. Das sieht man in den vielen kleinen

Cafés und Parks, auf Konzerten oder beim Outdoor-Sport. Freiburg ist eine grüne Stadt. Nicht nur, weil es in der Stadt und um die Stadt viele Parks gibt, sondern auch, weil ökologische Konzepte von Privatpersonen und Unternehmen gleichermaßen umgesetzt werden.

52. Das Wetter am 06. August 2019 in Heidelberg

In Heidelberg überwiegt morgens dichte Bewölkung, aber es bleibt trocken und die Temperatur liegt bei 20°C. Im weiteren Tagesverlauf gibt es mehr Wolken als Sonne und die Höchstwerte liegen bei 25°C. Am Abend kann es in Heidelberg immer mal wieder regnen und die Werte gehen auf 18 bis 20°C zurück. Nachts ziehen Wolkenfelder durch und die Werte gehen auf 16°C zurück. Die Wahrscheinlichkeit für Niederschläge liegt bei 90%. Gefühlt liegen die Temperaturen bei 18 bis 27°C.

Teil 4 riftlicher Ausdruck（书面表达）

Schreiben Sie zum Thema „Einkäufe machen" einen Aufsatz mit mindestens 60 Wörtern.（以 *Einkäufe machen* 为题写一篇不少于60个单词的作文）

53. Der Aufsatz beinhaltet（作文内容）：

　　1) Kaufen Sie gern im Internet oder im Supermarkt ein?

　　2) Was kaufen Sie sich meistens als StudentIn?

　　3) Welche Waren können Sie uns empfehlen?

Lektion 11

第十一单元

Hauptthema: Auf der Bank 主题：在银行

A Lernziel 导学

1. Klassendeutsch 课堂用语

Wie ist das Wetter heute?	今天天气怎么样？
Heute ist das Wetter schön.	今天天气很好。
Heute regnet es.	今天下雨。

2. Redemittel 会话句型

bei einer Bank ein Konto eröffnen	(Aber) es ist besser, ... zu ...
Ist es in Ordnung?	Das heißt, dass ...
Wie viel wollen Sie einzahlen?	etwas bei sich haben
Wie steht der Wechselkurs?	... ist einer der berühmtesten ... der Welt.

3. Tipps zur Grammatik 语法提示

◇ **重点**：① 掌握德语同位语的构成和特点，并学会使用和翻译不同的同位语。初学须当心，有些同位语是"隐性的"，即隐藏在很常见和常用的句子中，容易疏忽或漏看。② 掌握德语中为数不多的支配第二格的介词，以及既可支配第三格又可支配第四格的介词。要明确它们支配不同格的条件和意义。

◇ **难点**：① 形容词名词化是一种德语构词法。掌握其构成规则不难，难在它在句中完全按照形容词变化。② 非人称代词 es 用法多，"能量"大，要掌握其八种常见用法。

4. Etwas über das Hauptthema 背景点滴

德国金融业发达，银行很多，较大的有：德意志银行、巴伐利亚联合银行、德累斯顿银行、商业银行、地方储蓄银行和邮政银行等。中国留学生到德国后，一般先要办三件事：（1）注册，（2）办医疗保险，（3）办银行卡。他们大多与 **Sparkasse**（地方储蓄银行）打交道（如存钱、划账交费等），因为一则该银行设点多，且在大学附近，比较方便；二则，在该银行存款利息稍高些，也吸引客户。再说说他们的货币欧元：从2002年1月1日起，欧元在欧盟欧元区成员国内作为法定货币正式流通，德国马克随即停止流通。首批使用欧元的是比利时、德国、西班牙、法国、爱尔兰、意大利、卢森堡、荷兰、奥地利、葡萄牙、芬兰和希腊等12个国家。

B Gespräch 对话

1. Thema: Ein Konto eröffnen 题目：开一个（银行）户头

(*Situation: Zhonghua und Hongying möchten ein Konto eröffnen. Sie kommen zur Deutschen Bank. Eine Angestellte der Bank empfängt sie.*)（会话情景：中华和红英想开一个银行户头。他们来到德意志银行。该银行的一个女职员接待他们。）

Z: Guten Morgen! Kann ich bei Ihnen ein Konto eröffnen?

A (*Angestellte*): Ja, selbstverständlich! Wünschen Sie ein Girokonto oder ein Sparkonto oder beides?

Z: Momentan nur ein Girokonto.

A: Bitte füllen Sie zuerst das Formular aus. Haben Sie Ihren Pass mitgebracht? Ich brauche ihn.

Z: Ja, hier bitte!

A: Danke! Sie kommen aus China. Herzlich willkommen!

* * *　　* * *

A: Guten Morgen! Kann ich Ihnen helfen?

H: Ich möchte ein Girokonto und ein Sparkonto eröffnen.

A: Dann füllen Sie bitte die zwei Formulare aus. Darf ich um Ihren Pass bitten?

* * *   * * *

H: Ist es in Ordnung?

A: Ja, alles in Ordnung. Aber Sie müssen hier noch unterschreiben.

H: Oh, das habe ich vergessen.

A: Wie viel wollen Sie heute einzahlen?

H: 1 000 EUR.

A: Gut, ich werde diese Einzahlung gleich in Ihr Sparbuch eintragen.

2. Wörter 词汇

das Konto -ti / -ten / -s 账户，账目
 eröffnen *vt* 开立，开放
die Angestellte -n, -n 女职员
 selbstverständlich 不言而喻的，显而易见的
das Sparkonto 储蓄账户
 beides 两个，两者（beide的单独使用）
 momentan 暂时，眼下
 mit/bringen *vt* 携带，带来
 herzlich 衷心的，热心的

willkommen 受欢迎的
helfen *vi* 帮助，帮忙
dürfen 允许，可以（情态助动词）
bitten *vi* / *vt* 请求，恳求
unterschreiben *vi* 签名，签字
wie viel 多少（疑问副词）
ein/zahlen *vt* 缴（款），存（款）
die Einzahlung -en 缴（款），存（款）
das Sparbuch 银行储蓄存折
ein/tragen *vt* 把……记入，登记

3. Erläuterungen 解释

（1）Satzmodelle für Anfänger 初学句型

◎ **Kann ich bei Ihnen ein Konto eröffnen? 我能在贵行开立一个户头／账户吗?**

 eröffnen 是及物动词，ein Konto 是其第四格宾语。"在银行（开立户头／账户）"不能用介词 in (einer Bank)，而须用介词 bei (einer Bank)，支配第三格。又例：Ich möchte ein Girokonto und ein Sparkonto eröffnen.（我想开立一个转账账户和一个存款账户。）

◎ **Ist es in Ordnung? 填得对吗？**

这是个探问所做或所说是否对，是否合乎要求等的句型。也可问：Ist alles in Ordung?（都对吗？/ 都行吗？/ 都没有问题吗？）回答可以是：In Ordnung!（对！/ 行！/ 没问题！）或：Alles in Ordnung!（都对！/ 都行！/ 都没问题！）请注意：具体措辞须根据语言环境和上下文斟酌。课文涉及的是填写表格，所以可以具体措辞为"填得对吗"。请与第九单元所介绍的初学句型"(Herz und Lunge) sind in Ordnung."进行比较。

◎ **Wie viel wollen Sie (heute) einzahlen? 您（今天）想存入多少？**

wie viel 是疑问副词，用于问"多少"，可以跟人或物连用。如：Wie viele Menschen kommen heute?（今天来多少人？）Wie viel Geld hast du in der Tasche?（你口袋里有多少钱？）Wie viele Bücher haben Sie gekauft?（您买了多少本书？）Der wie vielte ist heute?（今天几号？） einzahlen 是及物动词，表示"存入（钱）""存进（钱）"。例：Er zahlt 100 EUR/den Betrag bei der Bank auf sein Konto ein.（他在这家银行把100欧元 / 这笔钱存进了自己的账户。）einzahlen 的反义词是 auszahlen（付出，支付）。由此可见前缀 ein 和 aus 的区别。

（2）**Feste Kombinationen 固定搭配**

◎ **um etwas (A) bitten 请求某事，恳求某事**

动词 bitten 可及物，也可不及物。这里是不及物的用法。及物的用法是：jn. (A) um etwas (A) bitten（请求/恳求某人做某事）。介词 um 只能支配第四格。课文句子：Darf ich um Ihren Pass bitten?（请给我看看您的护照行吗？）又例：Sie bittet die Polizei um Hilfe.（她向警方求救。）Wir bitten um Ihr Verständnis.（我们请求您理解。）Darf ich um Ihren Namen bitten?（请问您的尊姓大名？）Er bittet sie um Verzeihung.（他请求她原谅。）请注意：um etwas bitten 或 jn. um etwas bitten 从语气上来说，是比较"重"的，是认真、严肃的请求。

◎ **etwas (A) in etwas (A) eintragen 把某信息登记/填写到某处**

动词 eintragen 是及物的，所以要带第四格宾语；"把什么填写到什么地方去"是动态，所以介词 in 支配第四格。课文句子：Ich werde diese Einzahlung gleich in Ihr Sparbuch eintragen.（我马上把您的这笔存款记入您的存折。）又例：Ich habe Ihren Namen schon in das Formular eingetragen.（我已经把您的名字写进这个表格了。）

（3）**Idiomatische Wendungen** 习惯用语

◎ **Herzlich willkommen!** 热烈欢迎！/ 衷心欢迎！

willkommen 是形容词，意谓"受欢迎的""令人高兴的"。用这个词构成的习惯用语还有不少。如：Willkommen!（欢迎！）Sei (herzlich) willkommen!（<热烈>欢迎<你>！）Wir heißen Sie (herzlich) willkommen!（我们<热烈>欢迎您！）Willkommen bei uns!（欢迎光临！）请注意：习惯用语"Willkommen!"和"Herzlich willkommen!"等实际上是"Seien Sie (herzlich) willkommen!"或"Wir heißen Sie (herzlich) willkommen!"等句子的缩略形式。

◎ **Alles in Ordnung!** 都填对了！/ 都没问题！

这是"Alles ist in Ordnung!"的缩略形式，主要用于口语中。请参见本单元初学句型"Ist es in Ordnung?"和第九单元初学句型"... sind in Ordnung"，加深领会 in Ordnung sein 这一句式的用法和意义。

4. Übungen 练习

（1）**Partnerübung** 结伴练习（检查词汇掌握情况）

Partner 1	**Partner 2**
ein/tragen	_____
willkommen	_____
允许	_____
签名	_____
银行储蓄存折	_____
mit/bringen	_____
eröffnen	_____
momentan	_____
储蓄账户	_____
不言而喻的	_____
herzlich	_____
die Angestellte	_____

Lektion 11 第十一单元

（2）Konversationsübung 会话练习

三位同学一组，分别扮演课文中的三个角色，并按照课文情景进行有关在银行中开立账户的会话。

（3）Beantworten 回答问题

① Warum gehen Zhonghua und Hongying zur Deutschen Bank?

② Was für ein（什么样的一个）Konto wünscht Zhonghua eröffnen?

③ Was braucht die Bankangestellte?

④ Was sagt die Angestllte zuletzt（在最后）zu Zhonghua?

⑤ Worum bittet（请求什么）die Angestellte Hongying?

⑥ Wie hat Hongying die Formulare ausgefüllt?

⑦ Wie viel will sie heute in ihr Sparbuch einzahlen?

⑧ Was macht die Bankangestellte gleich?

（4）Satzbilden 造句

① um etwas bitten

② mit/bringen

③ in Ordnung sein

④ unterschreiben

⑤ wie viel

⑥ vergessen

⑦ ein Sparkonto eröffnen

⑧ einzahlen

（5）Übersetzen 翻译

① Ist es in Ordnung?

② Wünschen Sie ein Girokonto oder ein Sparkonto oder beides?

③ Sie kommen aus China. Herzlich willkommen!

④ Ich möchte ein Girokonto und ein Sparkonto eröffnen.

⑤ Ich werde diese Einzahlung gleich in Ihr Sparbuch eintragen.

⑥ 我能在贵行开立一个户头/账户吗？

⑦ 您带了护照没有？

⑧ 可您还得在这儿签名。

⑨ 今天您想存多少钱？
⑩ 请您先填这张表格。

> Weisheit（智慧箴言）
> *Beharrlichkeit führt zum Ziel.*
> 有志者事竟成。

C Grammatik 语法

> **Lerntipps**
> **学习提示**
> 德语也有同位语，数格变化跟前面。
> 更有动词可分离，前缀词干各半边。

1. Allgemeines 语法常识

（1）同位语

　　顾名思义，"同位语"就是"位置"（其实是功能）相同的句子成分。很多德语语法书称同位语为"同位语定语"，因为同位语像定语那样，是说明句中某一句子成分的。同位语不难理解，因为：① 汉语中也有，而且也很多见（如："兄弟我……"和"我李某……"等）；② 稍加注意和分析（在有关词之前或后有否变格和功能相同的词）就可发现；③ 同位语变化并不复杂，与所"同"之词或句子成分同格同变化。但初学同位语，必须明确：同位语的位置比较灵活，或前或后，或在句子中间；还须当心，有些同位语是"隐性的"，即隐藏在很常见和常用的句子中，容易疏忽或漏看。

（2）可分离动词

　　带有前缀的德语动词，根据其前缀是否可与词干分开，分为可分离动词和不可分离动词两种。如有关乘车的动词就有很多可分离的。如：ein / steigen（上车），um / steigen（换车），aus/steigen（下车）。为什么要特别强调可分离动词？因为这种动词在变化时有很多特殊的、必须特别注意的地方：① 在构成第二分词时，ge必须放在前缀和词干之间；② 与zu搭配时，zu也必须放在两者之间；③ 单独使用可分离动词时，前缀必须置于句末等。本册教材中的可分离动词均用"/"号标明，请在初学时记住。

Lektion 11 第十一单元

（3）形容词名词化

德语中可将形容词作适当且很小的变化转换成名词。这是一种德语构词法。这并非德语所独有，我们汉语中也有。如名词"陌生人""革命者"是从形容词"陌生的"、"革命的"转换而来。德语中从形容词转换而来的名词很多，并且用得较普遍，有的甚至已经成为"正式名词"，故请初学时留意掌握。学习掌握的要点是：① 构成规则：将形容词首字母大写，前面加性数不同的定冠词或不定冠词，后面加相应的形容词变化词尾；② 它在句中完全按形容词变化。

（4）非人称代词 es

德语中 es 属无人称代词。这个词很特别，看似个"小不点儿"，可用法很多，"能量"很大。es 的8种常见用法举例请见本单元语法图表。

2. Grammatische Tabellen 语法图表

（1）形容词名词化规则（以形容词 fremd 和 alt 为例）

冠词	阳性	中性	阴性	复数
定冠词	der Fremde	das Fremde	die Fremde	die Fremden
不定冠词	ein Fremder	ein Fremdes	eine Fremde	（无）Fremde
定冠词	der Alte	das Alte	die Alte	die Alten
不定冠词	ein Alter	ein Altes	eine Alte	（无）Alte

说明：阳性和阴性的形容词名词一般表示人，中性的一般表示物，复数两者均可。

（2）非人称代词 es 的用法和举例

用法	举例
与表示自然现象的无人称动词连用	Es regnet.（下雨了。） Es schneit.（下雪了。）
与表示人的感觉的一类动词连用	Es hungert ihn.（他感到饿了。） Es klopft.（有人敲门。）
构成无人称被动态	Es wird hier gelacht.（这里有人在笑。） Es wird dort gearbeitet.（那里有人在工作。）
作无人称结构中的形式主语	Es ist sehr kalt.（天很冷。） Es ist schon 10 Uhr.（已经十点钟了。）

（续表）

用法	举例
作"固定搭配"的形式主语	Meinen Sie es ernst?（您说话可当真？） Sie will es mit ihnen nicht verderben. （她不想搞坏同他们的关系。）
构成"固定词组"	Was gibt es zu essen?（有什么可吃的？） Es geht ihm recht gut.（他的情况还不错。）
作修辞性的形式主语	Es war einmal ein Kaiser.（从前有一个皇帝。） Es wird ein Sturm kommen.（风暴要来了。）
作从句的关联词	Es ist klar, dass ...（很清楚，……） Es sei denn, dass ...（除非……）

（3）介词(II)——支配第二格的和第三/四格的介词举例

用法	举例
支配第二格	innerhalb, dank, während, wegen, infolge, anlässlich
支配第三/四格	an, hinter, unter, auf, neben, vor, in, über, zwischen

注意： 支配第三或第四格的介词的使用"规则"是"静三动四"。请见第八单元语法常识。

（4）动词 bitten, bringen, tragen 现在时和过去时的变位

动词	bitten		bringen		tragen	
第二分词	(h) gebeten		(h) gebracht		(h) getragen	
时态	现在时	过去时	现在时	过去时	现在时	过去时
ich	bitte	bat	bringe	brachte	trage	trug
du	bittest	batest	bringst	brachtest	trägst	trugst
er / sie / es	bittet	bat	bringt	brachte	trägt	trug
wir	bitten	baten	bringen	brachten	tragen	trugen
ihr	bittet	batet	bringt	brachtet	tragt	trugt
sie / Sie	bitten	baten	bringen	brachten	tragen	trugen

说明： 从上述图表可总结和归纳出三个强变化动词的某些变位规律。

Lektion 11 第十一单元

3. Übungen 练习

（1）Partnerübung 结伴练习

Partner 1	*Partner 2*
Bittet er dich um Hilfe?	Ja, _____.
Worum bat sie?	Sie _____ um seinen Pass.
Wen bittest du darum?	Ich _____ ihn darum.
Wir bitten um Verständnis.	Worum（为了什么）_____ ihr?
Sie brachte mir ein Buch.	_____ brachte sie dir?
Haben Sie das mitgebracht?	Ja, _____.
Bringst du ihr das Buch?	Nein, _____.
Was bringt ihr dem Kind?	Wir _____ ihm ein Spielzeug（玩具）.
Er trägt eine Brille.	Du _____ auch eine Brille.
Der Vater trägt das Essen ins Zimmer.	_____ trägt er ins Zimmer?
Sie trug（抱）ein Baby.	Ich _____ auch ein Baby.
Was habt ihr getragen?	Wir _____ das _____.
Darf ich um Ihren Pass bitten?	Worum möchten Sie _____?
Haben Sie es mitgebracht?	Nein, _____.
Was wirst du gleich in ihr Sparbuch eintragen?	Ich _____ den Betrag gleich in ihr Sparbuch _____.

（2）Beantworten 回答问题

① 什么是"同位语"？请举例说明！
② 学习同位语要注意些什么？
③ 德语可分离动词有哪些特点？
④ 掌握形容词名词化的要点是什么。
⑤ 请说出非人称代词 es 的八种常见用法！

（3）Selbstkontrolle 自我检测（找出正确答案）

① Ich möchte bei _____ ein Girokonto eröffnen.　　a. zuerst
② Darf ich _____ Ihren Pass bitten?　　b. mitgebracht
③ Bitte füllen Sie _____ das Formular aus!　　c. in Ordnung
④ _____ wollen Sie heute einzahlen?　　d. um

⑤ Haben Sie Ihren Pass _____? e. unterschreiben

⑥ Ich werde diese _____ gleich in Ihr Sparbuch eintragen. f. Wie viel

⑦ Oh, ich habe _____ zu schreiben vergessen. g. Girokonto

⑧ Ist es _____? - Ja, alles in Ordnung. h. Ihnen

⑨ Aber Sie müssen hier noch _____. i. meinen Namen

⑩ Wünschen Sie ein _____ oder ein Sparkonto? j. Einzahlung

（4）**Schriftliche Übungen** 书面练习

① 请用图表简单归纳形容词名词化的主要规则！

② 请用图表简单归纳非人称代词 es 的主要分类，并举简例说明！

③ 请用图表简单归纳支配第二格和支配第三或第四格的介词！

④ 请用图表简单归纳动词 bitten 的现在时和过去时词尾变化！

⑤ 请用图表简单归纳动词 bringen 的现在时和过去时词尾变化！

⑥ 请用图表简单归纳动词 tragen 的现在时和过去时词尾变化！

D Hörverständnis 听力

 1. Thema: US-Dollar in EUR einwechseln 题目：美元换欧元

- Guten Tag! Ich möchte ausländisches Geld umwechseln.

- Guten Tag! Welches ausländisches Geld haben Sie?

- Ich habe 500 US-Dollar. Können Sie mir dafür europäisches Geld geben?

- Natürlich. Man kann bei uns jede ausländische Währung in EUR einwechseln.

- Wie steht der Wechselkurs?

- Für 100 US-Dollar bekommen Sie z. Z. 90 EUR.

- Das heißt, für 500 US-Dollar sind es insgesamt 450 EUR.

- Genau. Was für Banknoten möchten Sie haben?

- Zwei 100-Euro-Scheine, zwei 50-Euro-Scheine, fünf 20-Euro-Scheine und fünf 10-Euro-Scheine.

- Bitte, hier sind die Banknoten, insgesamt 450 EUR. Zählen Sie einmal!

- Es stimmt. Vielen Dank! Ich habe noch eine Frage: Braucht man oft Münzen?

- Nicht sehr oft. Aber es ist besser, ein Zweieurostück und einige Eineurostücke bei sich zu haben.

- Besten Dank für Ihre Auskunft! Auf Wiedersehen!

- Auf Wiedersehen!

2. Wörter 词汇

der US-Dollar -s　美元

　　ein/wechseln vt　换钱，兑换

　　ausländisch　外国的，异国他乡的

　　um/wechseln vt　兑换，调换

　　welch (-er / -e / -es; -e)　哪个，哪些（疑问副词）

die Währung -en　货币

der Wechselkurs　汇率

was für (ein / eine / ein)　怎么样的（一个）

die Banknote -n　纸币，钞票（常用复数）

der Schein -e　纸币，钞票

　　zählen vt　点数，计算

　　oft　常常，经常

die Münze -n　硬币，钱币

das Zweieurostück -e　两欧元硬币

das Eineurostück -e　一欧元硬币

3. Erläuterungen 解释

（1）Satzmodelle für Anfänger 初学句型

◎ **Wie steht der Wechselkurs?** 汇率怎么样？

　　这是询问汇率的常用句型。句中动词 stehen 的意义和作用相当于动词 sein。又例：Wie steht der Wechselkurs von US-Dollar zu Euro?（美元换欧元的汇率怎么样？）Der Wechselkurs heute steht hoch.（今天的汇率很高。）

◎ **Das heißt, ...** 这就是说……

　　这是对自己或别人刚刚说过的话进行归纳、总结的句型，一般后面跟一句用连词 dass 带起的宾语从句（dass 可以省略）。若与第八单元的"Das bedeutet, ..."（这意味着……）句型进行比较，可以发现它们在意义和用法上是差不多的。

◎ **Was für Banknoten möchten Sie haben?** 您想要什么样的纸币？

　　口语中常把 Banknote(-n) 简称为 Note(-n)。Papierschein 是 Banknote 的另一种表达方式，在口语中也被简称为 Schein。当然，这要在银行或同钱有关的场合使用。请注意：was für (ein / eine / ein) 同 welch (-er / -e / -es) 一样，是疑问代词，问的是"怎么样的一个"，根据后面名词的性选用不同的不定冠词；如果后面的名词是复数，则没有冠词，直接用复数名词。一般来说，welch (-er / -e / -es) 往往表示问已经明确的东西中的哪一个，而

was für (ein / eine / ein) 则表示问不明确的东西中的哪一个。

◎ **(Aber) es ist besser, (ein Zweieurostück und einige Eineurostücke bei sich) zu (haben).**（但是，身边带着两欧元和一欧元硬币）是较为可取的。

这又涉及"不定式＋zu"结构。besser 是 gut 的比较级。带 zu 的不定式结构"... zu ..."在句中作主语。又例：Es ist schön / sehr gut, solche Musik hören zu können.（能听到这样的音乐实在太好了。）Es ist unmöglich, das Ziel dort in einer Stunde zu erreichen.（一个小时之内到达那个目的地是不可能的。）有关"不定式＋zu"结构详见第十四单元语法部分。

（2）**Feste Kombinationen** 固定搭配

◎ **etwas (A) in etwas (A) umwechseln / einwechseln** 把某物换 / 兑换成某物

在句型 US-Dollar in EUR umwechseln / einwechseln 中，umwechseln 和 einwechseln 都是"兑换"，但前者强调的是 um（兑换的行为），后者强调的是 ein（兑换成另一种货币）。这两个动词也可用 wechseln 代替。wechseln 也有"兑换"之意，但它是一般性的"交换""变换"。请注意：这三个动词都是及物的，都须带第四格宾语，in 后面支配第四格，因为把什么换成什么是动态的。

◎ **etwas bei sich (D) haben** 身边带着 / 有某物

这是由 haben 与介词 bei 搭配后构成的。bei 支配第三格，etwas 是 haben 的第四格宾语，可以是能带在身上的各种东西。例：Leider habe ich kein Geld bei mir.（可惜我身边没有带钱。）Jedes Kind hat ein Taschentuch bei sich.（每个孩子身边都有手帕。）请注意：bei sich 在句中有表示强调的作用，突出"在身边"。往往不用它也可以，因为有上下文，听者或读者不言自明。如：Leider habe ich kein Geld.（说明：在需要钱的场合，知道指说话者自己身边没有。）Jedes Kind hat ein Taschentuch.（说明：手帕总是带在身边的，不强调也无妨。）

（3）**Idiomatische Wendungen** 习惯用语

◎ **z. Z. (= zur Zeit)** 目前，眼下

这是德语中的一个很常用的缩写，必须按照它原来的全称形式 zur Zeit 读（第五单元语法部分已作简单介绍）。也可把它缩写成 z. Zt.。请初学者当心：不要与另一个粗看有点相似的缩写 z. B.（＝ zum Beispiel，意谓"比如""譬如"）搞混了。z. Z. 在句中作时间状语。课文句子：Für 100 US-Dollar bekommen Sie z. Z. 90 Euro.（眼下<的汇率>是100美元换90欧元。）

Lektion 11 第十一单元

（4）Sonstiges 其他

◎ **Münzen 硬币，钱币**

　　欧元硬币目前共有2欧元、1欧元、50分、20分、10分、5分、2 分、1分等8种。请注意：德国人平常说到硬币时一般不用 Münze，而用 xxx-stück。Münzen 更多的是用于铸造、收藏，或统称硬币时。例：Hast du Münzen bei dir?（你身边有硬币吗？）Er hat ein Zweieurostück.（他有一枚2欧元的硬币。）Ich habe kein Zehncentstück.（我没有10分的硬币。）Haben Sie zwei Fünfzigcentstücke?（您有两枚50分的硬币吗？）

4. Übungen 练习

（1）Beantworten 回答问题

① In welche Währung möchten Sie US-Dollar einwechseln?

② Welches audländisches Geld haben Sie?

③ Können Sie mir dafür deutsches Geld geben?

④ Wie steht der Wechselkurs von US-Dollar zu EUR?

⑤ Was für Banknote möchten Sie haben?

⑥ Braucht man in Deutschland oft Münzen?

⑦ Wie viel EUR kann man für 500 US-Dollar bekommen?

⑧ Stimmt das Geld?

（2）Vervollständigen 完整句子

① Das heißt, _____ 500 US-Dollar sind insgesamt 450 EUR.

② Was für Banknote _____ Sie haben?

③ Ich möchte zwei 100-Euro- _____ haben.

④ Besten Dank für _____ Auskunft!

⑤ Für 100 US-Dollar _____ Sie z. Z. 90 EUR.

⑥ Ich habe noch eine Frage: Braucht man oft _____?

⑦ Aber es ist besser, einige Münzen bei _____ zu haben.

⑧ Hier sind die _____, insgesamt 450 Euro.

（3）Übersetzen 翻译

① Was für Banknoten möchten Sie haben?

② Man kann bei uns jede ausländische Währung in Euro einwechseln.

③ Z. Z. steht der Wechselkurs US-Dollar zu Euro 1:0.9.

④ Ich möchte 1000 US-Dollar in Euro umwechseln.

⑤ 我想问一下：我能在这里兑换外币吗？

⑥ 在这个国家，硬币不是很常用的。

⑦ 他不知道今天的汇率是多少。

⑧ 多谢您提供的信息！

E Lesetext   阅读课文

1. Thema: Der wertvolle „Scheck" 题目：珍贵的"支票"

Jeder weiß, dass Franz Schubert einer der berühmtesten Komponisten der Welt ist.

Eines Tages hatte er wieder einmal kein Geld mehr in der Tasche. Aber er musste ja trotzdem etwas essen! So ging er einfach in ein Wiener Gasthaus und setzte sich. Auf dem Tisch lag eine Zeitschrift. Schubert blätterte ein wenig darin herum. Er sah ein kleines Gedicht, das ihm ganz gut gefiel. In ein paar Minuten komponierte er die Musik dazu und gab dem Wirt die Noten. Dieser Wirt kannte Schubert und war natürlich sehr erfreut. Der Wirt brachte ihm eine große Portion Kalbsbraten mit Kartoffeln. Das war Schuberts Leibgericht, und er aß mit größtem Appetit.

Das Lied wurde 30 Jahre nach Schuberts Tod für 40 000 Mark verkauft. Es war das berühmte Wiegenlied von Schubert.

2. Wörter 词汇

wertvoll 有价值的，宝贵的
der Scheck -s 支票，凭单
    Franz Schubert 弗朗茨·舒伯特（人名）
der Komponist -en, -en 作曲家，作曲者
die Tasche -n 口袋，衣袋；手提包

Wien 维也纳（地名）
die Zeitschrift -en 杂志，期刊
herum/blättern vi 浏览，随便翻阅
das Gedicht -e 诗，诗歌
komponieren vt 谱曲，作曲
der Wirt -e 店主，老板

die Note -n　乐谱，歌谱

　　erfreut (P.II)　感到高兴的 (erfreuen 的第二分词形式)

die Portion -en　（饭菜等的）一份，份额

der Kalbsbraten -　煎/烤/烧小牛肉

das Leibgericht -e　爱吃的菜

der Appetit -e　胃口，食欲

das Lied -er　歌，歌曲

der Tod -e　死，死亡

das Wiegenlied　摇篮曲，催眠曲

3. Erläuterungen 解释

（1）**Satzmodelle für Anfänger** 初学句型

◎ **(Schubert) ist einer der berühmtesten Komponisten der Welt.**（舒伯特）是世界上最著名的作曲家之一。

世界上有许多著名的作曲家，某人是其中的一个，德语一般用 einer der berühmtesten Komponisten sein 表达。brühmstest 是形容词 brühmt（有名的，著名的）的最高级，其前面要用定冠词，因为这是已经确定的（所有最有名的）。又例：Er ist einer der fleißigsten Studenten der Klasse.（他是班级里最用功的大学生之一。）Sie ist eine der besten Ärztinnen in der Stadt.（她是全市最好的女医生之一。）从上述例句可以看出，表达"最什么的什么"时必须有一个限定范围。

◎ **(Das Lied) wurde (30 Jahre nach Schuberts Tod) für (40 000 Mark) verkauft.**（舒伯特去世30年后）这支歌曲以（四万马克）售出。

这是句带被动态的句子。初学者要掌握的句型是：Etwas wird für ... verkauft.（某物以……的价格被出售。）或：Man verkauft etwas für ...（有人以……的价格出售。）请注意：后一句句子是主动态。für 后面支配第四格。又例：Das Bild wurde für viel Geld verkauft.（以很多钱把这张画出售了。/ 这张画卖了很多钱。）Sein Werk wurde damals nur für wenig Geld verkauft.（他的作品当时只以很少的钱出售了。/ 他的作品当时卖了很少的钱。）

（2）**Feste Kombinationen** 固定搭配

◎ **in etwas (D) herum/blättern** 翻阅 / 浏览什么

herum/blättern（在口语中常说 rum/blättern）是不及物可分离动词，所以不能带直接宾语。它必须同介词 in 搭配，表达"在什么中翻阅 / 浏览"。例：Er blättert in dem Wörterbuch herum.（他在翻阅那本词典。）Sie blättert in dem Roman herum.（她在翻阅那篇长篇小说。）Ich habe in der Zeitung herumgeblättert.（这份报纸我翻阅过了。）

◎ **(etwas) mit Appetit essen** 吃（某物）有味 / 有胃口

Appetit 表示"胃口""食欲"，mit + Appetit 是常用搭配，表示"（吃得）有胃口 / 有食欲 / 有味"；essen + mit + Appetit 表示"有胃口吃""吃得有味"。课文句子：Er aß mit größtem Appetit.（他吃得香极了。——größt 是 groß 的最高级"最大的"）又例：Sie aß ohne Appetit.（她没有胃口吃。）Das Kind isst mit großem Appetit Nudeln.（这孩子吃面条吃得很香。）Guten Appetit!（祝你/您胃口好！——吃饭前的客套祝愿语）请注意：动词 essen 有及物和不及物两种用法，只要看它是否带第四格宾语就可知道它是否及物。

◎ **Musik zu etwas (D) komponieren** 给某物作曲 / 谱曲

动词 komponieren 是及物的。Musik zu etwas (D) komponieren 表示"给 / 为某物作曲/谱曲"之意，介词 zu 支配第三格。课文句子：In ein paar Minuten komponierte er die Musik dazu und gab dem Wirt die Noten.［几分钟后他为这首诗谱好了曲子，然后把这歌谱给了店主。——句中 dazu 即 zu dem Gedicht（上文提到的小诗）。］

（3）**Idiomatische Wendungen 习惯用语**

◎ **ein wenig** 一些，一点点

wenig 是不定代词或不定数词，与 ein 搭配构成德语中的一个习惯用语，表示"很少的一点"或"一些"。课文句子：Schubert blätterte ein wenig darin herum.（舒伯特稍微翻看了一下杂志。）又例：Haben Sie ein wenig Zeit für mich?（您可以给我一点点时间吗？）Ich habe ein wenig geschlafen.（我睡过一会儿了。）Gehst du doch ein wenig schneller?（你走快一点行不行？）

◎ **ein paar (Minuten)** 几（分钟）

paar 也是不定代词，与 ein 搭配也构成德语中的一个习惯用语，表示"几个"或"一些"。又例：ein paar Euro（几个欧元），ein paar Leute（几个人），ein paar Wochen（几周），ein paar Tage（几天），ein paar Worte（几句话）。

（4）**Sonstiges 其他**

◎ **Er sah ein kleines Gedicht, das ihm ganz gut gefiel.** 他看到一首他非常喜欢的短诗。

请注意：das ihm ganz gut gefiel 是定语从句，用来说明 Gedicht 是怎么样的诗。

◎ **Dieser Wirt kannte Schubert und war natürlich sehr erfreut.** 店主认识舒伯特，当然感到非常高兴。

请注意：erfreut 是动词 erfreuen 的第二分词，其作用和用法同形容词或副词。德语中将动词的第二分词用作形容词或副词是很常见的语法现象。

◎ **Der Wirt brachte ihm eine große Portion Kalbsbraten mit Kartoffeln.** 店主给他送来了一大份煎小牛肉加土豆。

请注意：句中 eine große Portion 和 Kalbsbraten mit Kartoffeln 是同位语（即在句中位置、作用和变格相同的句子成分），都是第四格宾语。动词 bringen（带来，送来）一般都带两个宾语，一个第三格，一个第四格：把某物（第四格）带给某人（第三格）。

4. **Übungen** 练习

（1）**Beantworten** 回答问题

① Wer ist Franz Schubert?

② Was bedeutet der Satz: „So ging er einfach in ein Wiener Gasthaus."?

③ Was machte Schubert vor dem Essen?

④ Welches Essen gefiel Schubert am besten?

⑤ Was kostete der Scheck von Schubert später?

⑥ Wie aß Schubert sein Leibgericht?

⑦ Wozu komponierte Schubert die Musik?

⑧ Was lag auf dem Tisch in dem Gasthaus?

（2）**Ergänzen** 填空

① Der Wirt _____ ihm eine große Portion Kalbsbraten.

② Sein Vater ist einer der _____ Ärzte der Stadt.

③ Schubert hat wieder mal kein _____ mehr in der Tasche.

④ Kalbsbraten mit Kartoffeln war Schuberts _____.

⑤ Das Lied wurde später für 40 000 Mark _____.

⑥ Die Gäste aßen das Essen mit _____ Appetit.

⑦ Der Gast blätterte ein wenig in der _____ herum.

⑧ Eines Tages hatte er wieder kein Geld _____ in der Tasche.

（3）**Satzbilden** 造句

① einer der fleißigsten Studenten der Klasse

② mit großem Appetit essen

③ gefallen

④ in etwas (D) herumblättern

⑤ jm. (D) etwas (A) bringen

⑥ Musik zu etwas (D) komponieren

⑦ ein wenig

⑧ etwas ohne Appetit essen

（4）Übersetsen 翻译

① Schubert ist einer der berühmtesten Komponisten der Welt.

② Er blätterte ein wenig in einer Zeitschrift herum.

③ Das war Schuberts Leibgericht, und er aß mit größtem Appetit.

④ Es war das berühmte Wiegenlied von Schubert.

⑤ Er sah ein kleines Gedicht, das ihm ganz gut gefiel.

⑥ In ein paar Minuten komponierte er die Musik dazu.

⑦ 有一天，舒伯特又身无分文了。

⑧ 饭馆的桌子上放着一份杂志。

⑨ 饭馆老板给他送来了一大份煎小牛肉加土豆。

⑩ 他没有付钱，但把歌谱给了饭馆老板。

⑪ 尽管如此他还得吃东西！

⑫ 舒伯特去世30年后，这支歌曲卖了40000马克。

Lektion 12

第十二单元

Hauptthema: Reisen 主题：旅行

A Lernziel 导学

1. Klassendeutsch 课堂用语

Ich habe eine Frage. 我有一个问题。
Darf ich mal etwas fragen? 我可以提问吗？
Bitte fragen Sie! 请问吧！

2. Redemittel 会话句型

Wie geht's?	Ich habe mehr Interesse für etwas (A).
Wo wollen Sie hin?	Wie ist es mit Verpflegung?
Spazierengehen macht gesund.	etwas mit dem Leben bezahlen
jm. viel Zeit und Geld sparen	Etwas/Jd. ist bei jm. (D) beliebt.

3. Tipps zur Grammatik 语法提示

◇ **重点**：① 省略和省略句大多出现在口语、会话中。它看似简单，但要了解和掌握究竟省略了什么，为什么省略及其作用，方能学好和用好德语省略和省略句。② 掌握德语基数词 20 以上及大数词的表达及其特点，提高德语基数词表达能力。

◇ **难点**：① "状态被动式"是一种特殊的被动式。初学往往容易把构成状态被动式的动词第二分词当成形容词。② 不定代词 man 所指多变，难以翻译措辞。只有学会分析掌握它在句中的确切含义，方能在翻译时贴切表达。

4. Etwas über das Hauptthema 背景点滴

> 德国人喜欢旅游。经济条件好的人，自不必说。而像大学生这样经济条件较差的年轻人，每年也要出去旅游。根据各自的经济情况，或在国内，或到国外旅游。所以一到假期，特别是暑假，火车上往往会看到很多背着旅行背包的年轻人。那背包里什么都有，有生活用品和替换衣服，还有喜欢看的书等。有的还带有垫子，晚上可以铺在火车的地板上睡觉。有些大学生为了省钱，往往会到高速公路出口伸手去搭车；还可到"搭车中心"寻找外出的车主，同往某地，一般可省半数车费。在德国大学进修的中国学者，大多有"游学"的经历：大学外办定期组织外国访问学者和留学生去德国某地参观游览。

B Gespräch 对话

🎧 1. Thema: Wir wollen einen Ausflug machen 题目：我们想去郊游

(Situation: Heute ist Samstag und das Wetter ist besonders schön. Zhonghua und Hongying wollen einen Ausflug machen. Der französische Student Piel und die italienische Studentin Ennia wollen einen Spaziergang im Wald machen.) （会话情景：今天是星期六，天气特别好。中华和红英想去郊游。法国留学生皮埃尔和意大利留学生恩尼娅想到树林里散步。）

P(Piel): Hallo! Wie geht's?

Z: Danke, sehr gut! Und euch?

P: Es geht! Wo wollt ihr hin?

Z: Heute ist das Wetter besonders schön. Wir wollen einen Ausflug machen. Willst du auch ausgehen?

E(Ennia): Ja, die Umgebung hier ist sehr schön. Wir wollen im Wald einen Spaziergang machen.

Z: Spazierengehen macht gesund. Außerdem ist die Luft im Wald sehr frisch. Aber wir wollen heute das Schloss auf dem Berg kennenlernen.

P: Gut. Das Schloss ist sehr alt und berühmt. Die Weinfass-Ausstellung im Schloss interessiert jeden Besucher.

Lektion 12 第十二单元

H: Ich habe mehr Interesse für natürliche Parks.

E: Neben dem Schloss ist ein großer schöner Park. Dort kann man sich gut amüsieren.

H: Prima! Vielen Dank für eure Auskunft!

Z: Da kommt der Bus. Wollen wir nicht gleich los?

H: O.K.! Wiedersehen, Ennia und Piel!

E: Wiedersehen! Viel Spaß!

2. Wörter 词汇

der Ausflug ¨e 郊游，远足
   Piel 皮埃尔（人名，法国留学生）
   Ennia 恩尼娅（人名，意大利留学生）
   euch 你们（人称代词，第三格）
   aus/gehen vi 外出，出门
die Umbegung -en 周围；环境
der Spaziergang ¨e 散步，溜达
das Spazierengehen 散步，溜达
die Luft 空气；大气
das Schloss ¨er 城堡，宫殿
der Berg -e 山；山岭
   alt 年老的，古旧的

die Ausstellung -en 展览会，展览
das Weinfass ¨er 葡萄酒桶
   interessieren vt 使……感兴趣
der Besucher - 访问者，来访者
das Interesse 兴趣，好奇心
der Park -s 公园
   sich amüsieren 消遣，散心
   prima 出色的，好极的，棒的
   los 离开，出发；赶快
   O.K. (= o.k. / okay) 行，好，可以，没问题
der Spaß ¨e 愉快，高兴，乐趣

3. Erläuterungen 解释

（1）Satzmodelle für Anfänger 初学句型

◎ **Wie geht's?** 你 / 你们好吗？或：你 / 你们身体怎么样？

    这也是德语中常用的招呼语，其意义虽跟"Guten Tag!"一类的问候语有所不同，但它们的作用是差不多的。请注意：当对方用"Wei geht's?"问候你时，你必须先进行回答（如 Sehr gut! / Gut! / Es geht! / Nicht gut! 等），然后再反过来问对方"Wie geht's?"，对方也会对你作答。如果是在不太熟悉或相互客气的人之间，一般用："Wie geht's Ihnen?"（您好吗？/ 您身体怎么样？）geht's 是 geht es 的口语缩略形式。类似的缩略口语中还有不少。如：Ich hab's gefunden.（我找到了这东西。）Ich bin's.（我就是。——接电话时

常用。）Was gibt's?（有什么新闻？或：有什么吃的？——这是两种理解可能。须视具体场合而定。）Mach's gut!（保重！）等。而 es geht 和 es gibt 等是用无人称代词 es 构成的习惯用语。

◎ **Wo wollt ihr hin? 你们要到哪儿去？**

这是德语中询问对方到什么地方去的常用句式，一般在口语中出现。实际上它是"Wohin wollt ihr?"的"变种"。句中也可以加上行为动词。如：Wohin wollt ihr gehen?（你们要到哪儿去？——是步行去。）Wohin wollt ihr fahren?（你们要到哪儿去？——是乘车去。）Wohin wollt ihr fliegen?（你们要到哪儿去？——是乘飞机去。）

◎ **Spazierengehen macht gesund. 散步有益健康。**

这是德语中的一个俗语。Spazierengehen 是动名词，由动词 spazierengehen 转换而成。它与名词 Spaziergang 有所不同，强调"散步"这个行为、活动，而后者是给这个行为、活动的一个名称。我们也可以改变句子主语，自造"俗语"。如：Sport macht gesund.（运动有益健康。）Lachen macht gesund.（笑有益健康。）

◎ **Ich habe mehr Interesse für natürliche Parks. 我对自然公园特别有兴趣/情有独钟。**

我们在第七单元中介绍了 sich für etwas (A) interessieren（对什么感兴趣）这个常用搭配。这里介绍的句型是：Interesse für etwas (A) haben（对什么有兴趣）。Interesse 是单数，für 支配第四格，后面也可用动物或人。例：Er interessiert sich besonders für Igel. / Er hat besonderes Interesse für Igel.（这两句的意思一样：他对刺猬特别感兴趣/喜欢。）Die alte Frau interessiert sich sehr für kleine Kinder. / Die alte Frau hat großes Interesse für kleine Kinder.（这两句的意思也一样：这位老太太对小孩子很感兴趣/喜欢。）请注意：mehr Interesse haben 中的 mehr 是 viel 的比较级，Interesse 在表示"兴趣""好奇心"这类意思时只用单数。否定的表达是：Ich interessiere mich nicht dafür.（我感兴趣的不是这个。）Ich habe kein Interesse dafür.（我对此没有兴趣。）

（2）**Feste Kombinationen 固定搭配**

◎ **einen Ausflug / Spaziergang machen 去郊游 / 散步**

这是动词和名词的常用搭配。我们已经说过，德语动词 machen 仿佛是个"万能动词"，特别是在口语中。这跟汉语口语中的"搞""弄""整"差不多。machen 是及物动词，搭配的名词必须用第四格。初学只要记住这样的搭配的含义和用法就行了。machen 用法举例：Wir machen einen Ausflug an die See / in die Berge.（我们去海边/山里游玩/远足。—— an die See/in die Berge 是第四格。）Sie machen täglich einen Spaziergang im

Wald.（他们天天到树林里散步。—— im Wald 是第三格。）Shanghai hat auf mich einen schönen Eindruck gemacht.（上海给我留下了美好的印象。）

（3）**Idiomatische Wendungen** 习惯用语

◎ **Es geht!** 还可以！/ 还行！

"es geht"是德语中一个有点意思的特别用法。一种用法与"行不行"有关，另一种用法与"身体怎么样"有关。初学只要记住两者的不同含义和使用场合就行。又例：Geht es / das? - Es geht.（这行吗？— 行。）Geht es / das heute? - Nein, es geht nicht.（今天行不行？— 今天不行。）Wie geht es dem Patienten? - Es geht ihm besser.（这病人的情况怎么样？— 病情好转。）由上述几例可见，在不同的语言环境和场合，es geht 必须有不同的理解和翻译措辞。

◎ **Viel Spaß!** 祝你 / 您愉快！

这也是德国人常用的祝愿语或客套，一般用于对方将外出去旅行或参加某种娱乐活动等场合。请比较我们已经介绍过的类似习惯用语：Gute Reise!（祝旅途愉快！—— 见第二单元）Schönes Wochenende!（祝周末愉快！—— 见第七单元）Gute Besserung!（祝早日恢复健康！—— 见第九单元）

（4）**Sonstiges** 其他

◎ **Und euch?** 你们呢？/ 你们怎么样？

这是"Und wie geht's euch?"的口语缩略形式。euch 是第三格，系 es geht 的要求。所以，要注意这种缩略形式中有关词的变化。又例：Ich fahre in die Stadt. Und du?（我乘车去城里。你呢？—— du 是第一格，因为"Und du?"是"Und wo willst du hin?"的缩略形式，在句中作主语。）Er hat mir das gesagt. Und Ihnen?（他对我说了这些。对您呢？—— Ihnen 是第三格，因为"Und Ihnen?"是"Und was hat er Ihnen gesagt?"的缩略形式，它在句中是第三格宾语。）

◎ **Prima!** 好极了！/ 太好了！/ 棒极了！

这是个外来形容词，常用于形容人、天气、吃的东西、风景、主意、想法等，相当于 gut 的最高级。例：Das ist eine prima Idee.（这个主意太好了。）Er ist ein prima Schüler.（他是个优秀学生。）Wie schmeckt das Essen? - Prima!（饭菜味道怎么样？— 好极了！）Morgen machen wir einen Ausflug ins Grüne. - Das ist ja prima.（明天我们去踏青。— 这真是太妙了。）请注意：prima 在句中不变化。它的翻译措辞须视具体语言环境和场合而定。

◎ **O.K.!** 行！/ 好！/ 没问题！

这个表达来源于英语中的 Okay。它在德语中相当于：In Ordnung! / Gut! / Kein Problem! 在实际生活中，德国人用 O.K.（或 OK）很普遍，尤其是在年轻人中间。它在句中也可全部小写：o.k.。

4. Übungen 练习

（1）**Partnerübung** 结伴练习（检查词汇掌握情况）

Partner 1	Partner 2
展览会	_____
使……感兴趣	_____
年老的	_____
die Umgebung	_____
der Ausflug	_____
gesund	_____
特别地	_____
新鲜的	_____
散步	_____
das Schloss	_____
sich amüsieren	_____
der Besucher	_____
出色的	_____
愉快	_____

（2）**Konversationsübung** 会话练习

四个同学一组，分别扮演课文中的四个角色，并按照课文情景进行有关要去郊游的会话。

（3）**Beantworten** 回答问题

① Was wollen Zhonghua und Hongying machen?

② Wo wollen Piel und Ennia einen Spaziergang machen?

③ Wie ist die Umgebung?

④ Wie ist das Schloss?

⑤ Wofür interessiert sich Hongying mehr?

⑥ Was macht gesund?

⑦ Was wollen sie heute kennenlernen?

⑧ Wo kann man sich gut amüsieren?

⑨ Wie ist das Wetter heute?

（4）**Satzbilden** 造句

① einen Ausflug machen

② außerdem

④ die Luft im Wald

④ jn. interessieren

⑤ neben (D)

⑥ berühmt

⑦ Interesse für etwas haben

⑧ viel Spaß machen

（5）**Übersetzen** 翻译

① Wer will im Wald einen Spaziergang machen?

② Neben dem Schloss ist ein großer natürlicher schöner Park.

③ Die Weinfass-Ausstellung im Schloss interessiert jeden Besucher.

④ In dem Park dort kann man sich gut amüsieren.

⑤ Jeder weiß: Spazierengehen macht gesund.

⑥ 你们想到哪儿去？

⑦ 这儿周围的环境很漂亮。

⑧ 他们对自然公园更感兴趣。

⑨ 这城堡很古老，也很有名。

⑩ 谢谢你们给我们提供的信息。

Weisheit（智慧箴言）

Lügen haben kurze Beine.

谎言腿短。

C Grammatik 语法

> **Lerntipps** 省略要看上下文，口语多见省略句。
> **学习提示** 常用缩写要牢记，man 用法须注意。

1. Allgemeines 语法常识

（1）省略和省略句

省略句并不属于第四单元所说的句子类型。其实它只是出于某种原因或需要省略了一个或几个句子成分而已。最常见的省略是对上文已经提到或明确的人或事物的省略。这是简洁行文和加强表达效果的需要。这种省略大多出现在口语、会话中。如：Was macht er jetzt? - Hausaufgaben.（他现在在做什么？— 家庭作业。—— 省略了"他""在做"和"现在"。）学习省略和省略句的要点是：当心语法，省略要得当；注意上文，要承上而省；多练常用，熟练能生巧。

（2）状态被动式

"状态被动式"是一种特殊的被动式。它表示一种被动动作虽已结束，但其被动状态依然存在。如：Die Tür ist geöffnet.（门开着。—— 门是被人打开的，其被打开的状态依然存在着。）请特别注意的是：状态被动式很多见，并在进行语法分析时，别把构成状态被动式的动词第二分词当成形容词。

（3）缩写（缩略语）

出于叙述表达的需要，或出于节省时间、篇幅等原因，把比较长的或复杂的词或词组缩成一个或几个字母，从而构成"缩写"，或叫"缩略语"。当然，缩写的词或词组一般都是很常用很活跃的。同汉语一样，德语中缩写也很多（杜登辞典系列中专门有一本"缩写辞典"）。掌握缩写（缩略语）有点难，难就难在：① 缩写多，且不断出现，连词典都来不及收录；② 缩写规则不一，很难掌握；③ 大多缩写要读全名。如不掌握全名，就无从读起。但只要掌握常用缩写，然后"各个击破"，就能化难为易。常用缩写举例见本单元语法图表。

（4）不定代词 man

man 是用得最多的不定代词。它只有第一格形式，其余各格须按代词 einer 那样变化。作主语时，谓语要用第三人称单数。它的意义是泛指一个或几个，甚至是许许多多非特定的人。所以初学不定动词man的难点有二：① 如何分析掌握它在句中的确切含义，② 在翻译时如何贴切措辞。关键是：根据上下文分析领会它在句中究竟指什么，然后贴切措辞。

2. Grammatische Tabellen 语法图表

（1）名词第二和第三格变化

冠词	格数	阳性	中性	阴性	复数
定冠词	第二格	(des) Vaters	(des) Kindes	(der) Frau	(der) Fische
不定冠词	第二格	(eines) Vaters	(eines) Kindes	(einer) Frau	（无冠词）Fische
定冠词	第三格	(dem) Vater	(dem) Kind	(der) Frau	(den) Fischen
不定冠词	第三格	(einem) Vater	(einem) Kind	(einer) Frau	（无冠词）Fischen

说明：我们可以从上表得出两点规律性的东西：① 名词第二格，只有单数阳性和中性词尾加 -s 或 -es，其余的都用原形；② 名词第三格，复数词尾一般需加 -n，其余均用原形。因此，只须记住："阳中单数加 -(e)s，复数第三加 -n"。

（2）常用缩写举例

常用缩写	意义和全称	常用缩写	意义和全称
BRD	联邦德国 = Bundesrepublik Deutschland	qkm	平方千米 = Quadratkilometer
DM	德国马克 = Deutsche Mark（虽已不用，但仍可看到读到）	qm	平方米 = Quadratmeter
Dr.	博士 = Doktor	VR	人民共和国 = Volksrepublik
dt.	德国的；德语的 = deutsch	Tel.	电话 = Telefon
EU	欧盟 = Europäische Union	TV	电视 = Television
EUR	欧元 = Euro	u.a.	等等 / 其中 = und andere / unter anderem
i. A.	受委托 = im Auftrag	UNO	联合国 = United Nations Organization
kg	千克 = Kilogramm	usf.	等等 = und so fort
km	千米 = Kilometer	usw.	等等 = und so weiter
KP	共产党 = Kommunistische Partei	v. Chr.	公元前 = vor Christus
LKW	载重汽车 = Lastkraftwagen	z. B.	例如，比如 = zum Beispiel

（续表）

常用缩写	意义和全称	常用缩写	意义和全称
PKW	小轿车 = Personenkraftwagen	z. T.	部分地 = zum Teil
Prof.	教授 = Professor	z. Z.	眼下，目前 = zur Zeit

说明：德语缩写大多要读全名，如 dt., EUR, i. A., kg, km, qkm, qm, VR, Tel., u. a., usf., usw., v. Chr., z. B., z. T., z. Z. 等；但有的则照缩写字母名称读，如BRD, KP, PKW, LKW；而 DM 则读 de-Mark, UNO 读 u-no 又是例外读法。

（3）基数词（II）——20—102和千、万、百万、十亿

基数词	德语表达	基数词	德语表达
20	zwanzig	30	dreißig
21	einundzwanzig	40	vierzig
22	zweiundzwanzig	50	fünfzig
23	dreiundzwanzig	60	sechzig
24	vierundzwanzig	70	siebzig
25	fünfundzwanzig	80	achtzig
26	sechsundzwanzig	90	neunzig
27	siebenundzwanzig	100	hundert
28	achtundzwanzig	101	hunderteins
29	neunundzwanzig	102	hundertzwei

基数词	德语表达
千	tausend / Tausend (das)
万	zehntausend
百万	Million（die, -en; 缩写：Mill. 或Mio.）
十亿	Milliarde（die, -n; 缩写：Md. 或Mrd.）

注意：从上表可看出 21 到 29 是由 1 到 9 加 20 构成，31 到 39 则由 1 到 9 加 30 构成，其余类推。请注意：德语中个位数必须先说，十位数后说。从 101 和 102 的构成，可知百以上基数词构成的规律：100 + 1, 2, 3, 4, ……, 99。

Lektion 12 第十二单元

（4）动词 bieten, sitzen, bleiben 的现在时和过去时变位

动词	bieten		sitzen		bleiben	
第二分词	(h) geboten		(h) gesessen		(s) geblieben	
时态	现在时	过去时	现在时	过去时	现在时	过去时
ich	biete	bot	sitze	saß	bleibe	blieb
du	bietest	botest	sitzest	saßest	bleibst	bliebst
er / sie / es	bietet	bot	sitzt	saß	bleibt	blieb
wir	bieten	boten	sitzen	saßen	bleiben	blieben
ihr	bietet	botet	sitzt	saßet	bleibt	bliebt
sie / Sie	bieten	boten	sitzen	saßen	bleiben	blieben

3. Übungen 练习

（1）Partnerübung 结伴练习

Partner 1 *Partner 2*

Sie bietet dir die Möglichkeit. Sie _____ sie mir aber nicht.

Kannst du uns so etwas bieten? Nein, ich _____ so etwas nicht bieten.

Sie boten ihm die Chance. Ihr _____ sie ihr aber nicht.

Wir boten ihr etwas Geld. Er _____ ihr auch etwas Geld.

Ich sitze auf dem Stuhl. Und er? Er _____ auf der Bank.

Wo saßet ihr? Wir _____ auf der Wiese.

Warum sitzt du nicht? Ich _____ nicht gern.

Sie saßen im Klassenzimmer. Ihr _____ im Wohnraum.

Bleibst du im Büro? Ja, ich _____ im Büro.

Er bleibt gern zu Hause. Und sie? Sie _____ nicht gern zu Hause.

Wo blieben die Gäste gestern? Sie _____ in dem Hotel.

Bleibt ihr gern in der Stadt? Nein, wir _____ nicht gern dort.

（2）Beantworten 回答问题

① 省略和省略句的特点是什么？在什么地方用得最多？

② 初学省略和省略句的要点是什么？

③ 德语状态被动式是怎么回事？请举例说明！

④ 初学德语缩写为什么难？

⑤ 不定代词 man 有哪些主要意义？学习难点是什么？

（3）**Selbstkontrolle** 自我检测（找出正确答案）

① Das Schloss im Berg ist sehr alt und _____ . a. Neben

② Die Deutschen sagen, _____ macht gesund. b. einen Ausflug

③ Heute ist _____ besonders schön. c. berühmt

④ Wo _____ Zhonghua und Hongzing hin? d. Spazierengehen

⑤ Wir wollen heute _____ kennenlernen. e. im Wald

⑥ Die Weinfass-Ausstellung dort _____ jeden Besucher. f. amüsieren

⑦ _____ dem Schloss ist ein großer schöner Park. g. wollen

⑧ Wer will _____ machen? h. interessiert

⑨ Sie wollen einen Spaziergang _____ machen. i. das Wetter

⑩ In dem natürlichen Park kann man sich gut _____. j. das Schloss

（4）**Schriftliche Übungen** 书面练习

① 请用图表简单归纳德语名词第二和第三格变化的规律！

② 请用图表列出您已学过的德语缩写！

③ 请用图表简单归纳动词 bieten 现在时和过去时的词尾变化！

④ 请用图表简单归纳动词 sitzen 现在时和过去时的词尾变化！

⑤ 请用图表简单归纳动词 bleiben 现在时和过去时的词尾变化！

D Hörverständnis 听力

🎧 **1. Thema: Im Reisebüro** 题目：在旅行社

- Guten Tag! Wir möchten während der Sommerferien eine Reise ins Ausland machen.

- Guten Tag! In welches Land?

- Wir möchten nach Wien oder Venedig.

- Dann lesen Sie zuerst einmal unsere Reiseprogramme für diesen Sommer. Hier ist der Prospekt bitte.

- Danke! Wir wählen gern diese Pauschalreise nach Wien.

- Gut. Die Pauschalreise kann Ihnen viel Zeit und Geld sparen.

- Wie wird man dort untergebracht?

- Ganz nach Wunsch der Reisenden! Wir bieten drei Wohnmöglichkeiten: in Privathäusern, in Pensionen und in Hotels.
- Wir wollen sehr gern in einem Privathaus übernachten.
- OK! Wann wollen Sie abreisen und zurückkommen?
- Besser am Freitagabend abfahren und am Sonntagabend zurück.
- Also können Sie dann in Wien zwei ganze Tage bleiben.
- Wie ist es mit Verpflegung?
- Sie können Halbpension bei dem Vermieter nehmen. Und zu Mittag sollen Sie selbst im Restaurant oder irgendwo essen.

2. Wörter 词汇

das Reisebüro -s 旅行社
　　während 在……期间（介词，支配第二格）
die Sommerferien (Pl.) 暑假（复数）
　　welches 哪个（疑问代词）
　　Venedig 威尼斯（地名）
das Reiseprogramm -e 旅行节目单
der Prospekt -e 广告单，说明书
　　wählen vt 选择，选出
die Pauschalreise -n 一次付款的（旅行社）全包旅行
　　sparen vt 节省，省下
　　unter/bringen vt 安置，安顿，安排住处

der Wunsch ¨e 希望；要求
der/die Reisende -n, -n 旅游者（按形容词变化）
bieten vt 提供，给予
die Wohnmöglichkeit -en 住宿可能
das Privathaus ¨er 私人住宅
die Pension -en （私人小型）膳食公寓
das Hotel -s 饭店，旅馆
　　ab/reisen vi 启程，出发
　　bleiben vi 停留，逗留，留下
die Verpflegung 膳食，伙食
die Halbpension 半膳（只供应早晚两餐）
　　irgendwo 在某地，在任何一个地方

3. Erläuterungen 解释

（1）**Satzmodelle für Anfänger 初学句型**

◎ **Die Pauschalreise kann Ihnen viel Zeit und Geld sparen.** 旅行社一次性收费的全包旅游能给你们节省很多时间和钱。

jm. viel Zeit und Geld sparen 即"为/给某人节省许多时间和钱"。sparen 是及物动词，须带第四格宾语，也可再带第三格宾语。上述句型中的 Zeit und Geld 是第四格宾

语，jm. 是第三格宾语。sparen 的另一个常见用法是"为自己节省"。例：Er hat in kurzer Zeit viel Geld gespart.（他在短时间里存了很多钱。——即省下存起来。）Die anderen Worte kannst du sparen.（其他的话你可以不用讲了。——即省下不讲。）

◎ **Wie wird man (dort) untergebracht?（在那里）游客的住宿问题怎么解决？**

unterbringen 是及物动词。这里是句被动态句型。man 是不定代词，句中指游客。这是因为要强调游客（如何住宿），不强调旅行社（怎么安排）。这种句型对外出旅游的人很常用。请注意：unterbringen 的主动态也很常用。例：Er bringt seinen Vater in einem Altersheim unter.（他把他父亲安置在养老院里。）Wir haben das Kind bei seiner Tante untergebracht.（我们把这孩子安顿在他姨妈那里了。）

◎ **Wie ist es mit Verpflegung？吃饭/伙食怎么解决？**

Verpflegung 是个动名词，由动词 verpflegen（供给某人膳食/伙食）变化而来。它有两个特点：一是不指具体的饭菜，只是指"抽象的一日三餐"；二是没有复数，因为它是抽象集合名词。句中 Verpflegung 是单数第三格，不带冠词；es 是无人称代词，作形式主语。又例：Die Verpflegung im Hotel ist prima.（旅馆的伙食好极了。）Sie tragen die Kosten für Wohnen und Verpflegung.（他们负担食宿的费用。）

◎ **Sie können eine Halbpension bei dem Vermieter nehemen. 您/你们可以在房东那儿用半膳。**

eine Halbpension bei jm. nehmen 即"在某人处用半膳"。Pension 本指"膳食公寓"，这里的Halbpension 已经转义，意思是"只吃早餐和晚餐不吃中饭"。在谁那儿吃，要用介词 bei（支配第三格）带出。

（2）Feste Kombinationen 固定搭配

◎ **eine Reise in ... (A) / nach ... (D) machen 到……去旅行**

eine Reise machen 是"去旅行一次"。"到何处去旅行？"就得用介词 in（支配第四格）或 nach（支配第三格）带出表示何处的名词，主要是地名。课文句子：Wir möchten während der Sommerferien eine Reise ins Ausland machen.（我们想在暑假里到国外去旅行一次。）又例：Wir haben eine Reise nach Beijing gemacht.（我们到北京旅游了一次。）Wollen Sie morgen eine Reise ins Gebirge machen?（您想明天去山里旅行吗？）Er plant eine Reise in die Schweiz.（他在计划去瑞士旅行。）请注意：从语法分析，"eine Reise in / nach ..."中的介词结构"in / nach ..."在句中作 Reise 的定语，回答"什么样的旅行"的提问。

◎ **in ... (D) übernachten** 在……过夜 / 住宿

动词 übernachten 是不及物的，也是不可分离的。要表达"在某处过夜"，得用介词 in（支配第三格）带出有关名词。课文句子：Wir wollen sehr gern in einem Privathaus übernachten.（我们很乐意在私人家里住宿。）又例：Sie haben im Hotel zwei Tage übernachtet.（他们在旅馆里住了两天。）Wie können wir in dem alten Tempel übernachten?（我们怎么能在这座老庙中过夜呢？）请注意：要表达"在某人处住宿 / 过夜"，须用介词 bei（支配第三格）。例：Gestern hat er bei seinem Freund übernachtet.（昨天晚上，他在他的朋友那儿过夜。）Du kannst bei mir übernachten, nur wenn du willst.（只要你愿意，你晚上可以住在我这里。）

◎ **nach Wunsch (der Reisenden)** 根据（旅游者）的愿望

这是介词和名词的常用搭配。nach 支配第三格，Wunsch 是阳性单数。根据正常的语法要求，Wunsch 须带表示格数的冠词。因为这是固定搭配，所以它不带冠词。用介词 "nach + 一个名词" 构成的固定搭配在德语中还有一些。如：nach Bedarf（根据需要），nach Belieben（随便），nach Art von ...（按照 / 根据……方式）等。

（3）**Idiomatische Wendungen** 习惯用语

◎ **zu Mittag essen** 吃中饭

照理，介词 zu 后面支配第三格，Mittag 应该带冠词，然而因为这是习惯用语，所以就不带了。这是 zu 表示时间（在……时候）时的特殊用法。zu Mittag essen 的"原始意义"是"中午的时候吃"。类似的用法有：zu Abend essen（吃晚饭）。又例：zu Neujahr（在新年期间），zu Weihnachten（在圣诞节期间），zu Beginn（在开始时），zu Ende（在结束时）。课文句子：Und zu Mittag sollen Sie selbst im Restaurant oder irgendwo essen.（中午你们自己解决，要么在饭馆吃，要么在随便什么地方吃。）

（4）**Sonstiges** 其他

◎ **Pauschalreise** 一次性付款的（旅行社）全包的旅行

形容词 pauschal 的意思是"总计的""总括的"。课文中所说的 Pauschalreise 就是由旅行社全包（包括来回交通、吃、住和游玩、参观的门票等）的旅行，游客在报名时一次性付清全部费用。

◎ **irgendwo** 在某一地方，在任何一个地方

这是由副词 irgend（任何一个，随便一个）加一个疑问词构成的副词。类似的副词还有不少，如：irgendwann（任何时候，随便什么时候），irgendwas（不知什么东西，随便

什么），irgendwer（某一个人，任何人，随便一个人），irgendwoher（不知从何处来，从某个地方来），irgendwohin（不知到何处去，到某个地方去）等。

4. Übungen 练习

（1）Beantworten 回答问题

① Was möchten sie während der Sommerferien machen?

② In welches Land wollen sie reisen?

③ Was sollen sie zuerst lesen?

④ Was für eine Reise wählen sie?

⑤ Was kann eine Pauschalreise sparen?

⑥ Wie werden die Reisenden untergebracht?

⑦ Was sind die drei Wohnmöglichkeiten?

⑧ Wo wollen sie gern wohnen?

⑨ Wann möchten sie abfahren und zurückkommen?

⑩ Wie ist es mit Verpflegung der Reisenden?

（2）Vervollständigen 完整句子

① Hier ist der _____ bitte.

② Die _____ kann Ihnen viel Zeit und Geld sparen.

③ Wir möchten während der Sommerferien eine Reise _____ Ausland machen.

④ Wir bieten drei _____: in Privathäusern, in Pensionen und in Hotels.

⑤ Also können Sie dann in Wien zwei ganze Tage _____.

⑥ Besser kommen wir _____ _____ zurück.

⑦ Wir wählen gern diese Pauschalreise _____ Wien.

⑧ Wann wollen Sie _____ und zurückkommen?

⑨ Zu Mittag sollen Sie selbst im Restaurant oder _____ essen.

⑩ Wir wollen sehr gern in einem _____ übernachten.

（3）Übersetzen 翻译

① Wann möchtet ihr abfahren und zurückkommen?

② Wir möchten während der Winterferien eine Reise nach Beijing machen.

③ Die Pauschalreise kann Ihnen viel Zeit und Geld sparen.

④ Wir bieten Ihnen drei Wohnmöglichkeiten: in Privathäusern, in Pensionen und in Hotels.
⑤ Dann lesen Sie zuerst einmal unsere Reiseprogramme für diesen Sommer.
⑥ 我们想在维也纳待整整三天。
⑦ 这些旅游者很喜欢在私人家里过夜。
⑧ 什么叫"一次性付款的（旅行社）全包旅行"？
⑨ 在那里怎么住？— 完全按照旅游者的意愿！
⑩ 我们可不可以在房东那里用半膳？

E Lesetext 阅读课文

1. Thema: Zwei Tramper 题目：两个搭车者

An der Autobahn-Raststätte stehen nur noch zwei junge Männer mit Rucksack. Die meisten Tramper haben bis zum frühen Nachmittag bereits eine Mitfahrgelegenheit Richtung Süden gefunden. Jens (17) und Bernhard (16) kommen aus Kiel. Bis Hamburg haben sie nur ein Auto gebraucht. In zwei Tagen wollen sie per Autostopp nach Frankreich fahren.

Die Polizeiplakate warnen: „Jedes Jahr müssen viele Anhalter ihre kostenlose Reise mit dem Leben bezahlen." Trotzdem ist Trampen bei den deutschen Jugendlichen sehr beliebt. Jens zum Beispiel fährt schon seit fünf Jahren per Autostopp. Probleme beim Trampen hatten er und Bernhard noch nie. Aber ein gewisses Risiko gibt es immer, weil das Trampen anonym und deshalb nicht sicher ist. In Belgien ist es etwas anderes. Die Tramper warten an bestimmten Stellen in der Stadt auf eine Mitfahrgelegenheit. Jeder Tramper hat einen Ausweis mit Bild. Autofahrer kleben ein Plakat mit ihrer Autonummer an die Scheibe. So wird das Trampen weniger anonym und daher sicherer.

2. Wörter 词汇

der Tramper - （在公路旁伸手）搭车者
die Autobahn -en 高速公路
die Raststätte -n （高速公路旁的）服务区
der Rücksack ¨e 旅行背包
die Mitfahrgelegenheit -en 搭车机会
die Richtung -en 方向，路线
  Jens 延斯（人名）
  Bernhard 本恩哈特（人名）
  Kiel 基尔（地名）
der Autostopp -s 拦车（要求搭车）
das Polizeiplakat -e 警局布告
der Anhalter - 拦车搭车人
  kostenlos 免费的

der / die Jugendliche -n, -n 年轻人，青年人（按形容词变化）
beliebt 受欢迎的，受喜爱的
gewiss 某种的，某种程度的，一定的
das Risiko -s / ...ken 危险，风险
anonym 无名的，匿名的
sicher 安全的；可靠的
die Stelle -n 地点，地方
der Ausweis -e 证件，证明（书）
das Bild ¨er 图画，图片，照片
der Autofahrer - 汽车车主，开汽车者
kleben vt 粘，粘贴
die Scheibe -n （窗等的）玻璃；（薄）片

3. Erläuterungen 解释

（1）Satzmodelle für Anfänger 初学句型

◎ **Jedes Jahr müssen viele Tramper ihre kostenlose Reise mit dem Leben bezahlen.** 每年都有许多搭车人为免费旅行而丧命。

  bezahlen 是及物动词，其原意是"付出""付钱"。它必须带第四格宾语，回答"为了什么付出"的问题。如要表达"用什么（付出）"，就得用介词 mit（支配第三格）。etwas (A) mit dem Leben bezahlen 就是"为某事而付出生命"。又例：Er bezahlt die Ware mit einem Scheck.（他用一张支票为这些货物付款。）Sie haben ihr revolutionäres Ziel mit ihrem Leben bezahlt.（他们为革命的目标而付出了生命。）请注意：etwas mit dem Leben bezahlen 是固定句式，不管主语是不是复数，Leben 只用单数。

◎ **Trotzdem ist Trampen bei den deutschen Jugendlichen sehr beliebt.** 尽管如此，伸手搭车还是深受德国青年人的欢迎。

  beliebt 本是动词 belieben（喜欢，喜爱）的第二分词，已变成形容词。这里作补语。"受 / 被某人（喜欢）"，得用介词 bei（支配第三格）引出。主语可以是物或事，也

可以是人。bei jm. (D) beliebt sein 就是"深受某人的欢迎 / 喜爱"。又例：Der Schlager ist bei den Frauen sehr beliebt.（这位男流行歌手深得妇女的喜爱。）Die Ausstellung ist bei dem Publikum sehr beliebt.（展览会备受观众的欢迎。）Diese Schriftstellerin ist bei den Älteren sehr beliebt.（这位女作家深受中老年人的欢迎。）

（2）Feste Kombinationen 固定搭配

◎ **an ... (D) auf jn. / etwas (A) warten 在某处等某人 / 某事**

我们已学过 auf jn. / etwas (A) warten（等某人 / 某事）。如要表达"在什么地方（等某人/某事）"，就得用介词 an（支配第三格）等引出。课文句子：Die Tramper warten an bestimmten Stellen in der Stadt auf eine Mitfahrtgelegenheit.（搭车人在城里固定的地方候车。）又例：Ich warte am Eingang der Bibliothek auf dich.（我在图书馆门口等你。）Er wartet an jener Haltstelle auf seine Eltern.（他在那个车站上等他的父母亲。）Wir warten im Klassenzimmer auf ihr Kommen.（我们在教室里等候她的来到。）Wartet auf der Wiese des Parkes auf mich!（你们在公园的草地上等我！）请注意："在什么地方（等什么 / 某人）"，除了用介词 an 外，还可以用其他介词引出，如 in, auf 等。究竟用什么介词，要取决于后面的名词。

◎ **ein Ausweis mit Bild 有 / 带照片的证件**

名词 Ausweis 从动词 ausweisen（证明，表明）变化而来。名词 Bild 从动词 bilden（形成，组成，构成）演变而来，意思比较复杂，可以翻译成汉语中的很多表达，如"照片""图片""画片""图像""形象""形态"等。"没有 / 不带照片的证件"的德语表达是 ein Ausweis ohne Bild。课文句子：Jeder Tramper hat einen Ausweis mit Bild.（每个搭车人都有一张有照片的证件。）

◎ **etwas (A) an etwas (A) kleben 把什么贴到什么上去**

kleben 是一个动作。根据"静三动四"的原则，它不仅带第四格宾语，而且 an 后面也必须是第四格的名词。课文句子：Autofahrer kleben ein Plakat mit ihrer Autonummer an die Scheibe.（开车人 / 车主把一张有汽车号码的告示贴到汽车的窗玻璃上。）请注意：etwas an etwas kleben 中的介词 an 可以或必须根据语言环境换用其他介词，如 in, auf 等。例：Er klebt eine Marke auf den Brief.（他把一张邮票贴到这封信上。）Sie klebt das Foto in ihr Album.（她把这张照片贴到相册中。）

（3）Idiomatische Wendungen 习惯用语

◎ **per Autostopp** 通过拦车

per 是德语中的一个从外来词引进的、很特殊的介词，支配第四格，表示"用""以""经""由""通过""凭"等意思，与介词 mit（只支配第三格）差不多。又例：per Luftpost（寄航空 = mit Luftpost），per Schiff（乘船 = mit dem Schiff），per Bahn（乘火车 = mit dem Zug），per Flugzeug（乘飞机 = mit dem Flugzeug），per Anhalter（通过搭车 = per Autostopp）。请注意：这些由 per 构成的词组或习惯用语中的名词只用单数，也不变化。

（4）Sonstiges 其他

◎ **Autostopp - Trampen - Tramper - Anhalter**（为搭车）拦车—搭便车—搭便车者—拦车搭乘者

这四个词属一个词组，都跟搭车有关。从构词或来源看，Autostopp 是"德外合璧"〔Auto（汽车）是德语，stopp（停）是外来词〕，Trampen是"外为德用"〔Tramper 是由 Trampen 根据德语构词法构成的名词，Anhalter 是纯德语的，由德语动词 anhalten（停车）演变而来〕。从上述简单介绍，或许可以了解这四个词之间的内在联系和差异。

4. Übungen 练习

（1）Beantworten 回答问题

① Wer steht an der Autobahn-Raststätte?

② Woher kommen Jens und Bernhard?

③ Wohin wollen sie per Autostopp fahren?

④ Was warnen die Polizeiplakate?

⑤ Bei wem ist das Trampen beliebt?

⑥ Wieso（为什么）gibt es beim Trampen immer ein gewisses Risiko?

⑦ Wo warten Tramper in Belgien auf die Mitfahrgelegenheit?

⑧ Was hat jeder Tramper in Belgien?

⑨ Was für ein Plakat kleben die Autofahrer an die Scheibe?

⑩ Wie sind Jens und Bernhard bis Hamburg gekommen?

Lektion 12 第十二单元

（2）Ergänzen 填空

① Die meisten Tramper haben _____ _____ Richtung Süden gefunden.

② In zwei Tagen wollen sie per _____ nach Frankreich fahren.

③ Es gibt ein gewisses Risiko immer, weil das Trampen _____ ist.

④ An der _____ stehen nur noch zwei junge Männer mit Rücksack.

⑤ _____ beim Trampen haben die beiden noch nie.

⑥ Vor allem bei _____ _____ ist das Trampen in Deutschland beliebt.

⑦ Jedes Jahr müssen viele Tramper ihre _____ Reise mit dem _____ bezahlen.

⑧ Autofahrer kleben ein _____ mit ihrer Autonummer an die Scheibe.

⑨ In Belgien warten die Tramper an _____ Stellen in der Stadt darauf.

⑩ So wird das Trampen _____ anonym und daher _____.

（3）Satzbilden 造句

① auf jn. / etw. (A) warten

② bezahlen

③ die Mitfahrgelegenheit

④ per Autostopp

⑤ bei jm. beliebt sein

⑥ trotzdem

⑦ kleben

⑧ ein gewisses Risiko

⑨ warnen

⑩ anonym

（4）Übersetsen 翻译

① Probleme beim Trampen haben die beiden noch nie.

② Trotzdem ist Trampen bei den Jugendlichen sehr beliebt.

③ Die Polizei warnt immer wieder vor der Gefahr beim Trampen.

④ Aber gefährlich（危险）ist das Trampen immer, weil es anonym ist.

⑤ Die Tramper sollen an bestimmten Stellen in der Stadt warten.

⑥ Was für ein Plakat kleben Autofahrer an die Scheibe?

⑦ In zwei Tagen wollen sie per Autostopp nach Berlin fahren.

⑧ 延斯和本恩哈特想搭车去法国。

⑨ 他们俩背着背包等在高速公路旁。

⑩ 每年都有许多搭车人为免费旅行而丧命。

⑪ 为什么搭车总会有某种程度的冒险？

⑫ 比利时的做法与德国的不一样。

⑬ 比如延斯已有五年搭车的历史。

⑭ 这样，搭车就不完全匿名了，因此也就比较安全了。

Lektion 13

第十三单元

Hauptthema: Telefonieren 主题：打电话

A Lernziel 导学

1. Klassendeutsch 课堂用语

Bitte warten Sie einen Augenblick! 请您等一下！
Ich habe das nicht verstanden. 这我没有懂/听懂。
Bitte noch einmal! 请再来一遍！

2. Redemittel 会话句型

Mit wem spreche ich?	Lass ihn von mir grüßen!
Habt ihr schon was vor?	Fühlen Sie sich wie zu Hause!
Zeit und Lust haben, ... zu ...	Was ist typisch deutsch?
Ist jd. zu sprechen?	Das finde ich super!

3. Tipps zur Grammatik 语法提示

◇ 重点：① 德语句子有正语序和反语序，语序不同，强调不同，甚至意义也有差异。在一般德语句子中，"雷打不动"的是：谓语动词或其可变部分总是位于句子第二位。② 德语动词有三种叙述方式：直陈式、命令式和虚拟式。先学习和掌握前两种。

◇ 难点：① 德语陈述句既可正语序，也可反语序。何时用正语序？何时用反语序？请注意：德语疑问句都得用反语序。② 初学德语日期表达，要特别当心德语表达年月日的顺序与英语的不同，与汉语的刚好相反。

4. Etwas über das Hauptthema 背景点滴

打电话很多是为了约会：有工作上的约会，也有生活中的聚会；有为办手续而与政府机构约定的会面，也有与导师约定的见面，当然也包括恋人之间的约会。约会大多提前通过电话约定，受约方注意要准时赴约。还有一种"固定聚餐会"（Stammtisch），即成员大致固定，时间、地点可变，以吃喝为名，行交流信息、扩大社交之实的聚会。在德国邀请友人等参加聚会或吃饭往往要注意三点：① 邀请的时间早，大多提前1—2周，以便受邀人作出安排。② 一般正式的邀请都写邀请信，要写清楚时间、地点和因由。③ 邀请信上大多写明要求限时给予回复，以便邀请人早做准备。受邀人不管是否接受邀请，都要及时进行回复。

B Gespräch 对话

🎧 1. Thema: Ein Telefongespräch 题目：电话谈话

(*Situation: Maria hat in einer Woche ihren 21. Geburtstag. Sie möchte Hongying und Zhonghua zu ihrer Geburtstagsparty einladen. Sie telefoniert mit Hongying.*)（会话情景：一周后是玛莉娅的二十一岁生日。她想邀请红英和中华去参加她的生日派对。她与红英通电话。）

M: Guten Abend! Hier ist Maria. Mit wem spreche ich?

H: Guten Abend, Maria! Ich bin Hongying.

M: Wie geht's dir, Hongying?

H: Gut. Und dir?

M: Auch gut. Wir haben uns zwei oder drei Wochen nicht gesehen, nicht wahr?

H: Ja. Hast du Zeit und Lust, am nächsten Sonntag bei uns etwas Chinesisches zu essen?

M: Für chinesische Küche habe ich immer Zeit und Lust. Aber am nächsten Sonntag geht's nicht. Da ist mein 21. Geburtstag.

H: Ach so! Wie wirst du deinen Geburtstag feiern?

M: Ich möchte eine Party geben und auch dich und Zhonghua dazu einladen. Habt ihr schon was vor?

H: Noch nichts! Wen hast du noch eingeladen?

M: Leon, Piel, Ennia und noch einige Studienkameraden von mir. Du kennst sicher drei oder vier von ihnen. Ist Zhonghua zu sprechen?

H: Leider ist er nicht da. Er hat etwas im Text nicht völlig verstanden. Deshalb ist er zu Piel gegangen, um mit seiner Hilfe die Schwierigkeit zu beseitigen.

M: Oh, ein armer Fleißiger! Lass ihn von mir grüßen!

H: Das tue ich gern. Und grüße deine Eltern von mir ganz herzlich!

M: Für sie danke ich dir. Mach's gut! Bis bald!

H: Bis bald!

2. Wörter 词汇

das Telefongespräch -e 电话谈话
    telefonieren *vi* 打电话，通电话
    sprechen *vi* 说话，谈话
die Lust 兴趣，兴致
der Geburtstag 生日，诞辰
    werden *vi* 变为，成为
    feiern *vt* 庆祝，欢庆
die Party -s 聚会，派对
    geben *vt* 给，给予；举办，举行
    ein/laden *vt* 邀请
    vor/haben *vt* 计划，打算

der Studienkamerad -en,-en 大学同学
    sicher 肯定无疑的，一定的
    völlig 完全的，充分的
    um ... zu 为了（表示目的）
die Schwierigkeit -en 困难，困境；麻烦
    beseitigen *vt* 清除，消除
    arm 贫穷的；可怜的
der / die Fleißige -n, -n 用功/努力的人（按形容词变化）
    grüßen *vt* 向某人转达问候
    bald 不久，很快

3. Erläuterungen 解释

（1）**Satzmodelle für Anfänger** 初学句型

◎ **Mit wem spreche ich?** 您是哪一位?

这是打电话时的常用语。其字面原意是："我在同谁说话？"它意在询问接电话人的姓名。汉语中的对应表达是："（请问）您是哪一位？"请注意：德国人打电话一般都是先自报姓名，然后再请问对方姓名。这是一种礼貌，也是一种修养的表现。询问对

方接电话人的姓名千万不能说：Wer bist du? 或：Wer sind Sie? 这是很不礼貌和很不客气的。

◎ **Hast du Zeit und Lust, am nächsten Sonntag bei uns etwas Chinesisches zu essen?** 你是否有时间和兴趣，下星期日上我们这儿来吃点有中国风味的东西？

这是询问对方愿不愿或想不想做某事的礼貌表达。名词Zeit，Lust和haben搭配时不带冠词，因为它们是抽象名词。... zu ... 是"zu + 不定式结构"，起定语作用，修饰Zeit和Lust，回答"什么样的时间和兴趣"的问题。又例：Haben Sie Zeit, heute Abend ins Kino zu gehen?（您今晚有时间去看电影吗？）Er hat keine Lust, diese Ausstellung zu besichtigen.（他没有兴趣去参观这个展览会。）Wir haben Zeit und Lust, am Samstagabend eine Party zu machen.（我们有时间和兴趣，星期六晚上搞一个派对。）Ich habe weder Zeit noch Lust, mit dir darüber weiter zu sprechen.（我既没有时间，也没有兴趣同你继续谈这个问题。）请注意：后半句只能用"zu + 不定式结构"，不能用"um ... zu + 不定式结构"，因为它不表示目的。有关语法现象请见第十四单元。

◎ **Habt ihr schon was vor?** 你们是不是已经有所安排？

这是询问对方在某日某时是否已经安排活动的常用表达。句中 was 是 etwas 的缩略形式，vorhaben 是及物的可分离动词，从其构词成分分析，它的意思是"先前已经有"。它另一个常用的用法是用一个"zu +不定式结构"作宾语。例：Ich habe vor, am 1. Mai nach Hangzhou zu reisen.（我打算五月一日到杭州去旅行。）Sie hat vor, ihrem Bruder etwas zum Geburtstag zu schenken.（她想在她兄弟生日的时候送点什么给他。）否定表达：Haben Sie am Sonntag nichts vor?（星期天您没有任何活动/安排吗？）Morgen habe ich nichts vor.（明天我没有什么活动/安排。）

◎ **Ist (Zhonghua) zu sprechen?** （中华）在吗？

这是打电话时询问某人在不在（其实是可不可跟某人通电话）的常用语。上述句式属"sein + zu +不定式结构"，其意义相当于"können + 有关动词的被动态"。请比较：Ist Zhonghua zu sprechen? = Kann Zhonghua gesprochen werden?又例：Ist das sofort zu erledigen? = Kann das sofort erledigt werden?（这能马上办妥/解决吗？）Sind die zwei Schwierigkeiten nicht zu beseitigen? = Können die zwei Schwierigkeiten nicht beseitigt werden?（这两个难题无法排除/解决了吗？）有关"带 zu 的不定式结构"请见第十四单元语法部分。

◎ **Lass ihn von mir grüßen!** 代我问候他！

这是请别人代为问候某人的常用句式，也是一种"lassen 句型"。按照通常的德语语法规则，两个动词连用，中间必须加一个 zu。但某些德语动词却是例外，不必加 zu。lassen 便是其中一个。句中 ihn 是及物动词 grüßen 的宾语。请注意：这句句子是用 du 作主语的命令式。又例：Lassen Sie Ihren Mann von uns herzlich grüßen!（请您代我们衷心问候您的先生！—— 主语是 Sie, Ihren Mann 是动词 grüßen 的宾语。）有关命令式请见第十四单元语法部分。

◎ **Grüße deine Eltern von mir ganz herzlich!** 请转达我对你父母的由衷问候！

德语动词 grüßen 有几种用法。在本教材开始时学的 (jn.) grüßen，意谓"问候（某人）"。上述句子中的 grüßen 是"转达（致某人的）问候"，其意义和用法上的差异很清楚：前者是"直接问候"，后者是"间接问候"。请注意：这句句子也是用 du 作主语的命令式。又例：Grüßen Sie Ihren Mann von uns ganz herzlich!（请您转达我们对您先生的由衷问候！—— 主语是 Sie, Ihren Mann 是动词 grüßen 的宾语。）有关命令式的语法现象请见第十四单元语法部分。

（2）**Feste Kombinationen** 固定搭配

◎ **eine Party geben** 举办一个派对

Party 是外来词，意谓"聚会""派对"。这个词在德国出现的频率很高，尤其在年轻人中间。表达"举办一个聚会 / 派对"可有多种动宾搭配：eine Party geben（举办一个派对 ——一般性的表达），eine Party veranstalten（举行一次派对 ——比较文雅的表达，适用比较大而又比较正式的派对），eine Party machen（搞一次派对 ——完全口语化的表达）。课文句子：Ich möchte eine Party geben und auch dich und Zhonghua dazu einladen.（我想举办一个派对，也邀请你和中华参加。）

◎ **jn. zu etwas (D) einladen** 邀请某人做什么

einladen 是可分离及物动词，须带第四格直接宾语。它与介词 zu（支配第三格）搭配，表示"邀请（某人）去做什么"。课文句子：Ich möchte eine Party geben und auch dich und Zhonghua dazu einladen.（我想举办一个派对，也邀请你和中华参加。——句中dazu 是代副词，指的是zu der Party。）又例：Er lädt mich zum Abendessen ein.（他邀我去吃晚饭。）Die Universität lud den Professor zu einer Vorlesung ein.（这所大学邀请了这位教授去作讲座。）Wir laden unseren Lehrer zu einer Tasse Kaffee ein.（我们邀请老师去喝杯咖啡。）请注意：邀请某人做有些事就不能用zu，而要用 in

等别的介词。如：Sie lud ihre Freundin ins Konzert ein.（她邀请她的女友去听音乐会。）Darf ich Sie morgen Abend ins Theater einladen?（我可以邀请您明晚去看戏吗？）

◎ **Schwierigkeiten beseitigen** 排除 / 克服困难

这是动词和名词（宾语）的常用搭配。beseitigen是及物动词，需带第四格宾语。与它搭配的名词不是很多。请记住其中主要的：Hindernisse beseitigen（排除 / 克服障碍），Mängel beseitigen（克服缺点），Verdacht beseitigen（消除嫌疑），Meinungsverschiedenheiten beseitigen（排除意见分歧）。

（3）**Idiomatische Wendungen** 习惯用语

◎ **Das tue ich gern.** 我乐意照办。

这是回答别人托付的一种习惯用语，意思相当于汉语中的"我会尽力"。有的语言学家说："越简单的词越难越复杂。"这句话看似矛盾，其实不然，却有很深的哲理。德语动词 tun 就是这样的一个词。它只有三个字母一个音节，但意义众多，用法复杂，还有许多特殊搭配和句式。仅举几个常见用法的简例：Was tut er jetzt? - Er tut seine Arbeit.（他现在在做什么？— 他在干他的活儿 / 做他的事情。）Ich habe viel zu tun.（我有许多事要做。/ 我很忙。）Er hat nichts zu tun.（他没什么事可做。）Es tut mir leid, ...（我抱歉，……）Tu mir einen Gefallen!（帮我一个忙！）

◎ **Mach's gut!** 保重！

这是口语中常用的习惯表达，用作在同对方告别时的祝愿或叮咛。这句句子也是用 du 作主语的命令式：Mache es gut! 动词 machen 有及物、不及物和反身三种用法。这个句式应属及物用法。其不及物用法举例：Mach, mach!（快干，快干！—— 相当于：Schnell, schnell!）Er macht in Möbeln.（他是做家具生意的。）Das Kind macht klein/groß.（这孩子在小便/大便。—— klein / groß machen 也可用于成人。）请注意：这些都是非常口语化的用法，一般只在口语中使用。

◎ **Bis bald!** 再见！/ 不久见！

这是口语中的告别用语，也可说成：Auf bald! 但请注意：一般是在约定以后某天某时再见的情况下用此表达，否则就用：Auf Wiedersehen! 课文中的语言环境是：她们约定在 Maria 生日那天再见。

（4）**Sonstiges** 其他

◎ **chinesische Küche** 中国菜 / 中国饭菜

Küche 也是个多义词，既能作"厨房""厨房设备"解，也可意谓"菜肴""烹任技术"，有时还有"在厨房里工作的人（总称）"的意思。但请注意：它作"厨房""厨房设备"解时有单复数，而在其他用法时只有单数。课文句子：Für chinesische Küche habe ich immer Zeit und Lust.（对中国饭菜我总是有时间和兴趣的。）又例：Die chinesische Küche ist weltberühmt.（中国烹饪世界闻名。）Heute haben wir nur kalte Küche.（今天我们只能吃冷餐了。—— kalte Küche 指只有冷的、没有热的饭菜，而 warme Küche 则指热的饭菜。）

◎ **Noch nichts! 还没有任何安排！**

这是对前面问题"Habt ihr schon was vor?"的回答。其完整的形式是：Wir haben noch nichts vor. 请注意：nichts 是永不变化的不定代词，意思是"什么也没有""没有任何东西或事情"。它用法很多很复杂，尤其是在很多常用搭配和特殊用法中。试举几例：Nichts zu danken!（不用谢！—— 见第六单元）Das macht nichts.（没关系。/ 不要紧。）Er hat nichts zu tun.（他没有事做。）Aus nichts wird nichts.（不努力就一事无成。—— 德语谚语）Mir nichts, dir nichts.（干脆，不管三七二十一。—— 德语俗语）

◎ **Er ist zu jm. (D) gegangen, um ... zu ... 他到某人处去，是为了……**

Er ist zu jm. (D) gegangen 是主句，um ... zu ... 是由"um zu + 不定式结构"构成的目的从句。在把该不定式结构翻译成汉语时，应根据具体语言环境措辞，不一定非要译成"是为了""其目的是"。课文句子：Deshalb ist er zu Piel gegangen, um mit seiner Hilfe die Schwierigkeit zu beseitigen.（所以，他去了皮埃尔那里，请他帮忙解决这个难题。）有关"um + zu + 不定式"的语法问题请见第十四单元。

◎ **Oh, ein armer Fleißiger! 噢，一个好可怜的卖力分子！**

arm 本意是"穷的""贫穷的""贫苦的"，但可转义为"可怜的"。fleißig 是"用功的""努力的"，口语中可措辞"卖力的"。这句句子"意味深长"：arm 有感叹和"可怜"的味道；fleißig 似乎又有点埋怨和"觉得不该、不值"，或者说是有点善意的讽刺的意思。不少德国人喜欢用 arm 这个词的转义，特别是在比较熟的朋友之间，表示一种亲昵的爱怜。

4. Übungen 练习

（1）**Partnerübung** 结伴练习（检查词汇掌握情况）

Partner 1　　　　　　　　　*Partner 2*

计划　　　　　　　　　　_____

肯定无疑的 _____

das Telefongespräch _____

der Geburtstag _____

ein/laden _____

说话 _____

兴趣 _____

庆祝 _____

geben _____

die Schwierigkeit _____

beseitigen _____

向某人转达问候 _____

（2）**Konversationsübung** 会话练习

两个同学一组，分别扮演课文中的一个角色，并按照课文情景进行有关邀请参加生日派对的电话对话。

（3）**Beantworten** 回答问题

① Wie lange haben sich Maria und Hongying nicht gesehen?

② Was will Hongying ihrer Freundie bieten（提供）?

③ Wofür hat Maria immer Zeit und Lust?

④ Warum geht es am nächsten Sonntag nicht?

⑤ Welcher Tag ist der nächste Sonntag?

⑥ Wie wird Maria ihren Geburtstag feiern?

⑦ Was haben Hongying und Zhonghua vor?

⑧ Wen möchte Maria zur Geburtstagsparty einladen?

⑨ Wohin ist Zhonghua gegangen?

⑩ Was hat Zhonghua zu beseitigen?

（4）**Satzbilden** 造句

① Zeit und Lust haben

② chinesische Küche

③ Geburtstag feiern

④ eine Party geben

⑤ zu etwas einladen

⑥ Schweirigkeiten beseitigen

⑦ mit seiner Hilfe

⑧ völlig verstehen

⑨ grüßen lassen

⑩ gern tun

（5）**Übersetzen** 翻译

① Morgen ist der 21. Geburtstag von der deutschen Studentin.

② Wen haben Sie außer Leon noch eingeladen?

③ Er ist zu ihr gegangen, um mit ihrer Hilfe die Schwierigkeit zu beseitigen.

④ Wie wirst du deinen Geburtstag feiern?

⑤ Bitte grüßen Sie Ihre Eltern von mir ganz herzlich!

⑥ 我想举行一个派对。您有时间和兴趣吗？

⑦ 李先生在吗？— 可惜他不在。

⑧ 我们衷心感谢您的邀请。不久见！

⑨ 请你代我问候张老师（女）！

⑩ 课文中有点东西她还没有完全懂。

Weisheit（智慧箴言）

Weisheit ist besser als Stärke.

智胜于勇。

C Grammatik 语法

> **Lerntipps**　　德语语序有正反，从句一般用反序。
> **学习提示**　　日期易看不易说，关键颠倒年月日。

1. Allgemeines 语法常识

（1）正语序和反语序

"语序"就是句子的词序。第五单元讲到的词序是泛泛而指的。所谓"正语序"，就是主语放在句首，谓语（动词或助动词或其可变部分）放在第二位的语序，如：Sie machen zu Hause Hausaufgaben. 所谓"反语序"，就是谓语放在主语之前的语序，但句首可以是谓语（动词或助动词或其可变部分），也可以是其他句子成分，如：Machen sie zu Hause Hausaufgaben?（疑问句）/ Zu Hause machen sie Hausaufgaben.（陈述句）请注意：① 用正语序时，谓语动词或其可变部分仍须放在句子第二位，这是雷打不动的。② 陈述句既可是正语序，也可是反语序，其选择取决于要强调哪个句子成分。③ 疑问句都得用反语序。

（2）动词的叙述方式

动词的叙述方式，实际上是表达特定内容和语气等的句子叙述或表达方式。德语动词的叙述方式有三种：直陈式、虚拟式和命令式。本册教材主要涉及直陈式，即叙事或提问的叙述方式。本册教材课文中也出现了命令式。这是一种表示命令、请求或劝告等内容的叙述方式。命令式简介请见第十四单元"语法常识"。虚拟式是德语的又一个语法特点和学习难点，将在下册教材中作详细介绍。

（3）复合名词和派生名词

复合名词和派生名词特别多见是德语的又一个特点，所以德语名词往往较长，说念比较费时吃力。但它们大多是某些已学名词和其他词等复合或派生而来的，所以比较易学易记。

德语复合名词一般分两部分，前面部分叫限制词，后面部分叫基础词。初学要注意：一是复合名词的基础词必须是名词；二是复合名词的性数由基础词决定；三是基础词只能放在后面。

所谓派生名词，指的是由一个词（可以是名词或动词或形容词或别的词）加上某个词尾构成的名词。

有关复合名词的种类和举例，请见本单元语法图表。有关派生名词的种类和举例，请见第十四单元语法图表。

（4）日期表达

德语中日期的表达可分两类：星期的表达和年月日的表达。星期的表达与我国的不同，一周七天每天都有一个名称。只要记住这些名称就行。初学年月日的表达可能略有难度，因为：① 口头表达时必须逐一说或念出年月日的德语表达；② 德语表达年月日的顺序与我国的刚好相反，即先日后月再年，初学会不习惯。学习方法依然是"熟能生巧"和"习惯成自然"。

2. Grammatische Tabellen 语法图表

（1）副词变级（种类、构成方法和举例）

种类	构成方法	举例		
规则变化	同形容词	laut	lauter	am lautesten
		faul	fauler	am faulsten
		langsam	langsamer	am langsamsten
		schlecht	schlechter	am schlechtesten
		spät	später	am spätesten
不规则变化	无规则可循	gern	lieber	am liebsten
		viel	mehr	am meisten
		oft	öfter häufiger	am häufigsten
		bald	eher	am ehesten
		wenig	minder / weniger	- am mindesten / am wenigsten

注意：副词变级也分三级：原级、比较级和最高级。"规则变化"副词的词尾：比较级加 -er，最高级为：am ＋副词词干＋(e)sten。无规则变级是初学的难点之一，须逐个记住。

（2）复合名词的主要种类和举例

构成方法	复合举例
名词＋名词	das Klassenzimmer (die Klassen + das Zimmer) der Bürgersteig (die Bürger + der Steig) die Jugendmannschaft (die Jugend + die Mannschaft) die Bundesrepublik (der Bund + die Republik) der Arbeitstag (die Arbeit + der Tag)

（续表）

构成方法	复合举例
动词（去掉词尾）+名词	das Fahrrad (fahr/en + das Rad) das Essstäbchen (ess/en + das Stäbchen) die Nähmaschine (näh/en + die Maschine) der Auftraggeber (auftrag/en + der Geber)
形容词+名词	die Großmutter (groß + die Mutter) der Jungarbeiter (jung + der Arbeiter) das Schnellboot (schnell + das Boot) der Altbundeskanzler (alt + der Bundeskanzler)
介词+名词	der Vormittag (vor + der Mittag) das Mitglied (mit + das Glied) die Nachschrift (nach + die Schrift) die Aufwendung (auf + die Wendung)
副词+名词	der Spätherbst (spät + der Herbst) die Widerrede (wider + die Rede) das Gegenüberstehen (gegenüber + das Stehen) der Wiederaufbau (wieder + der Aufbau)

注意：有的复合名词，因发音的关系在前后部分之间须加 es 或 s 或 e。如上述"名词 + 名词"举例中的最后两例。请初学时倍加注意。

（3）日期的表达和提问

① 星期的德语名称

汉语名称	德语名称	汉语名称	德语名称
星期/周	die Woche	星期四	der Donnerstag
星期一	der Montag	星期五	der Freitag
星期二	der Dienstag	星期六	der Sonnabend / Samstag
星期三	der Mittwoch	星期日	der Sonntag

② 德语年月日表达举例

汉语表达	德语书面表达	德语口头表达
1949年10月1日	der 1. 10. 1949	der erste zehnte (Oktober) neunzehnhundertneunundvierzig
1958年5月18日	der 18. 5. 1958	der achtzehnte fünfte (Mai) neunzehnhundertachtundfünfzig
1966年7月25日	der 25. 7. 1966	der fünfundzwanzigste siebte (Juli) neunzehnhundertsechsundsechzig

（续表）

汉语表达	德语书面表达	德语口头表达
1977年2月14日	der 14. 2. 1977	der vierzehnte zweite (Februar) neunzehnhundertsiebenundsiebzig
1983年1月5日	der 5. 1. 1983	der fünfte erste (Januar) neunzehnhundertdreiundachtzig
1999年6月21日	der 21. 6. 1999	der einundzwanzigste sechste (Juni) neunzehnhundertneunundneunzig
2000年9月9日	der 9. 9. 2000	der neunte neunte (September) zweitausende
2018年8月18日	der 18. 8. 2018	der achzehnte achte (August) zweitausendeachzehn

注意：表达"在某年某月某日"时须用介词 an。如："在2015年4月8日"的德语表达为 am (am = an dem) 8. 4. 2015。读作：am achten vierten (April) zweitausendefünfzehn。

③ 如何进行提问和回答？

问星期几	回答
Welcher Tag ist heute?（今天是星期几？）	Heute ist Montag.（今天是星期一。） Heute ist Sonntag.（今天是星期天。）

问几月几日	回答
Der wievielte ist heute?（今天是几号？）	Heute ist der 26. Juni.（今天是6月26日。） Heute ist der 17. Nov. 2017.（今天是2017年11月17日。）

说明：月份也可用阿拉伯数字表达。德语中大部分月份有缩写，一般取前面三个字母，再加点号。

（4）动词 laden, tun, beginnen 的现在时和过去时

动词	laden		tun		beginnen	
第二分词	(h) geladen		(h) getan		(h) begonnen	
时态	现在时	过去时	现在时	过去时	现在时	过去时
ich	lade	lud	tue	tat	beginne	begann
du	lädst	ludst	tust	tatest	beginnst	begannst
er / sie / es	lädt	lud	tut	tat	beginnt	begann
wir	laden	luden	tun	taten	beginnen	begannen
ihr	ladet	ludet	tut	tatet	beginnt	begannt
sie / Sie	laden	luden	tun	taten	beginnen	begannen

3. Übungen 练习

（1）Partnerübung 结伴练习

Partner 1	Partner 2
Ich lade ihn ein. Und du?	Ich _____ sie _____.
Wen lädst du dazu ein?	_____.
Sie lud mich zum Essen ein.	Wozu lud sie _____ ein?
Wozu laden sie euch ein?	Sie laden _____ _____ Party ein.
Wer hat dich schon dazu eingeladen?	_____.
Wann laden wir unseren Lehrer zum Kaffee ein?	_____.
Es tut mir wirklich leid.	Es _____ ihm aber nicht leid.
Ich tue das nicht. Und du?	Ich _____ das auch nicht.
Kannst du mir einen Gefallen tun?	Natürlich, ich _____ es gern.
Er tat das schnell.	Sie _____ das aber langsam.
Haben Sie das getan?	Nein, ich _____ das nicht _____.
Wie tun wir das?	Ihr _____ das genau nach mir.
Der Unterricht beginnt.	Was _____?
Jetzt beginnen wir damit.	Warum _____ ihr damit jetzt?
Die Klassensitzung（班会）hat schon begonnen.	Was _____ schon _____?
Nun beginnen wir mit der Diskussion（讨论）.	Ja, ihr sollt damit _____.
Der Film begann.	Das Theater _____ auch.
Die Wettkämpfe haben gestern begonnen.	Was _____ gestern _____?

（2）Beantworten 回答问题

① 什么是德语的反语序？什么时候用反语序？

② 德语有几种叙述方式？本册课文主要讲的是什么叙述方式？

③ 德语名词有几种构成方式？

④ 德语复合名词构成的特点是什么？请举例说明！

⑤ 德语日期表达难在哪里？

（3）Selbstkontrolle 自我检测（找出正确答案）

① Wir haben uns schon _____ nicht gesehen.　　　　　a. ihn

② Haben Sie Zeit und Lust, am Sonntag bei uns etwas _____

　　zu essen?　　　　　　　　　　　　　　　　　　　　b. eine Party

③ Lassen Sie _____ von mir herzlich grüßen!　　　　c. Schwierigkeiten

④ Wir möchten morgen _____ geben.　　　　　　　　d. Chinesisches

⑤ Wie _____ man in China den 70. Nationalfeiertag feiern?　e. drei Monate

⑥ Für chinesische _____ hat sie immer Lust.　　　　f. eingeladen

⑦ Wen hast du noch zur Geburtstagsparty _____?　　g. für

⑧ Er ist zu ihm gegangen, um mit seiner Hilfe _____ zu

　　beseitigen.　　　　　　　　　　　　　　　　　　　h. Grüße

⑨ Habt ihr _____ dieses Wochenende schon was vor?　i. wird

⑩ _____ deine Eltern von mir ganz herzlich!　　　　j. Küche

（4）Schriftliche Übungen 书面练习

① 请用图表简单归纳德语副词变级的规则！

② 请用图表列出德语一星期七天的表达！

③ 请用图表列出德语与汉语年月日表达方法上的差异！

④ 请用图表简单归纳动词 laden 现在时和过去时的词尾变化！

⑤ 请用图表简单归纳动词 tun 现在时和过去时的词尾变化！

⑥ 请用图表简单归纳动词 beginnen 现在时和过去时的词尾变化！

D　Hörverständnis 听力

🎧 1. Thema: Auf der Party 题目：在派对上

- Hallo! Sehr schön, endlich sind Sie gekommen.

- Herzlichen Glückwunsch zum Geburtstag! Hier etwas Chinesisches für Sie!

- Oh, etwas Chinesisches! Besten Dank! Warum kommt Ihre Freundin nicht mit?

- Leider hat sie schon etwas vor. Sie lässt mich Sie herzlich grüßen.

- Ich danke ihr. Was möchten Sie trinken? Wein oder Kognak?

- Kümmern Sie sich doch nicht um mich! Sie haben noch viele andere Gäste zu betreuen.

- Gut, wie Sie wollen! Fühlen Sie sich wie zu Hause!

* * *　　* * *

- Hallo! Wieso stehen Sie so allein hier?

- Hallo! Ich bin eben gekommen.

- Gefällt Ihnen die Party hier nicht?

- Doch, sie gefällt mir sehr gut. Aber ich bin zum ersten Mal in Deutschland.

- Ach, das macht nichts. Wir kennen uns schon. Trinken Sie was?

- Ein Glas Bier, danke!

- Jetzt wird getanzt. Darf ich Sie zum Tanzen einladen?

- Natürlich, danke schön! Aber ich kann nicht gut tanzen ...

- Übung macht den Meister!

- Ich glaube, das ist ein deutsches Sprichwort.

- Sie haben recht. Also Sie wissen viel über Deutschland!

2. Wörter 词汇

der Glückwunsch ¨e　祝贺，祝愿	eben　刚好，刚才，正好
mit/kommen vi　同来，同去	das Glas ¨er　玻璃制品，玻璃杯
der Kognak -s　白兰地酒	tanzen vi　跳舞
sich kümmern　关心，照料	die Übung -en　练习，训练
betreuen vt　照管，照料，关怀	der Meister -　工匠，师傅；大师，名手
wieso　为什么，怎么（疑问副词）	

3. Erläuterungen 解释

（1）Satzmodelle für Anfänger 初学句型

◎ **Wie Sie wollen!** 随意！/随您的便！/悉听尊便！

这是请客人随意、不要拘束的常用表达。对较熟悉的客人一般则用：Wie du willst! 或：Ganz wie du willst! 请注意：使用该表达或句型时，必须有上文，比如对方问你什么，或提出两种或更多的选择而让你挑选一种等。例：Wann soll ich zu dir kommen?

- Wie du willst.（我该什么时候到你那儿去？— 随你便。）Sie können die Hausarbeit heute oder morgen aufgeben, ganz wie Sie wollen.（家庭作业您可以今天交或明天交，完全随您的便。）

◎ **Fühlen Sie sich wie zu Hause! 请像在家里一样随便!**

这又是一种请客人随意、不要拘束的常用表达。动词 sich fühlen 意思是"感觉""感到"，wie zu Hause 意思是"像在家里一样"。如与客人比较熟，当然也可以说：Fühl dich wie zu Hause! 但这样说或用得不多，因为既然用 du 称，一般来说就不必这么客气了。请注意：往往是主人看到客人显得很拘束时用这个表达，既是宽慰客人，也是为了打破冷场。

（2）Feste Kombinationen 固定搭配

◎ **sich um jn. / etwas (A) kümmern 照顾 / 关心某人 / 某事**

这是动词 kümmern 的反身用法。课文句子：Kümmern Sie sich doch nicht um mich!（您不用管我！—— 这是一句用Sie作主语的命令句，doch是强调语气的，翻译时可不措辞。）又例：Er muss sich um alles kümmern.（什么事情都要他管。）Sie hat sich um ihren kranken Bruder zu kümmern.（她得照料生病的兄弟。）Kümmere dich nicht darum!（你别操这份心了！—— 也是命令式。）请注意：理解和翻译 sich kümmern 的具体含义，对初学者可能会有点难度。需根据具体语言环境和上下文不同措辞，不要死板地、机械地只用"照顾""照料"或"关心"。

◎ **viel über etwas/jn. (A) wissen 知道某事 / 某人的许多情况**

wissen 也有及物和不及物两种用法，但以及物的用法居多。这里是其及物用法中的一种。课文句子：Also Sie wissen viel über Deutschland!（德国的情况您还知道不少呢！）又例：Ich weiß wenig von ihm.（对他的情况我所知很少。）Er wusste nichts daüber.（对此他一无所知。）Wir wissen genug von dem Schlager.（对这位流行歌手的情况我们知道得够多的。）Wer weiß etwas über seinen Besuch?（谁知道他来访的什么消息？）请注意：一般来说，有关人的情况则用介词von（支配第三格），有关事或物的情况则用介词über（支配第四格）带出。

（3）Idiomatische Wendungen 习惯用语

◎ **Das macht nichts. 这没有关系。/ 这不要紧。**

这个习惯用语主要用于回应对方为某事表示道歉、请求原谅的情况，往往也是一种客套和礼貌。课文句子却是个例外，因为上文并不表示道歉或请求原谅，而是另有所说：Aber ich bin zum ersten Mal in Deutschland.（可我这是第一次到德国！——言外之意是很陌生。）Ach, das macht nichts.（噢，这没有什么关系。——很清楚，这是主人在安慰客人，很有点中国人常说的"一回生二回熟"的味道。）请注意："Das macht nichts."这个用法是固定不变的，而且一定要有与das相关的上文。否则就是无的放矢，对方要听不懂了。

◎ **Übung macht den Meister. 熟能生巧。/ 熟能成师。**

这是德语中的谚语。句中Übung是"练习""操练"之意，macht的含义是"造就""造成"，den Meister系macht的第四格宾语，意谓"名师""名家""能工巧匠"。请初学者注意：这是独立的习惯用语，并且当心用错地方，即要与上文"密切配合""门当户对"才行。否则会令人莫名其妙。

（4）**Sonstiges** 其他

◎ **Ein Glas Bier, danke! 谢谢，来一杯啤酒！**

这里要讲两点：一是Glas的意义和用法。只用单数时的意义是"玻璃"，而其复数的用法较复杂，所有的玻璃制品都叫Glas，甚至连望远镜、眼镜也不例外。这里是"杯"的意思，相当于汉语中的量词，因为Glas有"玻璃杯"的释义。二是注意danke的位置。德国人一般对对方问要不要什么，或是否要提供什么，先表示"要"或者"不要"，然后再说"谢谢"。而我们中国人是先"谢谢"后再说"要"或"不要"。这也是国家不同人情不同。从语法上来讲，ein Glas和Bier是同位语。

◎ **Jetzt wird getanzt. 现在跳舞了。**

这是个被动句式。也可说成：Es wird jetzt getanzt.（es是形式主语）有关被动态的语法现象请见第十单元语法部分。

4. Übungen 练习

（1）**Beantworten** 回答问题

① Was schenkt der Gast dem Gastgeber（主人）?

② Warum kommt die Freundin des Gastes nicht?

③ Was bietet der Gastgeber zum Trinken?

④ Wen hat der Gastgeber noch zu betreuen?

⑤ Wieso steht der andere Gast so allein?

⑥ Wie gefällt ihm die Party?

⑦ Was will er trinken?

⑧ Wozu lädt ihn die Gastgeberin（女主人）ein?

⑨ Kann der andere Gast gut tanzen?

⑩ Worüber weiß der andere Gast viel?

（2）**Vervollständigen** 完整句子

① Leider hat seine _____ schon etwas vor.

② Kümmern Sie sich doch nicht um _____!

③ Ich glaube, das ist ein _____ Sprichwort.

④ Bitte, fühlen Sie sich _____ zu Hause!

⑤ Aber er ist zum _____ Mal in Deutschland.

⑥ Jetzt _____ im Garten getanzt.

⑦ Gefällt Ihnen die _____ hier nicht?

⑧ _____ macht den Meister!

⑨ Der andere Gast weiß viel _____ Deutschland!

⑩ Darf ich Sie zum Tanzen _____?

（3）**Übersetzen** 翻译

① Zhonghua und Hongying wissen viel über Deutschland.

② Guten Abend, Maria! Herzlichen Glückwunsch zum Geburtstag!

③ Sie hat bei der Party doch viele Gäste zu betreuen.

④ Übung macht den Meister! Das ist ein deutsches Sprichwort.

⑤ Fühlen Sie sich wie zu Hause!

⑥ 我初到德国，一切对我都是陌生的。

⑦ 噢，这没有关系。我们已经认识几个月了。

⑧ 您喜欢这里的生日派对吗？

⑨ 现在跳舞了。我可以邀请你跳舞吗？

⑩ 你想喝点什么？是葡萄酒，还是果汁？

E Lesetext 阅读课文

1. Thema: Was ist typisch deutsch? 题目：什么是典型的德国风格？

Touristen, die Deutschland besuchen, haben ein ganz bestimmtes Bild vom Land und von den Leuten. Eine deutsche Zeitschrift fragt jugendliche Deutschland-Besucher in München: „Was ist typisch deutsch? "

Lucia kommt aus Brasilien und studiert ein Semester in München. Sie sagt: „Was ist typisch deutsch? Die Deutschen sind sehr direkt und ehrlich - sie sagen immer ihre Meinung. Ich glaube, kaum ein Ausländer findet das höflich. In Deutschland diskutiert man gern über alles. Aber viele Deutsche können nicht zuhören und die Meinung eines anderen nicht akzeptieren ..."

Andreas ist Student in Italien und besucht gerade einen Deutschkurs in München. Er sagt: „Ich lebe bei einer deutschen Familie. Die Deutschen sind sehr ordentlich und sauber. Aber manchmal sind sie zu ordentlich! Bei uns in Italien ist Ordnung nicht so wichtig. Hier ist alles besser organisiert als in Italien. Die Busse und Züge sind pünktlich und haben kaum Verspätung. Das finde ich super!"

2. Wörter 词汇

typisch 典型的，有特征的
der Tourist -en, -en 旅游者，观光者
jugendlich 青年人的，年轻的
Lucia 卢西娅（人名）
Brasilien 巴西（国名）
ehrlich 诚实的，老实的
die Meinung -en 看法，意见，见解
der Ausländer - 外国人
finden vt 发觉，感到；认为
höflich 客气的，有礼貌的

diskutieren vt/vi 讨论，商议
akzeptieren vt 接受
Andreas 安德烈斯（人名）
Italien 意大利（国名）
der Deutschkurs -e 德语班，德语语言班
ordentlich 有秩序的，井井有条的
sauber 干净的，清洁的
wichtig 重要的，要紧的，重大的
organisieren vt 组织，建立，安排
als 比（表示比较的连词）

pünktlich 准时的，严守时刻的　　　　super 非常，特别地；最，极
die Verspätung -en 迟到，晚点，延误

3. Erläuterungen 解释

（1）Satzmodelle für Anfänger 初学句型

◎ **Was ist typisch (deutsch)? 什么是典型的（德国风格）？**

这是问一个国家或其人有什么特点、特别的禀性或韵味等典型的、有代表性的东西的句式。句中 deutsch 可换成别的国家或地方的形容词。如：Was ist typisch chinesisch?（什么是典型的中国风格？）Was ist typisch englisch?（什么是典型的英国风格？）Was ist typisch amerikanisch?（什么是典型的美国风格？）如要问具体的人的典型风格，一般须用介词 für。例：Was ist typisch für die Chinesen?（什么是中国人的典型风格？）Was ist typisch für ihn?（什么是他的典型风格？）

◎ **Das finde ich super! 我觉得这好极了！**

动词 finden 早就在前面课文中出现，但那是"找到"意义上的用法。本课文两次出现 finden，其意义却是"认为""觉得"，表示一种看法或感受。句中das是finden的宾语，指上文所讲：Die Busse und Züge sind pünktlich und haben kaum Verspätung.（汽车和火车都很准时，几乎没有晚点。）类似的句式 (etwas + 一个形容词 + finden) 举例：Das findet er sehr gut!（他觉得这非常好。）Seine Worte finde ich komisch.（我觉得他的话很滑稽。）Der Lehrer findet den Satz falsch.（老师认为这个句子错了。）

（2）Feste Kombinationen 固定搭配

◎ **ein Bild von etwas / jm. (D) 某物的图片 / 某人的照片**

名词 Bild 的意思还有很多，如"图画""图像""画像""映象""景象""印象"等。所以，它的用法也很复杂。究竟如何理解和措辞，就要根据具体语言环境了。要表达"什么样的图片"或"谁的照片"，须同介词 von（支配第三格）搭配。课文句子：Touristen, die Deutschland besuchen, haben ein ganz bestimmtes Bild vom Land und von den Leuten.（那些访问德国的外国游客对这个国家和德国人会有一个完全明确的印象。——这是参观访问后得到的外部印象。）

◎ **über etwas (A) diskutieren 对……进行讨论 / 发表议论**

动词 diskutieren 有及物和不及物两种用法。这里是不及物的用法，必须与介词 über（支配第四格）搭配。课文句子：In Deutschland diskutiert man gern über alles.（在德国

大家喜欢对一切发表议论。）又例：Wir haben lange über seinen Vorschlag diskutiert.（我们对他的建议讨论了很长时间。）Diese Frage diskutieren sie ganz kurz.（这问题他们就讨论了很短的一会儿。）说明：diskutieren 的及物和不及物用法在意义上并没有什么大的不同。

◎ **bei jm. (D) leben** 生活 / 住在某人处

要表达在某人处生活或住，要用 bei jm. (D) leben / wohnen 这个搭配。课文句子：Ich lebe bei einer deutschen Familie.（我住在一德国人家里。）又例：Die meisten Studenten leben nicht bei ihren Eltern.（大部分大学生不住在父母那儿。）Warum kannst du nicht bei mir leben?（你为什么不能住在我这儿呢？）

（3）Idiomatische Wendungen 习惯用语

◎ **kaum ein Ausländer** 几乎没有一个外国人

这是用kaum（副词）构成的一个习惯用语。kaum 的意思是"几乎不""几乎没有"，也是一种否定，但比用 kein 和 nicht 的否定要留有一点余地。课文句子：Ich glaube, kaum ein Ausländer findet das höflich.（我相信，几乎没有一个外国人会认为这是礼貌的。—— finden 在句中不是"找到"，而是"以为""认为"之意。）又例：Ich verstehe Sie kaum.（您的话我几乎没有听懂。）Das Buch gefällt kaum einem Leser.（几乎没有一个读者喜欢这本书。）Sie hat kaum etwas gegessen.（她几乎没有吃过一点东西。）

◎ **zu (ordentlich) sein** 太（有条理）了

这里的 zu 是副词，意思是"太""过分"。ordentlich 是"有条理的""井井有条的"，本来是褒义的。现在加了 zu 以后，就有了贬义，或不好的色彩。这实际上也是一种否定，但是"轻度"的否定。这种"zu + 一个形容词 + sein"的用法在德语口语中较多见。课文句子：Aber manchmal sind sie zu ordentlich!（可是，有时候他们也太有条理了！—— 有点批评、埋怨的味道。）又例：Der Text ist zu lang.（这课文太长了。）Die Frage ist zu schwer.（这问题太难了。）Er läuft zu langsam.（他跑得也太慢了。）

（4）Sonstiges 其他

◎ **besser als ...** 比……好

连词 als 的意义和用法颇多，这是其中很常见的一个。这里它用于将某物或某人同另一物或人进行比较。课文句子：Hier ist alles besser organisiert als in Italien.（这里的一切都比意大利安排得好。）请注意：als 前面必须有一个比较级别的形容词，否则就不是比较了。又例：Er schreibt viel schneller als sie.（他写得比她快多了。）Sie studieren fleißiger als früher.（他们学得比过去努力了。）Er aß langsamer als seine Frau.（他吃得比他妻子慢。）从上述例句可以看出，als 后面可以是除了动词外的任何词类。

4. Übungen 练习

（1）**Beantworten** 回答问题

① Wer hat ein ganz bestimmtes Bild von Deutschland und Deutschen?

② Wen fragt eine deutsche Zeitschrift?

③ Was fragt diese Zeitschrift?

④ Woher kommt Lucia?

⑤ Was macht sie in München?

⑥ Wer ist sehr direkt und ehrlich?

⑦ Worüber diskutiert man in Deutschland?

⑧ Wer ist Andreas?

⑨ Wo wohnt er?

⑩ Wie sind die Deutschen nach seiner Meinung（根据他的看法）?

（2）**Ergänzen** 填空

① Sie kommt aus _____ und studiert ein _____ in München.

② Die Deutschen sind sehr _____ und _____.

③ Die deutsche Zeitschrift fragt _____ _____ Besucher in Berlin.

④ Aber sie können nicht _____ und die _____ eines anderen nicht akzeptieren.

⑤ Sie glaubt, kaum ein Ausländer findet das _____.

⑥ Andreas ist Student in _____ und besucht gerade einen _____ in München.

⑦ Er _____ bei einer deutschen Familie.

⑧ Aber manchmal sind manche Deutsche zu _____!

⑨ Bei uns in Italien ist _____ nicht so wichtig.

⑩ Die Busse und Züge sind _____ und haben _____ Verspätung.

（3）**Satzbilden** 造句

① ein Bild von etw. / jm. (D) haben

② über etw. (A) diskutieren

③ typisch chinesisch

④ super / sehr gut finden

⑤ eine Verspätung

⑥ akzeptieren

⑦ kaum ein Ausländer / Tourist

⑧ ordentlich sein

⑨ besser / schlechter als ... sein

⑩ direkt und ehrlich

（4）Übersetsen 翻译

① Er ist Student in Italien und besucht gerade einen Deutschkurs in Hamburg.

② Die Busse und Züge sind pünktlich und haben kaum Verspätung.

③ Die meisten Deutschen sind sehr ordentlich und sauber.

④ Wo ist alles besser organisiert als in Italien?

⑤ Er sagt, sie sind aber manchmal zu ordentlich.

⑥ Die ausländischen Besucher haben ein ganz bestimmtes Bild von Shanghai.

⑦ Eine deutsche Zeitschrift fragt ausländische Besucher: „Was ist typisch deutsch?"

⑧ 许多外国旅游者访问德国。

⑨ 大部分德国人是很诚实，很直截了当的。

⑩ "在我们意大利，秩序没有这么重要。"

⑪ "什么是典型的中国风格？"

⑫ 有些德国人总是说自己的看法，但不仔细听别人的。

⑬ 为什么他们不能接受别人的意见呢？

⑭ 你觉得什么东西棒极了？

Lektion 14

第十四单元

Hauptthema: Feste 主题：节日

A Lernziel 导学

1. Klassendeutsch 课堂用语

Danke, das genügt!	谢谢，够了！/ 到此为止！
So ist es gut!	这样就好 / 对了！
Das macht nichts.	（这）没有关系。

2. Redemittel 会话句型

Erst seit ... bin ich hier.	Laternenzüge durch ... machen
Alles ist uns fremd.	Was denn?
mit etwas/jm. (D) zu tun haben	Sehr gern!
Es gilt als Symbol für ... (A)	Vielleicht ja!

3. Tipps zur Grammatik 语法提示

◇ 重点：① "动词不定式结构"是德语语法的特点，也是学习的重点。要花大力气掌握德语"动词不定式结构"的种类、构成、用法和意义。② 德语命令式与汉语的有很大差异，要掌握其构成特点和规律，以及与汉语的不同点，特别是用du作主语的命令句。

◇ 难点：① 准确使用"带zu的不定式结构"有点难，因为它用法多，而且灵活多变。初学要特别注意这种结构中动作或行为的主体应与正句中的相同。② 德语中"带um ... zu 的动词不定式结构"只能表达目的、意图，而且它的动作或行为主体也必须与正句中的相同。

4. Etwas über das Hauptthema 背景点滴

> 德国的节日一般可分为三类：宗教节日、政治节日和民俗节日。由于德国的主要宗教信仰是基督教，所以德国的宗教节日，特别是基督教节日较多，其中以圣诞节、复活节等庆祝最为隆重。另外，随着社会的发展，一些具有德国特色的民俗节日也非常热闹和精彩，赢得了国际声誉，比如狂欢节、慕尼黑啤酒节等。每年10月3日是德国的统一日（Tag der deutschen Einheit）。这是德国的国庆节，也是德国人的一个重要政治节日。还值得一提的是，德国各州各市都有自己的节日，甚至各个大学及大学生宿舍也有各具特色的节日。

B Gespräch 对话

1. Thema: Weihnachten steht vor der Tür 题目：圣诞节快到了

(*Situation: Weihnachten steht vor der Tür. Leon und Maria, Zhonghua und Hongying unterhalten sich darüber, wie man in Deutschland Weihnachten feiert.*)（会话情景：圣诞节快到了。莱昂、玛莉娅和中华、红英在一起谈论如何过圣诞节。）

L: In zehn Tagen ist Weihnachten! Habt ihr schon was vor?

Z: Nein. Wir sind erst seit zwei Monaten hier und uns ist alles fremd.

M: Das macht nichts. Ihr könnt es bei uns zusammen feiern und sicher viel Spaß haben.

Z: Wir sind schon ganz gespannt darauf. Könnt ihr uns doch etwas vom Weihnachten erzählen?

M: Sehr gern! Weihnachten ist ursprünglich ein christliches Fest. Aber heute ist es zum allgemeinen Familienfest geworden.

Z: Wie viele Tage wird gefeiert?

L: Theoretisch zwei Tage. Aber schon am „Heiligen Abend" beginnt die Feier.

Z: Wie wird gefeiert?

L: Am „Heiligen Abend" bleiben die Familien gewöhnlich unter sich.

H: Ach, das ist wie in China am Vorabend des Frühlingsfestes!

M: Wir haben etwas völlig anderes, um das Fest feierlicher und fröhlicher zu feiern.

H: Was denn? Das interessiert mich besonders!

M: An dem Abend wird in jeder Familie ein Weihnachtsbaum geschmückt und angezündet. Viele Familien gehen in die Kirche, um die Messe zu besuchen.

Z: Oh, das haben wir in Shanghai aber nicht. Heißt das, dass Weihnachten noch christlich bleibt?

L: Vielleicht ja!

2. Wörter 词汇

das Weihnachten - 圣诞节
 vor 在……之前（介词，支配第三格）
 erst 仅仅，才
 fremd 陌生的；外国的，外地的
 gespannt 紧张的，好奇的
 erzählen *vt* / *vi* 讲述，叙述；谈
 ursprünglich 原来的，最初的
 christlich 基督教的，信基督教的
das Fest -e 节日，庆典
das Familienfest -e 家庭节日
 heilig 神圣的，圣洁的；神圣不可侵犯的
die Feier -n 庆祝活动，庆祝会，典礼

gewöhnlich 习惯的，通常的；一般的
 unter 在……下面（介词，支配第三或第四格）
 der Vorabend -e 前夜，前夕
 das Frühlingsfest 春节
 feierlich 节日的，隆重的；郑重的
 fröhlich 愉快的，喜悦的，高兴的
 der Weihnachtsbaum ¨e 圣诞树
 schmücken *vt* 装饰，修饰，打扮
 an/zünden *vt* 点燃，点着
die Kirche -n 教堂；教会
die Messe -n 弥撒；博览会
 vielleicht 也许，可能；大约

3. Erläuterungen 解释

（1）Satzmodelle für Anfänger 初学句型

◎ **Wir sind erst seit zwei Monaten hier.** 我们来到这里才两个月。

 erst seit ... (hier) sein 是"从……时候起才到（这里）"。seit 是支配第三格的介词，表示"从什么时候起"；erst 是副词，与序数词"第一"完全无关；它在句

中表示"才""刚刚"之意，起强调的作用。又例：Ich bin erst seit zwei Minuten im Klassenzimmer.（我到教室才两分钟。）Die ausländischen Touristen sind erst seit einem Tag in Shanghai.（这些外国旅游者来上海才一天。）请注意：seit 后面的时间必须与整个句子的意思，即与 erst 要"匹配"，要足够的"短"，否则句子意思矛盾，就不合逻辑了。

◎ **Uns ist alles fremd. 我们对一切都是陌生的。**

这是 "etwas / jd. ist jm. (D) + fremd（或别的形容词或副词）"句型。句中主语可以是人或事或物，uns是第三格间接宾语，fremd（或别的形容词或副词）则是补语。又例：Der Mann ist mir bekannt.（此人我熟悉/知道。）Das Wort ist euch fremd / unbekant.（这个词你们是不熟悉的。）Es ist ihm schwer, diese Frage zu beantworten.（要回答这个问题，对他来说是很难的。）请注意：课文句子与 "Alles ist uns fremd."（一切对我们来说都是陌生的。）的意思是差不多的，但强调的东西却不一样。alles放在句首，就强调"一切"，翻译时一般也把"一切"放在句首；uns放在句首，就强调"我们"，翻译时最好把"我们"也放在句首，以示强调。

（2）Feste Kombinationen 固定搭配

◎ **gespannt auf etwas (A) sein 对某事感到急切 / 紧张 / 好奇**

gespannt 源自动词 spannen（拉紧，绷紧，张紧）的第二分词，但早作独立的形容词用。它一般配动词 sein。介词 auf 在这里支配第四格。课文句子：Wir sind schon ganz gespannt darauf.（我们早就对此感到非常紧张/好奇了。—— darauf 指上文说到的"圣诞节"。根据汉语表达习惯，这句句子最好译成：我们早就急切地期盼着它的到来。）又例：Sie sind sehr gespannt auf die chinesische Akrobatik.（他们急切地盼待着中国杂技的演出。）Die Studenten sind ganz gespannt auf die Vorlesung des Professors.（大学生们急切地期盼这位教授来作讲座。）请注意：这里的"紧张"不是因为陌生或初次登台等引起的"神情紧张"或"失态"，而是由"好奇心""急切的期盼"造成的"紧张心理"。

◎ **etwas (A) von etwas / jm. (D) erzählen 讲述某事 / 某人的一些情况**

动词 erzählen 可及物，也可不及物。它用作不及物时，则通过介词 von 或 über 带出间接宾语。课文句子：Könntet ihr uns doch etwas vom Weihnachten erzählen?（你们能给我们说说圣诞节的一些情况吗？—— 这里的 erzählen 是及物的用法，etwas 是其第四格宾语。）又例：Erzähle uns doch etwas von deiner Reise nach Hongkong!（讲点你香港之行的情况给我们听听！）Über ihn kann ich Ihnen leider nichts erzählen.（对他的情况可惜我对您一点也说不出来。）Sie kann gut erzählen.（她很会讲故事。—— 这是 erzählen 的不及

物用法。）请注意：von 和 über 与 erzählen 搭配时意思一样，但支配要求不同（von 第三格，über 第四格）。

◎ **unter sich bleiben** （单独）在一起

这是动词 bleiben 与介词 unter 的常用搭配。unter 在这里支配第三格。有时句中动词可用 sein，意思差不多。课文句子：Am Heiligen Abend bleiben die Familien gewöhnlich unter sich.（在"圣诞前夜"，家家户户习惯上都团聚在一起。—— 也可用介词 für 代替 unter，但要注意 für 支配第四格。）动词 bleiben 还可与许多其他介词搭配。举例：Er bleibt seit drei Jahren immer in Beijing.（他三年来一直待在北京。）Sie bleibt bei ihrer Tante.（她留在她姨妈/姑妈/舅妈那里。）Bleiben wir immer in Verbindung!（我们一直保持联系！）Das bleibt unter uns!（这事我们知道就行！—— 不要对别人说这事。）

◎ **Messe besuchen** 望弥撒 / 参观展览会

该搭配在课文中涉及宗教，所以意谓"望弥撒"。请注意：die Messe 是个多义词，既可释义"弥撒""弥撒曲"，也有"博览会""商品交易会""每年一次的集市"之意。具体措辞就决定于具体语言环境了。课文句子：Viele Familien gehen in die Kirche, um die Messe zu besuchen.［许多家庭（在圣诞前夜）去教堂望弥撒。］

（3）Idiomatische Wendungen 习惯用语

◎ **der „Heilige Abend"** "圣诞前夜 / 前夕"

这是专有名词，特指圣诞节的前夜（即12月24日晚上）。从某种意义上说，有点像我们中国人说的"大年夜"。要表示"在圣诞前夜/前夕"，则用介词 an: am „Heiligen Abend"。请注意：形容词heilig的首字母 h 要大写，因为它是专有名词的一部分。又例：die Heilige Allianz（神圣同盟），die Heilige Schrift（圣经），die Heilige Stadt（圣城 —— 特指耶路撒冷）。

◎ **Was denn?** 那是什么呢？

这是口语中急切探问对方刚刚说起的某事或某物的详况的习惯用语。课文句子：Was denn?（Das interessiert mich besonders！）［那是什么呢？（这使我感到特别有兴趣。）］—— 后面这句话把说话人的急切心情表露无遗：他非常想知道对方在上文中说起的"庆祝圣诞节的不同之处"。上文句子：Aber wir haben etwas völlig anderes, um das Fest feierlicher und fröhlicher zu feiern.（但是，为了更隆重和欢乐地庆祝这个节日，我们还有点完全不同的庆祝法。）］

（4）Sonstiges 其他

◎ **Sehr gern!** 非常乐意！/ 好的！

该表达涉及副词 gern 的用法问题。它往往用来回答对方的请求或要求，也属于客套。请看课文中上文：Könntet ihr uns doch etwas vom Weihnachten erzählen?（你们能给我们说说圣诞节的一些情况吗？—— 显然，这是一种请求。）gern 用法又例：Gern geschehen!（不用谢！/别客气！—— 对对方表示谢意的一种客气的回应。）Das tue ich gern.（我乐于此为！/ 乐于效劳！—— 同上，见第十三课对话部分。）gerne 也可表达"乐意""好的""乐于效劳"之意。

◎ **am Vorabend des Frühlingsfestes** 在春节前夜 / 在大年夜 / 在除夕晚上

der Vorabend 是个由介词 vor 和名词 der Abend 复合而成的名词，表示"前夜""前夕"。如表示"在什么的前夜 / 前夕"，须用介词 an。例：am Vorbend der Prüfung（在考试前夕），am Vorabend der Krieges（在战争前夜），am Vorabend der Reise nach Europa（在赴欧洲旅行前夕）。das Frühlingsfest 特指中国的"春节"，是德语中固定的表达，已经为德国人所接受。这样的已经德语化的"中国词"还有不少。例：Wushu（武术）/ Kungfu（功夫），Taijiquan（太极拳），Toufu（豆腐），Mondfest（中秋节），Mondkuchen（月饼）等等。

◎ **Vielleicht ja!** 也许是吧！

这是一种不能肯定的回答。ja 本来是肯定的回答，现在加上表示"可能""也许"的词 vielleicht，就是对肯定的限制或修饰了。请看课文上下文：- Heißt das, dass Weihnachten noch christlich bleibt?（这是不是说圣诞节还保留着宗教色彩？—— 这是对方的问题。）- Vielleicht ja!（也许是吧！—— 这是不能肯定的回答。）也可以单独用"Vielleicht!"作回答，表示"可能吧"。vielleicht 这个副词还挺常用的。又例：Kommen Sie morgen mit? - Vielleicht!（您明天也来吗？— 也许吧！）Habe ich recht? - Vielleicht!（我说得对吗？— 也许对吧！）Ist das gut oder schlecht? - Vielleicht gut!（这是好还是坏？— 也许是好吧！）

4. Übungen 练习

（1）**Partnerübung** 结伴练习（检查词汇掌握情况）

Partner 1	*Partner 2*
陌生的	_____

原来的	_____
das Weihnachten	_____
gespannt	_____
erzählen	_____
基督教的	_____
家庭节日	_____
heilig	_____
die Feier	_____
习惯的	_____
前夕	_____
feierlich	_____
装饰	_____
教堂	_____

（2）**Konversationsübung** 会话练习

四个同学一组，分别扮演课文中的四个角色，并按照课文情景进行有关德国人如何过圣诞节的对话。

（3）**Beantworten** 回答问题

① Seit wann（从什么时候起）sind Zhonghua und Hongying in Deutschland?

② In wie vielen Tagen ist Weihnachten da?

③ Mit wem werden sie das Familienfest zusammen feiern?

④ Worauf（对什么）sind sie schon ganz gespannt?

⑤ Was für ein Fest ist Weihnachten ursprünglich?

⑥ Was ist das Fest heute geworden?

⑦ Wie viele Tage wird zu Weihnachten gefeiert?

⑧ Wann beginnt schon die Weihnachten-Feier?

⑨ Wie wird das Familienfest gefeiert?

⑩ Was machen die chinesischen Familien zum Frühlingsfest?

⑪ Was schmücken die Deutschen am Heiligen Abend?

⑫ Warum gehen viele deutsche Familien an dem Abend in die Kirche?

（4）**Satzbilden** 造句

① Weihnachten

② erst seit ...

③ jm. fremd sein

④ auf etwas gespannt sein

⑤ von etwas erzählen

⑥ am Vorabend

⑦ vielleicht

⑧ fröhlich feiern

⑨ vor der Tür stehen

⑩ schmücken

（5）**Übersetzen** 翻译

① Heute ist Weihnachten zum allgemeinen Familienfest geworden.

② Aber schon am „Heiligen Abend" beginnt die Feier.

③ An dem Abend wird in jeder Familie ein Weihnachtsbaum geschmückt und angezündet.

④ Sie haben etwas völlig anderes, um das Fest feierlicher und fröhlicher zu feiern.

⑤ Zu Weihnachten bleiben die meisten Familien gewöhnlich unter sich.

⑥ 你们和我们一起庆祝这个节日。

⑦ 我们到这里才两个月，对什么都是陌生的。

⑧ 圣诞节本来是个基督教的节日。

⑨ 你们能不能给我们讲些圣诞节的情况？

⑩ 许多德国家庭在圣诞前夜到教堂望弥撒。

Lektion 14 第十四单元

> **Weisheit（智慧箴言）**
> *Keine Rose ohne Dornen.*
> 没有蔷薇不带刺。/好事多磨。

C Grammatik 语法

> **Lerntipps** 德汉标点有不同，句号省略别错用。
> **学习提示** 更有结构不定式，用法特殊还带 zu。

1. Allgemeines 语法常识

（1）德汉标点符号的异同

德汉标点符号大多是相同的，不同的主要是句号和省略号。德语句号用实心圆点"．"，不是汉语中的空心圆点；德语省略号是三点"..."，汉语是居中六点。德语中没有汉语中的顿号，往往用逗号表示。另须注意德语引号的位置：如果严格按照德语正字法，德语引号的上半部分应放在左下角，不是汉语的左上角，下半部分位置同汉语。但限于条件（如打字机、电脑软件等的限制）等，在很多情况下也有把引号上半部分放在左上角。

（2）动词不定式结构

动词不定式就是动词的原形。动词不定式与一定的词连用，构成动词不定式结构。这种动词不定式结构有许多特殊的用法。比如：

① 不带 zu 的动词不定式结构：主要与某些特定动词（如heißen, helfen, lehren, machen, lassen等）连用。

② 带 zu 的动词不定式结构：主要用于构成各种比较复杂的句子成分。

③ 带 um ... zu 的动词不定式结构：主要用于表示目的、意图。

④ 带 (an)statt ... zu 的动词不定式结构：表示舍弃或原想做而未做的动作或行为。

⑤ 带 ohne ... zu 的动词不定式结构：表示没有应有的伴随行为或动作。

下面简单介绍带 zu 的和带 um ... zu 的两种动词不定式结构。

（3）带 zu 的和带 um ... zu 的动词不定式结构

① 带 zu 的动词不定式结构

这是德语中的特殊结构之一。它可作主语、宾语、定语等多种成分，在句中的位置可根据需要置前或置后或插入句子中间。它是德语组句时简洁行文、增强表达效果的一个很重要的语法手段。初学时注意这种结构中动作或行为的主体应与正句中的相同。例见本单元语法图表。

② 动词不定式结构 um ... zu

这是德语中表示动作或行为目的的不定式结构，汉译时一般措辞"为了"。它在句中的位置可根据需要放在句首或句尾，并用逗号与前面或后面的句子成分分开。初学者要注意：它只能表示目的、意图，它的动作或行为主体也必须与正句中的相同。例见本单元语法图表。

（4）命令式总说

以命令的口气表达说话人意愿、要求、促请等的句子形式，称作命令式。它的特点是：① 谓语必须置于句首，如：Sprechen Sie bitte langsamer!（请您说慢点儿！）② 书面语中一般句末用感叹号。③ 用du时，必须省却du，如：Verschwinde!〔（你）滚！〕

2. Grammatische Tabellen 语法图表

（1）带 zu 的动词不定式结构用法举例

用法	举例
作主语	Es freut mich, Sie kennenzulernen.（认识您我很高兴。） Mit ihm zu sprechen, macht uns viel Spaß.（同他说话我们觉得很有趣。）
作宾语	Er bittet mich zwei Minuten zu warten.（他请我等两分钟。） Vergessen Sie nicht, sie anzurufen!（您别忘了给她打电话！）
作定语	Hast du Zeit, ins Kino zu gehen?（你有时间去看电影吗？） Ich habe den Wunsch, nach Europa zu reisen.（我希望去欧洲旅行。）

（2）动词不定式结构 um ... zu 用法举例

用法	举例
位于句首 （强调目的）	Um gesund zu bleiben, soll man Sport treiben.（为了保持身体健康，应该进行体育锻炼。） Um unseren Freund abzuholen, kommen wir zum Bahnhof.（为了接朋友，我们去火车站。）

（续表）

用法	举例
位于句首（强调目的）	Um ein Wörterbuch zu kaufen, fährt sie in die Stadt.（为了买一本词典，她乘车去城里。）
位于句尾（强调行为）	Man soll Sport treiben, um gesund zu bleiben.（应该进行体育锻炼，以保持身体健康。） Wir kommen zum Bahnhof, um unseren Freund abzuholen.（我们去火车站接朋友。） Sie fährt in die Stadt, um ein Wörterbuch zu kaufen.（她乘车去城里，想买一本词典。）

（3）派生名词主要类型及举例

类型	举例	类型	举例
+ ei	Wäsche-Wäscherei（衣服 — 洗衣店） betteln-Bettelei（乞讨 — 乞讨）	+ schaft	Mann-Mannschaft（人 — 运动队） Bote-Botschaft（信使 — 信件/使馆）
+ er	fliegen-Flieger（飞行 — 飞行员） lesen-Leser（读 — 读者）	+ ung	Besprechen-Besprechung（讨论 — 商讨） reinigen-Reinigung（清洗 — 洗涤）
+ heit	schön-Schönheit（漂亮的 — 美人） frei-Freiheit（自由的 — 自由）	+ chen	Spiel-Spielchen（游戏 — 小游戏） Karte-Kärtchen（卡片 — 小卡片）
+ keit	müdig-Müdigkeit（疲劳的 — 疲劳） selbständig-Selbständigkeit（独立的 — 独立性）	+ lein	Bach-Bächlein（溪流 — 小溪流） Auge-Äuglein（眼睛 — 小眼睛）

（4）动词 gelten, rufen, beweisen 的现在时和过去时变位

动词	gelten		rufen		beweisen	
第二分词	(h) gegolten		(h) gerufen		(h) bewiesen	
时态	现在时	过去时	现在时	过去时	现在时	过去时
ich	gelte	galt	rufe	rief	beweise	bewies
du	giltst	galtest	rufst	riefst	beweist	bewiest
er / sie / es	gilt	galt	ruft	rief	beweist	bewies
wir	gelten	galten	rufen	riefen	beweisen	beweisen
ihr	geltet	galtet	ruft	rieft	beweist	bewiest
sie / Sie	gelten	galten	rufen	riefen	beweisen	bewiesen

3. Übungen 练习

（1）Partnerübung 结伴练习

Partner 1	*Partner 2*
Wofür gelten die Regeln（规则）？	Sie _____ nur für das Spiel.
Sie galten früher doch.	Sie _____ jetzt nicht mehr.
Gilt die Wahrheit überall?	Ja, sie _____ doch überall.
Als Symbol galt das lange.	Wie lange _____ das als Symbol?
Als was gilt das?	Als Symbol _____ das.
Für wen galt das?	Für diejenigen _____ das.
Ich rief dich an.	Wann _____ du mich _____?
Er ruft sie morgen an.	Sie _____ ihn dann zurück.
Wann haben Sie mich angerufen?	Ich _____ dich gestern Abend _____.
Rufe sie heute Abend noch an!	OK, ich _____ sie heute Abend noch _____.
Warum habt ihr uns nicht angerufen?	Wir haben keine Zeit, euch _____.
Sie riefen den Lehrer in der Stadt an.	Wo _____ sie den Lehrer _____?
Beweist das wirklich nichts?	Nein, das _____ doch nichts.
Du kannst das beweisen, ja?	Nein, ich _____ das nicht _____.
Wer hat das bewiesen?	Wir _____ das _____.
Sie bewiesen es vor einem Jahr.	Wann _____ sie es?
Wir beweisen diese Behauptung später.	Ich warte darauf, dass ihr sie später _____.
Sein Artikel bewies das schon.	Was _____ das schon?

（2）Beantworten 回答问题

① 德语和汉语的标点符号有什么大的不同？

② 德语动词不定式结构有哪几种？

③ 带 zu 的动词不定式结构有什么作用和特点？

④ 初学 um ... zu 动词不定式结构要注意些什么？

⑤ 请说说德语命令式的三个特点！

Lektion 14 第十四单元

（3）**Selbstkontrolle** 自我检测（找出正确答案）

① Weihnachten _____ vor der Tür.   a. Heiligen
② Ihr könnt dabei sicher viel _____ haben.   b. beginnt
③ Worauf sind sie schon ganz _____?   c. Frühlingsfestes
④ Am „ _____ Abend" bleiben die Familien gewöhnlich unter sich.   d. steht
⑤ Weihnachten ist _____ ein christliches Fest.   e. Spaß
⑥ Können Sie uns doch etwas von _____ erzählen?   f. feiern
⑦ Schon am „Heiligen Abend" _____ die Feier.   g. gespannt
⑧ Aber heute ist es zum _____ Familienfest geworden   h. geschmückt
⑨ Das ist wie in China am Vorabend des _____!   i. ursprünglich
⑩ An dem Abend wird in jeder Familie ein Weihnachtsbaum _____ und angezündet.   j. Weihnachten
⑪ Viele Familien gehen in _____, um die Messe zu besuchen.   k. allgemeinen
⑫ Sie haben etwas völlig anderes, um Weihnachten feierlicher zu _____.   l. die Kirche

（4）**Schriftliche Übungen** 书面练习

① 请用图表简单归纳德语带 zu 不定式结构的主要用法，并举例说明！
② 请用图表简单归纳德语 um ... zu 不定式结构的主要用法，并举例说明！
③ 请用图表简单归纳德语复合名词的主要种类，并举例说明！
④ 请用图表简单归纳动词 rufen 的现在时和过去时词尾变化！
⑤ 请用图表简单归纳动词 gelten 的现在时和过去时词尾变化！
⑥ 请用图表简单归纳动词 beweisen 的现在时和过去时词尾变化！

D Hörverständnis 听力

1. Thema: Chinesische Feste 题目：中国的节日

- Kannst du mir doch etwas vom Frühlingsfest Chinas erzählen?

- Ja, sehr gern! Eigentlich ist es ein Neujahrsfest in China.

- Warum wird aber das Fest an verschiedenen Tagen gefeiert?

- Der chinesische Mondkalender und der gregorianische Kalender sind nicht gleich.

- Ist das Fest ein Familienfest wie Weihnachten?
- Genau. Gewöhnlich kommen alle Familienangehörigen zusammen, um das Fest zu feiern.
- Was für traditionelle Feste haben die Chinesen noch?
- Beliebt ist auch das Laternenfest am 15. Januar nach dem Mondkalender.
- Hat das Fest mit Laternen zu tun?
- Sie haben recht. An dem Festtag bekommt jedes Kind eine Laterne. Sie machen sozusagen Laternenzüge durch die Straßen und die Dörfer.
- Es wird sicher sehr viel Spaß machen. Ich habe einmal von dem chinesischen Mondfest gehört. Wann und wie feiert man das Fest?
- Am 15. August dem Mondkalender nach. An dem Tag kann man einen besonders schönen Vollmond am Himmel sehen ...
- Moment bitte. Bedeutet der Vollmond vielleicht was?
- Ja. Der runde Mond gilt als Symbol für die Einheit der Familie. Alle Familienangehörigen sitzen im hellen Mondlicht zusammen und essen fröhlich Mondkuchen.
- Oh, sehr interessant und romantisch!

2. Wörter 词汇

eigentlich 原来的；真正的
das Neujahrsfest 元旦节庆，新年节庆
der Mondkalender （中国的）阴历
gregorianisch 格里高尔的
der Kalender - 年历，月历，日历
der / die Familienangehörige -n, -n 家庭成员（按形容词变化）
zusammen/kommen vi 相聚，聚会
traditionell 传统的，惯例的
das Laternenfest （中国的）元宵节
die Laterne -n 灯笼，提灯

der Laternenzug ¨e 舞龙灯的队伍
das Mondfest （中国的）中秋节
gehören vi 属于，归属，从属
der Vollmond 满月，望月
der Himmel - 天，天空
rund 圆的；满的
gelten vi 被视为；适用于
das Symbol -e 象征；标记
die Einheit -en 统一；一致
hell 明亮的，鲜明的
das Mondlicht 月光

zusammen/sitzen *vi* 坐在一起，同坐   romantisch 浪漫的，浪漫主义的
der Mondkuchen - （中国的）月饼

3. Erläuterungen 解释

（1）Satzmodelle für Anfänger 初学句型

◎ **Hat das Fest mit Laternen zu tun?** 这个节日（指元宵节）与灯笼有关吗？

mit etwas / jm. (D) zu tun haben 是"跟某事 / 某人有关"。这是一种"zu + 动词 tun 的不定式结构"。mit 支配第三格，作状语。又例：Ich habe viel zu tun.（我有许多事要做。/ 我很忙。）Er hat nichts zu tun.（他没事可做。）再看两句 mit etwas / jm. zu tun haben 的例句：Das hat mit ihm zu tun.（这事儿跟他有关。）Das hat mit ihm nichts zu tun.（这事儿跟他一点关系都没有。）请注意：tun 这个动词看似简单，像个"小不点儿"，但意义很多，用法复杂，所以很难掌握，尤其是在固定句型和习惯用语中，千万不可掉以轻心。

◎ **Der runde Mond gilt als Symbol für die Einheit der Familie.** 圆月是家庭团聚的象征。/ 圆月象征着家庭团圆。

这是动词 gelten 和 连词 als 的搭配，als 后面可以是名词，也可以是形容词、副词或动词以外的其他词。又例：Er galt als der größte Dichter des Landes.（他被视为这个国家最伟大的诗人。）Das gilt als dumm.（这被看作是蠢事。）Das gilt als erlaubt.（这被视为得到允许的。——erlaubt 是动词 erlauben 的第二分词，这里作形容词用。）请注意：类似的用法有 für etwas (A) gelten。für 后面一般用人。例：Das gilt für alle.（这对大家都适用。）Das gilt nur für mich.（这只是针对我的。）

（2）Feste Kombinationen 固定搭配

◎ **Laternenzüge durch ... machen** 舞龙灯到某处

Laternenzüge machen的意思是中国元宵节前后的"舞龙灯"。Laternenzüge是Laternenzug的复数。要表示"舞着龙灯到什么地方去"就得与介词durch（支配第四格）搭配。课文句子：Sie machen sozusagen Laternenzüge durch die Straßen und die Dörfer.（他们舞着龙灯穿过城市的大街小巷和村庄。——sozusagen意谓"所谓的"，强调是舞龙灯人说的，可不译。）

◎ **von etwas / jm. (D) hören** 听到某事 / 某人的消息

动词 hören 也有及物和不及物两种用法。这是不及物的用法。先看课文句子：Ich habe einmal vom chinesischen Mondfest gehört.（我听说过中国元宵节。/ 我听到过有人说

起中国的元宵节。）又例：Sie werden von mir hören.（您会听到我的消息的。/ 我会给您打电话或写信的。）Man hört nie wieder von ihm.（再也没有听到他的消息。）Er hört schlecht.（他听觉不好。/ 他耳朵不好使。）

◎ **Symbol für etwas/jn. (A)** 某物 / 某人的象征

要表达"什么的象征"或"什么人的象征"，就要用 Symbol 和介词 für（支配第四格）这组搭配。该搭配也很常用。又例：Symbol für Revolutionäre（革命者的象征），Symbol für die Befreiung（解放的象征），Symbol für die Herrschaft（统治的象征）。请注意：Symbol 还有很常用的其他释义，如"标记""记号""符号"等，在翻译时不能把它一概理解和翻译为"象征"。

（3）**Idiomatische Wendungen** 习惯用语

◎ **nach dem Mondkalender** 按照（中国的）农历

der Mondkalender（阴历，农历）是德语化的中文表达。介词 nach（按照，根据）支配第三格，在该场合可前置，也可后置 (dem Mondkalender nach)，意思都一样。课文句子：Wann feiert man das Fest? - Am 15. August dem Mondkalender nach.（什么时候庆祝这个节日？— 农历的八月十五。）请注意：nach 既可前置又可后置的用法很多见，如nach meiner Meinung 或 meiner Meinung nach（根据我的意见 / 依我之见），nach dem Anschein 或 dem Anschein nach（从表象看），nach dem Alphabet 或 dem Alphabet nach（按照字母顺序）等。

（4）**Sonstiges** 其他

◎ **chinesischer Mondkalender** 中国的阴历 / 农历

一般德国人还不知道 der Mondkalender 是引进的中国概念"阴历""农历"，所以前面加个形容词 chinesisch，说明这是中国的概念。《新汉德词典》（1985年北京商务印书馆版）对"阴历"和"农历"就是用德语如此注释的。

◎ **gregorianischer Kalender** 格里历 / 阳历 / 公历

这是根据 16 世纪罗马教皇格列高利十三世（Gregor XIII）的名字命名的历法（时间计算法），也称"新公历"。西方国家一般都用这个历法。

4. Übungen 练习

（1）**Beantworten** 回答问题

① Was für ein Fest ist das Frühlingsfest eigentlich?

② Warum wird das Fest an verschiedenen Tagen gefeiert?

③ Was machen die Chinesen gewöhnlich zum Frühlingsfest?

④ Was für traditionelle Feste hat man in China noch?

⑤ Wie wird das Laternenfest gefeiert?

⑥ Wann feiert man in China das Mondfest?

⑦ Was sollte der Vollmond bedeuten?

⑧ Was findet ein Deutscher interessant und romantisch?

（2）**Vervollständigen** 完整句子

① Der chinesische _____ und der gregorianische _____ sind nicht gleich.

② Gewöhnlich kommen alle _____ zusammen, um das Fest zu feiern.

③ An dem Tag kann man einen besonders schönen _____ am Himmel sehen.

④ Beliebt ist auch das _____ am 15. Januar nach dem Mondkalender.

⑤ Der runde Mond gilt als _____ für die Einheit der Familie.

⑥ Alle Familienangehörigen sitzen im hellen Mondlicht zusammen und essen fröhlich _____.

⑦ Das scheint mir sehr interessant und _____ zu sein.

⑧ Wir haben einmal vom chinesischen Mondfest _____.

⑨ Das Laternenfest wird sicher auch sehr viel _____ machen.

⑩ An dem Festtag bekommt jedes _____ gewöhnlich eine Laterne.

（3）**Übersetzen** 翻译

① Was wissen Sie vom Frühlingsfest Chinas?

② Alle Familienangehörigen essen im hellen Mondlicht zusammen Mondkuchen.

③ Gewöhnlich kommen alle Familienangehörigen kurz vor dem Fest nach Hause.

④ Darf ich mal fragen: Was bedeutet der Vollmond?

⑤ Der chinesische Mondkalender und der gregorianische Kalender sind anders.

⑥ 春节原来是中国庆新年的节日。

⑦ 满月是一家人团聚的象征。

⑧ 全家人坐在一起吃月饼是很有趣和浪漫的。

⑨ 请问，中国还有那些传统的节日？

⑩ 正月十五的元宵节也是很受中国人欢迎的传统节日。

E Lesetext 阅读课文

1. Thema: Hochzeitsfest in China 题目：中国的婚礼

Im Verlauf der langen Geschichte Chinas gibt es viele Veränderungen und immer wieder neue Entwicklungen, und das gilt natürlich auch für die Sitten und Gebräuche rund ums Heiraten.

Früher kannten sich die beiden jungen Leute üblicherweise vor dem Tag der Eheschließung noch gar nicht persönlich. Das Mädchen durfte den Bräutigam vor der Hochzeit nicht sehen. Rot, die Farbe der Freude, dominierte bei der chinesischen Hochzeit und bedeutet in China nicht nur Fröhlichkeit, sondern auch, böse Geister zu vertreiben. Beim Verlassen der Familie durfte und musste die Braut weinen, um den Schmerz über die Trennung von ihrer Familie auszudrücken.

Gegenwärtig findet die Hochzeitsfeier meist abends statt, und zwar in Form eines Hochzeitbanketts. Dieses Bankett wird als Höhepunkt der Hochzeiteremonie betrachtet. Bei dem Bankett hat die Braut persönlich den Gästen Schnaps einzuschenken, um sich bei den Gästen für ihre Anwesenheit zu bedanken. Letztlich kommt dann noch etwas Interessantes: Die Chinesen nennen das „Nao Dongfang", auf Deutsch also ungefähr „das Brautpaar am Hochzeitabend necken". Die Teilnehmer sind normalerweise junge ledige Leute. Da hat das Brautpaar schwierige Aufgaben zu lösen oder etwas vorzuführen. Damit wird die Hochzeiteremonie noch fröhlicher und das Paar selbst die Zeremonie lebenslang nicht vergessen.

2. Wörter 词汇

das Hochzeitsfest -e 婚礼
die Geschichte -n 历史；故事，往事
die Entwicklung -en 发展，成长
die Sitte -n 习惯，风俗
der Gebrauch ¨e 习惯，风俗

die Eheschließung -en 结婚
der Bräutigam -e 新郎
dominieren vi 占统治地位，占优势
vertreiben vt 驱逐
der Geist -er 鬼神，精灵，魔怪

die Braut ¨e 新娘
  statt/finden *vi* 举行
das Bankett -e 宴会，酒宴
der Höhepunkt -e 最高点，顶点

ein/schenken *vt* 倒（水、茶、咖啡）；斟酒
necken *vt* 愚弄，取笑
vor/führen *vt* 演示，阐明

3. Erläuterungen 解释

（1）**Satzmodelle für Anfänger** 初学句型

◎ **Bei dem Bankett hat die Braut persönlich den Gästen Schnaps einzuschenken.** 酒宴上，新娘得亲自给宾客斟酒。

这是动词 haben 与动词不定式连用的句式。此为主动句，主语一般为具体的人；常用时态是现在时和过去时。它一般有两种含义：① 表示主语有义务或责任，相当于情态动词 müssen。这是最多见的含义。② 禁止主语的某种行为，相当于情态动词 nicht dürfen / sollen。例：Bis Nanjing haben wir noch zwei Stunden zu fahren.（到南京，我们还得开车两小时。）Gestern hatte Thomas einen Aufsatz zu schreiben.（昨天，托马斯必须完成一篇作文。）请注意：初学需重点掌握该句型的第一种用法，表达 etw. Bestimmtes tun müssen 的含义。而表达 etw. Bestimmtes tun dürfen / sollen 含义时必须使用 nichts，nicht，kein 等否定词构成否定句。学习、掌握该句型的"诀窍"是：根据上下文语义以及有无否定词，判定取哪种用法。

（2）**Feste Kombinationen** 固定搭配

◎ **und zwar** 也就是说，更确切地说，而且

副词 zwar 主要有两种用法：① 常与一个转折连词 aber 连用，联结两个意义相反的句子，意谓"虽然"。例：Es regnete zwar heftig, aber das alte Ehepaar ging spazieren.（虽然雨下得很大，这对老夫妇还是去散步了。）② 与 und 连用，表示进一步的说明或加强语气，意谓"也就是说""更确切地说""而且"，其德语释义相当于 genauer gesagt。课文句子：Gegenwärtig findet die Hochzeitsfeier meist abends statt, und zwar in Form eines Hochzeitbanketts.（如今，婚礼庆典大多在晚上举行，而且，是以一场婚宴的形式。）又例：Bitte, schreib an deine Mutter, und zwar noch jetzt!（请给你母亲写信，而且现在就写！）Maria möchte gern verreisen, und zwar nach Moskau.（玛丽亚很想出去旅行，也就是说到莫斯科去。）

（3）**Idiomatische Wendungen** 习惯用语

◎ **im Verlauf ... / von ...** 在……期间；在……时间内

该词组中的名词 Verlauf 不作"走向"解，而有"过程""进程"的含义。注意：该词组的配价为第二格名词或者搭配介词 von（支配第三个）带出名词。例：im Verlauf der Diskussion（在讨论期间），可用介词 während（支配第二格）代替整个词组：während der Diskussion。又例：im Verlauf eines Jahres / von einem Jahr（在一年之内），可用支配第二格的介词 innerhalb 替代：innerhalb eines Jahres / von einem Jahr。

◎ **Sitten und Gebräuche** 风俗习惯

在课文中，该词组应为同义词叠用的修辞手法。此修辞手法的特点是两个同义词有意连用，以收到更好的表达效果。由于使用习惯使然，该词组只能用 Sitte 与 Gebrauch 的复数，尽管其单数形式也表达"风俗习惯"的含义。一般来说，同义词叠用都有它的特定作用，如表示强调、突出语义、增强语势、避免行文呆板等。

◎ **rund um ... (A)** 围绕着，以……为题

课文词组：rund ums Heiraten（以结婚为主题）。这里的介词 um 始终支配第四格，如：einen Spaziergang rund um den Volksplatz machen（围绕人民广场散步），ein Fernsehprogramm rund um die Pubertät（以青春期为主题的电视节目）。该词组较多出现在体育赛事名称中。例：Rund um den Bodensee［环博登湖（帆船比赛）］，Rund um die Altstadt Nürnberg［环纽伦堡老城（自行车锦标赛）］。它也出现在电视节目名称中，如：Rund um den Dom（大教堂纵览——WDR / 德国西德意志广播电视台的一档电视节目）。

（4）**Sonstiges** 其他

◎ **etwas Interessantes** 一点有趣的东西

这是德语语法中的形容词名词化现象。其构成规则为：在 etwas, nichts, viel, wenig 和 ein bisschen 等之后，使用某些形容词；其首字母必须大写，词尾要添加 -es。于是该形容词已变成了名词。又如：etwas Gutes, nichts Schlechtes, wenig Schlechtes, ein bisschen Gutes, viel Gutes。例句：Gestern hat in der Zeitung nichts Besonderes gestanden.（昨天的报纸上没有什么特别的东西。）Hoffentlich erlebt ihr viel Schönes auf der Reise.（希望你们旅途中有很多美好的经历。）Es ist gesünder, wenn man wenig Süßes isst.（少吃一点甜食会更健康。）请注意：在 alles 和 das 之后构成名词的形容词，只添加词尾 -e，而不是 -es：alles Gute, das Gute。例句：Ich wünsche dir alles Gute zum Geburtstag!（祝你生日快乐 / 一切都好！）Das Teuerste ist nicht immer das Beste.（最贵的并非总是最好的。）

4. Übungen 练习

(1) Beantworten 回答问题

① Welche Bedeutungen hat die dominierende Farbe bei der chinesischen Hochzeit?

② Warum durfte und musste die Braut beim Verlassen ihrer Familie weinen?

③ Was wird als Höhepunkt der Hochzeitszeremonie bezeichnet?

④ Was heißt „Nao Dongfang" auf Deutsch?

⑤ Versuchen Sie einmal, das chinesische Hochzeitsfest auf Deutsch vorzustellen!

(2) Ergänzen 填空

① Im Verlauf der langen Geschichte Chinas gibt es viele _____ und immer wieder neue Entwicklungen.

② Das Mädchen durfte den _____ vor der Hochzeit nicht sehen.

③ Rot, die Farbe der Freude, _____ bei der chinesischen Hochzeit.

④ Gegenwärtig findet die Hochzeitsfeier meist _____ statt.

⑤ Bei dem Bankett hat die Braut _____ den Gästen Schnaps einzuschenken.

⑥ Letztlich kommt dann noch etwas _____.

⑦ Die Teilnehmer sind _____ junge ledige Leute.

⑧ Da hat das Brautpaar schwierige Aufgaben zu _____ oder etwas vorzuführen.

⑨ Damit wird die Hochzeitszeremonie noch _____.

⑩ Und das Paar wird selbst die Zeremonie _____ nicht vergessen.

(3) Satzbilden 造句

① im Verlauf

② gelten für

③ rund um

④ vor dem Tag der Eheschließung

⑤ ausdrücken

⑥ statt/finden

⑦ in Form

⑦ sich bedanken für

⑨ vor/führen

⑩ lebenslang nicht vergessen

（4）Übersetsen 翻译

① Das gilt natürlich auch für die Sitten und Gebräuche rund ums Heiraten.

② Beim Verlassen ihrer Familie durfte und musste die Braut weinen.

③ Die Braut hat den Schmerz über die Trennung von ihrer Familie auszudrücken.

④ Gegenwärtig findet die Hochzeitsfeier meist abends statt, und zwar in Form eines Hochzeitsbanketts.

⑤ Da hat das Brautpaar schwierige Aufgaben zu lösen oder etwas vorzuführen.

⑥ 过去，两个年轻人在结婚那天之前还根本未曾谋面。

⑦ 红色在中国不仅意味着欢乐，而且还驱赶鬼怪。

⑦ 婚宴被视作结婚典礼的高潮。

⑨ 为感谢宾客光临，新娘在婚宴上亲自为他们斟酒。

⑩ 新婚夫妇一生一世将结婚典礼铭记于心。

Lektion 15

第十五单元

Hauptthema: Fernsehen 主题：看电视

A Lernziel 导学

1. Klassendeutsch 课堂用语

Sie haben die Hausarbeit gut gemacht.	您家庭作业做得很好。
Sie haben die Übungen gut gemacht.	您练习做得很好。
Sie haben Fortschritte gemacht.	您有了进步。

2. Redemittel 会话句型

Wie findest du denn das?	Mozart ist am ... in ... geboren.
sich in etwas (D) einig sein	jn. (A) zum Nachdenken anregen
Schon gut, schon gut!	viel über etwas/jn. (A) wissen
Ich bin auch der Meinung.	Er hat eine Stelle als ... angenommen.

3. Tipps zur Grammatik 语法提示

◇ 重点：① 掌握德语构词法是记忆德语词族的简便和快速的方法，也是举一反三扩大德语词汇量的便捷手段。② 德语月份和季节的表达是日期表达中的又一重点。要注意其与英语表达的异同。

◇ 难点：① 德语中有真假反身动词和反身代词。如何识别真假？如何确定反身代词的格？掌握反身代词在介词后的用法也有点难，特别是在第三人称和尊称时容易搞混。② 动词 lassen 用法多，既可及物又可不及物，可单独用或与别的动词连用，所以意义也比较复杂。初学难在了解和掌握其不同用法，以及表达的不同意义。

4. Etwas über das Hauptthema 背景点滴

> 现在德国在家开电视机看电视的，大多是中老年人。年轻人大多用手机上网看电视。这跟中国的情况差不多。但在看电影方面，德国的情况有些不同。首先是德国的电影分5级：任何年龄都可看的，成年公民可看的，16岁以上可看的，12岁以上可看的，以及专门影院放映的性电影。其次是德国电影院有很多优惠场次，招徕观众。尤其吸引人的是发行公司、制片人和影院老板联合举办的试映专场，一则票价便宜，仅为通常票价的1/3左右；二则大多是首映的外国新片；三则片名保密，直到开映前才宣布，并简介其内容。这就有点神秘色彩，很吸引人，特别是年轻人。德国还有票价优惠的"电影日"。

B Gespräch 对话

 1. Thema: Wir sehen fern 题目：我们看电视

(Situation: Es ist ein Fernsehabend. Zhonghua und Hongying, Leon und Maria sehen zusammen fern. Dabei sprechen sie von den verschiedenen TV-Programmen in Deutschland.)（会话情景：这是一个电视之夜。中华、红英和莱昂、玛莉娅在一起看电视，并谈论德国不同的电视节目。）

Z: Was kommt heute Abend im Fernsehen?

H: Moment, ich schau' mal kurz in das Programm!

Z: Gibt's Fußballspiele?

H: Ach du, jeden Tag Fußball! Ich sehe mir lieber Spielfilme an.

Z: Oh, das ist ja schon wieder einer von den alten und billigen amerikanischen Filmen.

H: Nein! Es gibt auch ausgezeichnete Filme aus Hollywood.

M: Das stimmt, Hongying.

H: Wählen wir dann RTL? Die bringen doch oft gute Spielfilme.

M: Ja, ja, aber nur zu viel Werbung!

Lektion 15 第十五单元

L: Die finanzieren doch ihre Programme damit. Wisst ihr nicht? Sonst wird man hungern.

Z: Das weiß ich auch. Hoffentlich kommt ein spannender Krimi!

H: Heute Abend gibt's so was nicht!

Z: Schon gut, schon gut! Leon, wie findest du denn den Bond-Film?

L: Prima! Den sehe ich mir ganz gern an.

M: Das ist doch was. Und wie findet ihr denn die Unterhaltungssendungen im TV hier?

H: Meistens interessant und reizvoll.

Z: Ich bin auch der Meinung.

L: O.K., ihr seid euch endlich darin einig!

2. Wörter 词汇

fern/sehen *vi* 看电视
das Fernsehen 电视，电视台，电视节目
schauen *vi* 看，瞧
das Programm -e 节目，节目单
das Fußballspiel -e 足球比赛
der Spielfilm -e 故事片
sich an/sehen 观看，细看
amerikanisch 美国的，美洲的
der Film -e 电影
ausgezeichnet 杰出的，优秀的
Hollywood 好莱坞（地名）
die Werbung 广告，招徕（只用单数）
finanzieren *vt* 筹措经费，提供资金
sonst 否则
hungern *vi* 挨饿，饥饿
hoffentlich 但愿
der Krimi -s 侦探片，侦探小说
der Bond-Film 邦德电影（主角为詹姆斯·邦德）
die Unterhaltungssendung -en 娱乐节目，消遣节目
die TV (= Television) 电视
interessant 有趣的，令人感兴趣的
reizvoll 迷人的，诱人的
darin 在这点上，在这方面（代副词）
einig 意见一致的，统一的

3. Erläuterungen 解释

（1）Satzmodelle für Anfänger 初学句型

◎ **Hoffentlich (kommt ein spannender Krimi)!** 但愿（来一部紧张的侦探片）！

hoffentlich 是副词，从动词 hoffen（希望，盼望）演变而来，意思是"但愿""希望"，往往表示说话人的愿望、希望。又例：Hoffentlich regnet es morgen nicht.（但愿明天不下雨。）Kannst du diese Prüfung bestehen? - Hoffentlich ja.（这次考试你能通过吗？——但愿能够。）Hoffentlich können wir den Zug noch erreichen.（但愿／希望我们还能赶上这班火车。）Hoffentlich ist er bald wieder gesund.（但愿／希望他能很快恢复健康。）请注意 hoffentlich 的位置：它一般均在句首，以示强调。

◎ **Wie findest du denn (den Bond-Film)?** 你认为（邦德电影）怎么样？

我们已经说过，大部分德语动词是多义词，又有及物和不及物，甚至反身的用法。动词 finden 也是一个用法很复杂的多义词。其及物用法的第一类释义是"找到""拾到""达到"等，第二类是"发现""发觉""感到"等，第三类是"认为""觉得"等。上述句型中的动词 finden 的释义属于及物用法的第三类，后跟其第四格直接宾语。denn 在句中只有强调语气的作用。课文句子：① Leon, wie findest du denn den Bond-Film?（莱昂，你认为邦德电影怎么样？）② Und wie findet ihr denn die Unterhaltungssendungen im TV hier?（你们觉得这里电视中的娱乐节目怎么样？）又例：Das kann ich nicht finden.（我不能这么看／认为。）Wie findet er das Wörterbuch?（他觉得这本词典怎么样？）/ Ich finde das richtig.（我认为这是对的。）Wir finden, dass ihr kommen sollt.（我们认为你们应该来。）

（2）Feste Kombinationen 固定搭配

◎ **in etwas (A) schauen** 瞧瞧什么

schauen 是不及物动词，所以表示"看什么""瞧什么"时须与介词 in 等搭配。课文句子：Moment, ich schau' mal kurz in das Programm!（等等，我稍微看一下节目单！）又例：Wie spät ist es? - Lass mich mal auf die Uhr schauen!（现在几点？——让我看一下钟／表！）Er schaut aus dem Fenster.（他从窗口里看出去。——随便地、没有目标地看。）Schau, wer da kommt!（你瞧，谁来了！）请注意 schauen 与 sehen 的区别：schauen 是不及物的，主要用于口语，且表示时间较短又较随便的"看"，而 sehen 是及物的，在书面语和口语中都用，表示一般性地、有目标地"看"，释义往往用"看见""看到"等。

◎ **sich (D) in etwas (D) einig sein** 在某事上看法 / 意见一致

课文句子：O.K., ihr seid euch endlich darin einig!（好啊，你们终于在这一点上意见一致了！）又例：In diesem Punkt sind wir uns alle nicht einig.（在这一点上我们大家的意见是不一致的。）In dieser Frage war ich mir mit ihm völlig einig.（在这个问题上，我同他的意见完全一致。）请注意也可以用介词 über 代替介词 in，但 über 要支配第四格。例：Wann könnt ihr euch über den Preis einig sein?（什么时候你们可以谈妥价格？）

（3）**Idiomatische Wendungen** 习惯用语

◎ **Schon gut, schon gut!** 好了，好了！

这往往是对说话对方唠叨的回应，表示不耐烦、不想听下去了，很有点像汉语中的"我怕了你了"。使用这个习惯用语最主要的是场合要适当，切忌用错地方。我们来看看课文中的上下文：Z: Das weiß ich auch. Hoffentlich kommt ein spannender Krimi!（这我也知道。但愿来一部紧张的侦探片！）H: Heute Abend gibt's so was nicht!（今晚没有这种东西！—— 从说话的措辞和语气可看出红英生气了。）Z: Schon gut, schon gut! Leon, wie findest du denn den Bond-Film?（好了，好了！莱昂，你觉得邦德电影怎么样？—— 识时务者为俊杰。中华一看红英生气了，就转移了话题。）请注意 "Schon gut, schon gut!" 这个用法的寓意特色：既感到不耐烦，可又不想说得很凶，不想用过分的话伤害对方，是一种让步、迁就、妥协中的"反抗"。

◎ **Das ist doch was.** 这（邦德电影）倒是不错的。

这是口语中的习惯用语。was 在这里是 etwas 的口语缩略形式。在口语中，was (etwas) 用得相当多。又例：Kann ich für Sie was tun?（我能为您做点什么吗？）So was habe ich noch nie gesehen!（这样的事 / 东西我还从来没有看到过！）Das ist doch wenigstens was!（这至少比什么也没有好！）

◎ **Ich bin auch der Meinung.** 我也这么认为。/ 我的看法相同。

这是德语中的习惯用语，表示"我是这个意见""我是这个看法"。名词 Meinung 源于动词 meinen（认为，觉得，打算），表示"看法""意见""观点"等。句中 der Meinung 是第二格。又例：Wir sind der gleichen Meinung wie ihr.（我们的观点与你们的相同。）Er ist anderer Meinung als du.（他的看法同你的不一样。）Sie ist darüber nicht der Meinung.（她对此的看法不是这样的。）

（4）**Sonstiges** 其他

◎ **Ach du, jeden Tag Fußball!** 你啊，天天足球！

　　这是口语中的表达，是 „Ach du, du siehst dir jeden Tag Fussball an!"（你啊，天天看你的足球<比赛>！）的省略形式。jeden Tag 是第四格，在句中作时间状语。这种用法在德语中很多见。例：Was hast du nächsten Samstag vor?（下星期六你有什么安排？）Er kommt jedes Jahr mindestens zweimal nach Shanghai.（他每年至少要到上海两次。）

◎ **der Bond-Film** 邦德电影

　　这是德国人对主角是詹姆斯·邦德的谍战片的简称。这样的简称还有一些，主要是对有特色的或有相当知名度的演员担任主角的系列电影进行"定位命名"。如对中国的功夫片很多德国人就称作 der Kungfu-Film。请注意：这类名词大多未被词典收录，但在德语报刊上很常见，在口语中也常能听到，而且不时有新的出现。

4. **Übungen** 练习

（1）**Partnerübung** 结伴练习（相互检查词汇掌握情况）

rtner 1	Partner 2
电视	_____
节目	_____
足球比赛	_____
der Spielfilm	_____
schauen	_____
ausgezeichnet	_____
广告	_____
finanzieren	_____
娱乐节目	_____
有趣的	_____
hoffentlich	_____
der Krimi	_____
迷人的	_____

Lektion 15 第十五单元

（2）**Konversationsübung** 会话练习

四个同学一组，分别扮演课文中的四个角色，并按照课文情景进行有关德国电视节目的对话练习。

（3）**Beantworten** 回答问题

① Was kommt heute Abend im Fernsehen?

② Wohin schaut Hongying kurz einmal?

③ Wofür interessiert sich Zhonghua besonders?

④ Was sieht sich Hongying gern an?

⑤ Wie findet Zhonghua mit dem amerikanischen Spielfilm?

⑥ Was für Programme bringt das deutsche Fernsehen RTL oft?

⑦ Womit finanziert das deutsche Fernsehen seine Programme?

⑧ Was gibt's heute Abend nicht?

⑨ Wie findet Leon mit dem Bond-Film?

⑩ Wie sind die Unterhaltungssendungen in Deutschland?

（4）**Satzbilden** 造句

① hoffentlich

② der Meinung sein

③ in etwas (A) schauen

④ sonst

⑤ etwas (A) finden

⑥ ausgezeichnet

⑦ hungern

⑧ ein spannender Krimi

⑨ finanzieren

⑩ darin einig sein

（5）**Übersetzen** 翻译

① Den Bond-Film sehe ich mir auch sehr gern an.

② Er ist auch der Meinung.

③ Sie finanzieren ihre Programme mit der Werbung.

④ Moment - ich schau' mal kurz in das Programm.

⑤ Was kommt heute Abend im Fernsehen?

⑥ Das ist ja schon wieder ein alter und billiger amerikanischer Film.

⑦ 好莱坞也有很出色的电影。

⑧ 你们在这一点上终于意见一致了。

⑨ 这里大部分娱乐节目很有趣，也很吸引人。

⑩ 但愿今晚来一部紧张的故事片。

⑪ 否则他们就要挨饿了。

⑫ 这电影好看是好看，就是广告太多了！

Weisheit（智慧箴言）

Ende gut, alles gut.

结局好，一切好。

C Grammatik 语法

Lerntipps: 德语语法有点难，三性四格还变位。
学习提示　初学莫怕找窍门，抓住三点就好办。

1. Allgemeines 语法常识

（1）构词法总说

所谓"构词法"，就是一种语言用以构词的方法或规则。在第十三单元中，我们已经谈到，并介绍了复合名词的一般情况。我们在这里再简单而全面地介绍构词法，目的有三个：① 为了让学员了解德语构词的主要规则和特点；② 为了让学员掌握记忆"词族"（即按构词法构成的一组词）的简便方法；③ 为了让学员举一反三，自己扩大词汇量。德语构词方法一般有四种：复合法、派生法、转换法和加前缀法。德语构词法主要是动词、名词和形容词的构词方法。

Lektion 15 第十五单元

（2）反身动词

有的初学者可能对反身动词有点不理解。其实很简单：如果句中动词支配的宾语就是主语本身，这种动词在语法上称作反身动词，句中宾语就要用反身代词（如 sich）。反身动词本身不难掌握，难的是掌握反身代词的变化和用法。

（3）反身代词总说

带反身动词的句子中的宾语必须用反身代词表示。学习反身代词的难点一般有三点：① 反身代词也有人称单复数和四个格的变化（我们在本单元语法图表中列出了反身代词的变化情况）。② 如何确定反身代词的格？请掌握如下要领：句中若无第四格宾语，反身代词便是第四格；句中若有第四格宾语，反身代词便是第三格。③ 反身代词在介词后的用法有点难度，特别是在第三人称和尊称时容易搞混。对此，举几例说明：Hast du deinen Pass bei dir?（你身上带护照了吗？—— 这里不能用 bei sich 或 dich。）Haben Sie Ihren Pass bei sich?（您身上带护照了吗？—— 这里不能用 Ihnen，否则可能指另一个"您"。）Der Chef lässt sie zu sich kommen.（头儿让她到他那儿去。—— 这里不能用 zu ihm，否则可能指另一个"他"。）Sie spricht nicht gern von sich.（她不喜欢谈自己。—— 这里不能用 von ihr，否则可能指另一个"她"。）

（4）动词 lassen

德语动词 lassen 是强变化动词，也是个比较难学难掌握的动词。因为它用法繁多，而且错综复杂。单看它在词典中的篇幅，就可见一斑，更别说德国人在具体使用时的灵活多变了。不过，初学倒反而好办：① 可大胆用，"不知者无罪"，不必怕错；② 记住和使用常见的和有把握的用法，那就不会有错。其最常见的用法和意义有：

① 及物用法——与别的动词连用，注意不要带 zu，表示"让、使、请求、叫、吩咐、允许、许可、同意、听任"等意义。

② 及物用法——单独使用，表示"停止、作罢、使保持原状"等意义。

③ 不及物用法——单独使用，表示"离开、分离"等意义。

2. Grammatische Tabellen 语法图表

（1）德语主要构词方法及举例

构词方法	词类	举例
复合	动词	sicher（安全的）+ stellen（放置）= sicherstellen（确保） Seil（绳子）+ tanzen（跳舞）= seiltanzen（走钢丝）
复合	名词	（从略。请见第十三单元课语法图表。）
复合	形容词	trink(en)（喝）+ fest（坚定的）= trinkfest（酒量大的） selbst（自己）+ zufrieden（满意的）= selbstzufrieden（自满的）
派生	动词	Lachen（笑）+ 弱化 = lächeln（微笑） steig/en（上升）+ ern = steigern（提高）
派生	名词	（从略，详见第十三单元语法图表）
派生	形容词	Kultur（文化）+ ell = kulturell（文化的） wasch/en（洗）+ bar = waschbar（可洗的） Bild（画）+ haft = bildhaft（画一般的） Kraft（力量）+ ig = kräftig（有力的）
转换	动词→名词	aufstehen（起立）- der Aufstand（起义） einkaufen（购买）- der Einkauf（购物）
转换	形容词→名词	deutsch（德国的）- der / die Deutsche（德国人） neu（新的）- das Neue（新事物）
加前缀	动词	be + antworten（回答，不及物）= beantworten（回答，及物） auf + stehen（站，立）= aufstehen（站起）
加前缀	名词	miss + Erfolg（成绩）= Misserfolg（失败） ge + Rede（讲话）= Gerede（闲话）
加前缀	形容词	un + frei（自由的）= unfrei（不自由的） Gast + freundlich（友好的）= gastfreundlich（好客的）

（2）反身代词的变化及举例

① 反身代词的变化

人称	ich	du	er / sie / es	wir	ihr	sie / Sie
第三格	mir	dir	sich	uns	euch	sich
第四格	mich	dich	sich	uns	euch	sich

说明：从上表可以看出，反身代词的变化主要在单数和复数的第一和第二人称，特别是单数第三格的变化。只要记住这几个变化就行。

② 反身代词变化举例

人称	第三格	第四格
ich	kaufe mir ein Buch.	freue mich.
du	kaufst dir ein Buch.	freust dich.
er / sie / es	kauft sich ein Buch.	freut sich.
wir	kaufen uns ein Buch.	freuen uns.
ihr	kauft euch ein Buch.	freut euch.
sie / Sie	kaufen sich ein Buch.	freuen sich.

（3）月份和季节的表达

① 月份的表达（附缩写和状语用法）

汉语表达	德语表达	缩写	状语用法	汉语表达	德语表达	缩写	状语用法
一月	der Januar	Jan.	im Januar	七月	der Juli	无	im Juli
二月	der Februar	Feb.	im Februar	八月	der August	Aug.	im August
三月	der März	无	im März	九月	der September	Sep.	im September
四月	der April	Apr.	im April	十月	der Oktober	Okt.	im Oktober
五月	der Mai	无	im Mai	十一月	der November	Nov.	im November
六月	der Juni	无	im Juni	十二月	der Dezember	Dez.	im Dezember

② 季节的表达（附作状语的用法）

汉语表达	德语表达	状语用法	汉语表达	德语表达	状语用法
春季	der Frühling	im Frühling	秋季	der Herbst	im Herbst
夏季	der Sommer	im Sommer	冬季	der Winter	im Winter

（4）动词 kennen, laufen, gewinnen 的现在时和过去时变位

动词	kennen		laufen		gewinnen	
第二分词	(h) gekannt		(s) gelaufen		(h) gewonnen	
时态	现在时	过去时	现在时	过去时	现在时	过去时
ich	kenne	kannte	laufe	lief	gewinne	gewann
du	kennst	kanntest	läufst	liefst	gewinnst	gewannst
er / sie / es	kennt	kannte	läuft	lief	gewinnt	gewann

（续表）

动词	kennen		laufen		gewinnen	
时态	现在时	过去时	现在时	过去时	现在时	过去时
wir	kennen	kannten	laufen	liefen	gewinnen	gewannen
ihr	kennt	kanntet	lauft	lieft	gewinnt	gewannt
sie / Sie	kennen	kannten	laufen	liefen	gewinnen	gewannen

3. Übungen 练习

（1）**Partnerübung** 结伴练习

Partner 1

Kennst du den Lehrer?

Sie kennen uns schon.

Er kannte das doch.

Ihr habt uns also gekannt.

Wir kannten den Filmstar（电影明星）.

Wen hat er schon gekannt?

Wann läuft der Film?

Er lief schneller als sie.

Lieft ihr täglich?

Du bist schnell gelaufen!

Wir laufen zu Fuß zum Bahnhof.

Wohin seid ihr gelaufen?

Was gewinnst du?

Wir haben den Sieg gewonnen.

Er gewinnt das nicht.

Ihr habt das gewonnen.

Wer gewann das Spiel（游戏）?

Was gewannen wir dadurch（因此）?

Partner 2

Ich _____ _____ _____.

Wir _____ sie aber nicht.

Sie _____ das auch.

Ja, wir _____ _____ _____.

Ihn _____ er auch.

Er _____ den Filmstar _____.

Er _____ heute Abend.

Sie _____ langsamer als er.

Nein, wir _____ _____ _____.

Ich _____ nicht so schnell _____ wie er.

Sie _____ auch zu Fuß zum Bahnhof.

Wir _____ _____ Park _____.

Ich _____ einen Preis.

Sie _____ den Sieg aber nicht _____.

Sie _____ das doch.

Du _____ das nicht _____.

Wir _____ _____ _____.

Dadurch _____ ihr viel Zeit und Geld.

Lektion 15 第十五单元

（2）**Beantworten** 回答问题

① 德语构词法一般有哪四种？

② 德语反身动词有什么特点？

③ 学习德语反身代词的难点何在？如何化难为易？

④ 动词 lassen 有哪三种主要用法？请举例说明！

（3）**Selbstkontrolle** 自我检测（找出正确答案）

① Lass mich mal kurz in das Programm _____!   a. mir

② Was _____ heute Abend im Fernsehen?   b. ausgezeichnete

③ Sie sieht sich lieber _____ an.   c. findest

④ Man _____ doch die Programme mit Werbung.   d. kommt

⑤ Es gibt auch _____ Filme aus China.   e. schauen

⑥ Hoffentlich läuft morgen Abend ein _____ Krimi.   f. finanziert

⑦ Sie _____ doch oft gute Spielfilme.   g. der Meinung

⑧ Den Bond-Film sehe ich _____ ganz gern an.   h. Spielfilme

⑨ Wie _____ du denn mit den amerikanischen Filmen?   i. interessant

⑩ Die Unterhaltungssendungen sind meistens _____ und reizvoll.   j. darin

⑪ Nein, ich bin nicht _____.   k. bringen

⑫ Endlich sind Sie _____ einig!   l. spannender

（4）**Schriftliche Übungen** 书面练习

① 请举简例说明德语的四种构词法！

② 请用图表简单归纳德语反身代词的变化！

③ 请用图表列出德语月份的表达及其缩写！

④ 请用图表列出德语季节的表达！

⑤ 请用图表简单归纳动词 kennen 的现在时和过去时词尾变化！

⑥ 请用图表简单归纳动词 laufen 的现在时和过去时词尾变化！

⑦ 请用图表简单归纳动词 gewinnen 的现在时和过去时词尾变化！

D Hörverständnis 听力

 1. Thema: Zwei Filmfans 题目：两个电影迷

- Guten Abend!

- Hallo! Hast du heute Abend Zeit?

- Ja. Was hast du vor?

- Heute Abend läuft im Kino „Europa" der Film „Die Blechtrommel".

- Oh, das ist einer der besten deutschen Filme.

- Du hast völlig recht. Hast du ihn dir schon mal angesehen?

- Ja, vor drei Monaten. Gehst du oft ins Kino?

- Jede Woche mindestens zweimal.

- Gut, ein Filmfan wie ich. Öfters ins Kino zu gehen kann mir beim Deutschlernen viel helfen.

- Außerdem kann man dadurch Deutschland, seine Menschen und seine Kultur näher kennenlernen.

- Für welche Filme interessierst du dich besonders? Für Krimis oder Liebesfilme?

- Nein, für die beiden habe ich kein Interesse mehr. Ich bevorzuge Spielfilme, die mich zum Nachdenken anregen.

- Ach, ich auch. Z. B. sehe ich mir sehr gern „Die Blechtrommel" an.

- Das ist ein faszinierender Spielfilm. Deswegen hat sein Regisseur einen Oskar-Preis gewonnen.

- Ist der Film nach dem gleichnamigen Roman von Günter Grass gedreht worden?

- Ja, ja. Du weißt also viel über die deutsche Literatur.

2. Wörter 词汇

der Filmfan -s 电影迷
   laufen *vi* 跑，奔跑
das Kino -s 电影院，电影
   Europa 欧洲（地名）

„Die Blechtrommel" 《铁皮鼓》（电影名）
   best 最好的（gut的最高级）（不能独立用）
die Woche -n 星期，周

öfters　经常，常常
dadurch　通过此，因此，借此（代副词）
die Kultur　文化
näher　较近的；更详细的（nah的比较级）
der Liebesfilm -e　爱情片
bevorzugen vt　（更）喜爱，宁选，偏爱
nach/denken vi　思考，思索，考虑
an/regen vt　引起，激起
z.B. (= zum Beispiel)　例如，比如

faszinierend (P. I)　吸引人的，迷人的（faszinieren的第一分词形式）
deswegen　因此，所以
der Regisseur -e　导演
der Oskar-Preis　（电影）奥斯卡奖
gewinnen vt　获得，赢得
gleichnamig　同名的
Günter Grass　君特·格拉斯（人名）
drehen vt　转动，旋动；拍摄
die Literatur　文学，文学作品

3. Erläuterungen 解释

（1）Satzmodelle für Anfänger 初学句型

◎ **(Heute Abend) läuft im Kino („Europa") der Film („Die Blechtrommel")**（今晚）在（"欧洲"电影院）放映电影（《铁皮鼓》）。

这是表达"什么时候在什么电影院放什么电影"的句式。动词 laufen 的意思是"跑"，der Film läuft 就是"电影片子在跑"，再转义就成了"放映电影"。句中时间状语、电影院和电影的名称都可以变。例：Morgen läuft im Kino „Frieden" der Film „Rote Laternen".（明天在"和平"电影院放映《红灯笼》。）Nächsten Sonntag läuft im Kino „Hongkong" der Film „Der Supermann".（下星期天在"香港"电影院放映电影《超人》。）请注意：在具体翻译措辞时可以省去"电影"两字，直接译出电影的名字，但一般要给它加书名号；而电影院的名称可加引号，也可不加。

◎ **Jede Woche mindestens zweimal! 每周至少两次！**

我们已经强调过，直接用表示时间的名词的第四格在句中作时间状语，是德语中很多见的语法现象。这里的 jede Woche 就是这样的时间状语。这句句子实际上是"Jede Woche gehe ich mindestens zweimal ins Kino."（我每周至少去看两次电影！）的缩略形式。mindestens zweimal 意谓"至少两次"（不排除有时也可能去三四次）。又例：Ich besuche meine Eltern in der Woche mindestens einmal.（我看望我父母每周至少一次。）Er schreibt seiner Freundin jede Woche mindestens einmal.（他每周给他女朋友至少写一封

信。）Wöchentlich treiben wir mindestens zweimal Sport.（每周我们至少进行两次体育活动。）请注意："每周"的德语表达至少有上述三种不同方式。当然，此类时间状语还可以是"每年""每月""每天"等等。

（2）**Feste Kombinationen** 固定搭配

◎ **jn. (A) zum Nachdenken anregen** 引人 / 发人深思

动词 anregen 是及物的，其释义是"引起""激起"等。jn.是它的第四格宾语。它与介词 zu（支配第三格）搭配表达"引人做什么"。课文句子：Ich bevorzuge Spielfilme, die mich zum Nachdenken anregen.（我偏爱看发人 / 引起我深思的故事片。）又例：Was hat Sie dazu angeregt?（是什么促使您这么做的？）Er erregt uns zur fleißigen Arbeit an.（他鼓励我们努力工作。）

◎ **nach etwas (D) drehen** （特指电影、电视剧等）根据某事拍摄

drehen 是及物动词，主要意思是"旋转""转动"。在制作电影的场合就有了"拍摄"的释义。介词 nach 意谓"根据""按照"，支配第三格。课文句子：Ist der Film nach dem gleichnamigen Roman von Günter Grass gedreht worden?（这电影是不是根据君特·格拉斯的同名长篇小说拍摄的？——因为已拍好，句子用现在完成时被动态，并强调其状态已完成。）又例：Der Film „Teehaus" ist nach dem gleichnamigen Theater von Lao She gedreht worden.（电影《茶馆》是根据老舍的同名戏剧拍摄的。）Der Film wurde in Shanghai und Hangzhou gedreht.（这部电影是在上海和杭州拍摄 / 摄制的。）请特别注意：这个搭配和用法只适用于拍摄电影和电视剧等特定场合。

◎ **viel über etwas/jn. (A) wissen** 对某事 / 某人知道得很多

动词 wissen 我们在第二单元就已碰到。这里介绍一下它的主要意义和用法。该动词很常用，但意思不很复杂，主要释义是"知道""了解""熟悉"等。它必须带支配第四格的宾语，回答"知道什么或谁"的问题。如果要表达"知道什么或谁的多少"，就得用介词 über（支配第四格）或 von（支配第三格）。举例：Weißt du das? - Nein, ich weiß das nicht.（这事儿你知道吗？— 不，我不知道这事儿。）Ich weiß von ihm nur Beruf.（我只知道他的职业。—— Beruf 是第四格宾语，不带冠词。）Er wusste das nicht genau.（这事儿他知道得不太清楚。）Was wissen Sie darüber? - Ich weiß wenig darüber.（您知道这方面的情况吗？— 这方面的情况我知道得很少。）Über das Land haben wir viel gewusst.（对这个国家的情况我们知道得很多。）Habt ihr von ihm doch zu viel gewusst?（你们对他不是太了解了吗？）请注意：对于人的了解可用介词 über 或 von, 其他的一般只用 über。

Lektion 15　第十五单元

（3）Idiomatische Wendungen　习惯用语

◎ **ins Kino gehen** 去电影院，看电影

ins Kino gehen 等于 das Kino besuchen 或 Kinobesuch，但前者强调去电影院这个行为，后者只是给"看电影"一个名称。因 ins Kino gehen 是动态（从电影院外到电影院内），所以 in 后面要求第四格。类似的用法还有，如：ins Theater gehen（看戏 = das Theater besuchen 或 Theaterbesuch），ins Konzert gehen（听音乐会 = das Konzert besuchen 或 Konzertbesuch）。

◎ **etwas / jn. (A) näher kennenlernen** 进一步认识 / 了解什么 / 某人

这里涉及可分离动词 kennen/lernen 的用法问题。它的释义不太复杂，主要有"结识""认识""了解"等。它必须带是人 / 事 / 物的第四格宾语。näher 是副词，是形容词 nah 的比较级。请看课文句子：Außerdem kann man dadurch Deutschland, seine Menschen und seine Kultur näher kennenlernen.（此外，多看电影还能让人进一步了解德国、德国人和德国文化。）请注意它与动词 kennen 在意义上的差异，kennen 的主要释义为"熟悉""了解"。例：Ich kenne ihn nur vom Hörensagen.（我只是听说过他。—— 只是通过别人认识他。）Sie kennt mich seit langem.（她认识我已经很长时间了。）Kennen Sie diese kleine Stadt?（您熟悉这个小城吗？）Das kennen wir schon!（这事儿我们早就知道。/ 这不是什么新鲜事儿。）kennen 还有"辨认"的释义。

（4）Sonstiges　其他

◎ **„Die Blechtrommel"** 《铁皮鼓》

原是德国作家君特·格拉斯的长篇小说，后被拍成电影。该电影获得奥斯卡奖。格拉斯获得1999年度诺贝尔文学奖。《铁皮鼓》采用倒叙的方法，让主人公以第一人称"我"的口吻在两个时空平面上叙述发生在德国、波兰边境和但泽地区半个多世纪的事件。有趣的是，怪主人公具有"特异功能"：一是长不大（三岁时从楼梯上摔了一跤，从此不再长高）；二是大脑发育特快，智力超过成人；三是嗓音特好；四是通过大声呼喊能震碎玻璃。

◎ **Öfters ins Kino zu gehen kann mir ... viel helfen.** 常去看电影能对我……有很大的帮助。

öfters ins Kino zu gehen 是"zu + 动词不定式结构"，在句中作主语。该句子与前面课文中介绍的"zu + 动词不定式结构"有所不同，它不用 es 作语法主语，"zu + 动词不

定式结构"放在主句前。请比较：Es kann mir ... viel helfen, öfters ins Kino zu gehen.（说明：此句意思与课文句子完全一样。）请注意：这两种用法在德语中都较常见，但有关的"zu + 动词不定式结构"必须相当简单，否则句子就太长了。

4. Übungen 练习

（1）Beantworten 回答问题

① Wo läuft der Film „Die Blechtrommel"?

② Was für ein Film ist das?

③ Wie oft（多久一次）geht er ins Kino?

④ Wobei hilft den ausländischen Studenten der Kinobesuch?

⑤ Was kann man noch dadurch näher kennenlernen?

⑥ Welchen Preis hat der Regisseur des Films gewonnen?

⑦ Was für Filme bevorzugen die beiden Studenten?

⑧ Wonach（根据什么）ist der Film gedreht worden?

⑨ Für welche Filme hat Leon kein Interesse mehr?

⑩ Worüber weiß der ausländische Student viel?

（2）Vervollständigen 完整句子

① Öfters _____ _____ zu gehen kann uns beim Deutschlernen viel helfen.

② Für welche Filme _____ du dich besonders?

③ Wir beide sind also Filmfans für _____.

④ Das ist einer der _____ Spielfilme Deutschlands.

⑤ Dafür habe ich längst schon（早就）kein _____ mehr.

⑥ Außerdem kann man dadurch Deutschland, seine Menschen und seine Kultur _____ kennenlernen.

⑦ Der Film ist nach seinem gleichnamigen Roman _____ worden.

⑧ Er _____ bis heute noch großes Interesse für Krimis.

⑨ Welchen _____ hat der Regisseur durch den Film gewonnen?

⑩ Sie wissen also _____ über die deutsche Literatur.

（3）Übersetzen 翻译

① Der Spielfilm von ihm ist einer der besten deutschen Filme.

② Wir gehen jeden Monat mindestens zweimal ins Kino.

③ Was haben Sie heute Abend vor? - Noch nichts.

④ Ist der Film nach dem gleichnamigen Roman von G. Grass gedreht worden?

⑤ Man kann dadurch Deutschland und seine Kultur näher kennenlernen.

⑥ Ich bevorzuge Spielfilme, die mich zum Nachdenken anregen.

⑦《铁皮鼓》是一部很吸引人的故事片。

⑧ 明天晚上在"欧洲"电影院放映什么电影？

⑨ 这部电影的导演因此而获得了奥斯卡奖。

⑩ 对什么样的电影您特别有兴趣？

⑪ 经常看电影可以帮助我们学习德语。

⑫ 他每个月至少给他女朋友写两封信。

E Lesetext   阅读课文

1. Thema: Ein TV-Film über das Wunderkind 题目：一部有关神童的电视片

Vor kurzem haben wir uns einen sehr lehrreichen TV-Film angesehen. Er hat den Namen „Das Wunderkind". Er erzählt uns viel über das Leben von W. A. Mozart. Mozart ist am 27. 01. 1756 in Salzburg geboren. Früh hat ihn sein Vater in Klavier- und Violinenspiel sowie Komposition unterrichtet. Bereits 1761/62 hat Mozart sein erstes Stück komponiert. Mit sechs Jahren hat er schon mit seiner Schwester erste Konzerte gegeben.

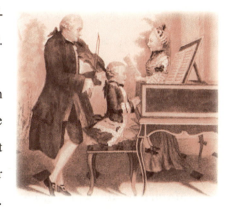

1767-1769 hat er seine erste Oper „La finta semplice" geschrieben. 1769 hat er eine Stelle als Hofkonzertmeister in Salzburg angenommen. In dieser Zeit hat er viele Musikstücke, wie Opern, Sinfonien und Konzerte, geschrieben.

1781 hat Mozart Salzburg verlassen und ist nach Wien gegangen. Dort hat er als freier Künstler viele Jahre gelebt. In Wien hat er 1782 Frau Weber geheiratet. Sie hatten zwei Söhne. „Die Hochzeit des Figaro" hat er 1786 geschrieben, ein Jahr später die Oper „Don Giovanni". 1791 hat er die Arbeit an seiner Oper „Die Zauberflöte" beendet. W. A. Mozart ist am 5. 12. 1792 in Wien gestorben. Leider konnte er einige Werke nicht beenden. Das Wunderkind, der große Komponist der Welt, hat in seinem Leben insgesamt über 400 Werke geschrieben.

2. Wörter 词汇

das Wunderkind　神童

　　lehrreich　富有教益的

W. A. Mozart　莫扎特

　　Salzburg　萨尔茨堡（地名）

　　geboren (P. II)　出生；生，养（gebären 的第二分词形式）

das Klavierspiel -e　钢琴演奏

das Violinenspiel -e　小提琴演奏

die Komposition　作曲，谱曲

　　unterrichten vt　授课，教课

　　bereits　已经，早已

das Konzert -e　音乐会，演奏会；协奏曲

die Oper -n　歌剧；歌剧院

　　„La finta semplice"　《伪装的傻瓜》（歌剧名）

der Hofkonzertmeister -　宫廷音乐会的乐师

　　an/nehmen vt　接受；采用

das Musikstück -e　音乐作品

die Sinfonie -n　交响乐，交响曲

　　verlassen vt　离开；丢弃不管

　　frei　自由的；空闲的

der Künstler -　艺术家；行家，能手

　　heiraten vt　结婚

„Die Hochzeit des Figaro"　《费加罗的婚礼》（歌剧名）

„Don Giovanni"　《唐璜》（歌剧名）

„Die Zauberflöte"　《魔笛》（歌剧名）

gestorben (P. II)　死去，去世（sterben的第二分词形式）

3. Erläuterungen 解释

（1）Satzmodelle für Anfänger 初学句型

◎ **(Mozart) ist am ... in ... geboren/ gestorben.**（莫扎特）生于 / 去世 / 死于……（何时何地）。

句中 geboren 和 gestorben 是动词 gebären（出生）和 sterben（死去 / 去世）的第二分词，与ist构成状态被动式，作谓语。如要表达在哪一天出生或死去，德语中常用介词 an。（请参见第十三单元语法部分）而要表达在哪月或哪年出生或死去，一般用介词 in，或干脆不用介词。举例：Ihre kleine Tochter ist erst im Mai dieses Jahres geboren.（他们的小女儿是今年5月刚出生的。）Sein Vater ist 1979 in seiner Haimatstadt Hangzhou gestorben.（他父亲于1979年在他家乡杭州去世。—— 也可用 in 1979 或im Jahr(e) 1979。）请注

意：提问或表示疑问时则说：Wann und wo ist Ihr Sohn geboren?（您儿子是什么时候在哪里出生的？）Niemand weiß, wann und wo sie geboren / gestorben ist.（没人知道她是何时何地出生 / 去世的。）

◎ **(1769) hat (er) eine Stelle als (Hofkonzertmeister in Salzburg) angenommen.**（1769年他）接受了一个（萨尔茨堡宫廷音乐会乐师）的职位。

动词 annehmen 的意思很多，用法也很多。其中最常用的意思是"接受""采用"等。这里与名词 Stelle 搭配，构成意谓"接受某个职位"的词组。介词 als 后面加上一个名词构成"介词词组"，修饰"职位"，作定语，说明"什么样的职位"。又例：Hat sie die Stelle als Sekretärin angenommen?（她接受秘书的职位了没有？）Lehrerin Wang hat den Vorschlag ihrer Schüler angenommen.（王老师采纳了学生们的建议。）Herr Li nimmt unsere Kritik freimütig an.（李先生虚心地接受我们的批评。）

◎ **(Dort) hat (er) als (freier Künstler viele Jahre) gelebt.**（在那里他）作为（自由艺术家）生活了（许多年）。

这个句子最简单的结构是 als … leben（作为什么或以什么身份生活）。freier Künstler（自由艺术家）即没有工作单位的艺术家，仅靠自己创作的作品的稿酬及其有关收入生活。又例：Der große Komponist hat in München als Pianist einige Jahre gelebt.（这位伟大的作曲家作为钢琴演奏家在慕尼黑生活了几年。）Bei ihm hat der General als Sekretär mehr als zehn Jahre gelebt.（这位将军曾作为秘书在他身边生活过十多年。）

（2）Feste Kombinationen 固定搭配

◎ **jn.(A) in etwas (D) unterrichten 给某人讲授某事**

动词unterrichten在这里是及物的，其名词是 Unterricht。德语中表示"给某人上课 / 讲课"可以有几种表达方式。如：jn. (A) unterrichten / jm. (D) Unterricht geben。课文句子：Früh hat ihn sein Vater in Klavier- und Violinenspiel sowie Komposition unterrichtet.（他父亲很早就给他讲授钢琴、小提琴和作曲的课程。）很清楚，这个句式是用来表达"给某人讲授什么样的课程"的。又例：Frau Gao unterrichtet uns in deutscher Grammatik.（高女士给我们上语法课。意思同Frau Gao gibt uns grammatischen Unterricht.）动词unterrichten的不及物用法也很常见。举例：Die meisten Lehrer unterrichten jede Woche mehr als 14 Stunden.（大部分老师每周上14节 / 小时课。）Seit vier Jahren unterrichtet sie an der Guangming-Mittelschule.（四年来，她在光明中学授课。—— 即当老师。）

◎ **die Arbeit an etwas (D)** 做某项工作

德语中表示"什么样或什么方面的工作"，一般有两种方法：在 Arbeit 前加形容词或在其后加一个用介词 an 构成的"介词词组"。这里介绍的是后一种方法。课文句子：1791 hat Mozart die Arbeit an seiner Oper „Die Zauberflöte" beendet.（1791年，莫扎特完成了创作歌剧《魔笛》的工作。）又例：Die Arbeit am Übersetzen des Werkes macht ihm viel Freude.［翻译这部作品（的工作）使他非常开心。］Die Arbeit an dem Projekt ist für ihn wirklich zu schwer.（参与该项工程的工作对他来说确实是太难了。）

（3）**Idiomatische Wendungen** 习惯用语

◎ **mit sechs Jahren** 六岁的时候

德语中如果要表示"某人在几岁/什么时候做什么"，一般都用介词 mit 和一个数词及表示时间的有关名词构成的"介词词组"。课文句子：Mit sechs Jahren hat Mozart mit seiner Schwester erste Konzerte gegeben.（六岁时，莫扎特就同他的姐姐一起举办了最早的音乐会。）又例：Mit fünf Monaten kann das Mädchen schon mit seiner Mutter singen.（这小女孩五个月时就能跟着母亲唱歌。）请注意：若表达"一岁时""一个月时"等，表示时间的名词则必须用单数：mit einem Jahr（一岁时），mit einem Monat（一个月时）。若涉及表达"两岁（及以上）时""两个月（及以上）时"，表示时间的名词则须用复数。例见上述课文句子和例句。

◎ **ein Jahr später** 一年之后

这是德语中的一种通过副词来表达"在多少时间之后"的习惯表达。ein Jahr是第四格。又例：vier Stunden später（四个小时之后），zehn Minuten später（十分钟之后），zwei Tage später（两天之后），ein Jahrhundert später（一百年之后），fünf Monate später（五个月之后）。请注意：从上例可见，若前面数词是二以上的数字时，后面表示时间的名词要用复数。

（4）**Sonstiges** 其他

◎ **..., ein Jahr später die Oper ...** 一年后，（莫扎特创作了）歌剧……

本句主语仍是 Mozart，谓语仍是 hat geschrieben，只是换了宾语和时间状语。在语法上，这叫"合用/借用主谓语"。又例：Vor drei Jahren haben wir eine Reise nach Peking gemacht, zwei Jahre später eine Reise nach Guilin.（三年前我们旅游去了北京，两年后去了桂林。——后面的句子也合用或借用了前面句子的主语和谓语。）请注意：也可以合用或借用前面句子的其他成分。举例：Das Flugticket nach Europa ist z. Z. recht billig, so auch die Reisekosten nach Deutschland, etwa 10 000 Yuan.（目前，飞欧洲的机票相当便宜，所以到德国旅游的费用也便宜，约1万元。—— 后面句子合用了前面句子的谓语和表语：recht billig sein。）

◎ **Das Wunderkind, der große Komponist der Welt** 这个神童，这位世界上伟大的作曲家

后面 der große Komponist der Welt 是前面 das Wunderkind 的同位语（die Aposition）。请注意：同位语的变格必须同其前面的词或句子成分一致，否则就是语法错误。课文句子：Das Wunderkind, der große Komponist der Welt, hat in seinem Leben insgesamt über 400 Werke geschrieben.（这个神童，这位世界上伟大的作曲家在他的一生中共创作了400多部音乐作品。—— 把 geschrieben <原意：写>意译为"创作"。）再看一例：Gestern Abend habe ich meine Tante, die ältere Schwester meiner Mutter, besucht.（昨天晚上，我看望了我的姨妈，我妈妈的姐姐。—— meine Tante 和 die ältere Schwester meiner Mutter 是同位语，都是"看望"的第四格宾语。）

4. Übungen 练习

(1) **Beantworten** 回答问题

① Was für einen Film haben Sie sich vor kurzem angesehen?

② Wo und wann ist Mozart geboren?

③ Wann gab sein Vater Mozart schon musikalischen Unterricht?

④ Worin unterrichtet（教什么课）der Vater von Mozart?

⑤ Was machte Mozart schon 1761/62?

⑥ Wie hat Mozart in Wien viele Jahre gelebt?

⑦ Wie übersetzt man seine zwei Opern „Die Hochzeit des Figaro" und „Die Zauberflöte"?

⑧ Welche Arbeit hat er 1791 beendet?

⑨ Wie viele Werke hat er in seinem Leben geschrieben?

⑩ Wann und wo ist Mozart, das Wunderkind, gestorben?

⑪ Welche Stelle hat er in Salzburg angenommen?

⑫ Wann und mit wem hat er schon erste Konzerte gegeben?

（2）**Ergänzen** 填空

① Wann haben Sie sich einen sehr _____ TV-Film angesehen?

② Der Film hat den Namen _____.

③ Er hat uns viel _____ das Leben von W. A. Mozart erzählt.

④ Mozart ist _____ 27. 01 1756 _____ Salzburg geboren.

⑤ _____ hat ihn sein Vater im Klavierspiel unterrichtet.

⑥ Bereits 1761/62 hat Mozart sein erstes Stück _____.

⑦ Mit _____ _____ hat er schon mit seiner Schwester Konzerte gegeben.

⑧ 1782 hat er dort Frau Weber _____.

⑨ In Wien hat Mozart _____ freier Künstler viele Jahre gelebt.

⑩ Er hat 1769 eine _____ in Salzburg angenommen.

⑪ Wann hat Mozart Salzburg _____ und ist nach Wien _____?

⑫ 1791 hat er die Arbeit an _____ Oper „Die Zauberflöte" beendet.

（3）**Satzbilden** 造句

① jn. (A) in etw. (D) unterrichten

② geboren sein

③ sich ansehen

④ lehrreich

⑤ eine Stelle als … annehmen

⑥ etw. (A) beenden

⑦ ein Jahr später

⑧ verlassen

⑨ mit … Jahren

⑩ nicht mehr

⑪ als … leben

⑫ Kozerte geben

（4）**Übersetzen** 翻译

① Mozart hat in Wien als freier Künstler viele Jahre gelebt.

② Früh hat ihn sein Vater in Violinenspiel und Komposition unterrichtet.

③ Mit wie vielen Jahren und mit wem hat er schon Konzerte gegeben?

④ Das „Wunderkind" hat in seinem Leben insgesamt über 400 Werke geschrieben.

⑤ Was für einen Namen hat der TV-Film?

⑥ Bereits 1761/62 hat Mozart sein erstes Musikstück komponiert.

⑦ 1791 hat er die Arbeit an seiner Oper „Die Zauberflöte" beendet.

⑧ 不久前，大学生们看了一部很有趣的电影。

⑨ 这个电视片讲了许多有关莫扎特生活的情况。

⑩ 一年后，他同威伯尔女士结了婚，并有两个儿子。

⑪ 1786年，他创作了《费加罗的婚礼》，一年后完成了另一个歌剧。

⑫ 可惜他没有能完成几部作品的创作。

⑬ 他接受了萨尔茨堡宫廷音乐会乐师的职位。

⑭ 在这个时期，莫扎特创造了许多音乐作品，有歌剧、交响乐、协奏曲。

Wiederholung 3

第三阶段复习

Teil 1　Leseverstehen（阅读理解）

A. Wählen Sie die geeignete Überschrift für den jeweiligen Abschnitt.（选择合适的标题）

1. Die Schweiz ist gestern mit bilderbuchhaftem Hochsommerwetter beglückt worden. Im Raum Basel wurde laut Meteonews mit 35,3 Grad Celsius sogar ein Rekordwert gemessen.

2. Ein Mountainbikefahrer (20) ist am Freitag mit einem Auto zusammengestoßen. Er wurde dabei schwer verletzt und musste mit dem Hubschrauber ins Krankenhaus geflogen werden.

3. Nach dem Abflug vom Flughafen Zürich sind sich zwei Flugzeuge der Swiss südwestlich von Zürich gefährlich nahe gekommen. Die Maschinen starteten auf zwei Abflugrouten.

4. Der deutsche Roboterhersteller Kuka ist nach dem Übernahmeangebot des Hausgeräteherstellers Midea zu fast 86 Prozent in chinesischer Hand.

5. Am Roche-Standort Rotkreuz droht 22 Mitarbeitenden die Kündigung. Grund dafür ist eine Reorganisation.

6. Bereits 1761/62 hat Mozart sein erstes Stück komponiert. Mit sechs Jahren hat er schon mit seiner Schwester erste Konzerte gegeben.

7. Die meisten Tramper haben bis zum frühen Nachmittag bereits eine Mitfahrgelegenheit Richtung Süden gefunden. Jens (17) und Bernhard (16) kommen aus Kiel.

8. Das Lied wurde 30 Jahre nach Schuberts Tod für 40 000 Mark verkauft. Es war das berühmte Wiegenlied von Schubert.

9. Letztlich kommt dann noch etwas Interessantes: Die Chinesen nennen das „Nao Dongfang", auf Deutsch also ungefähr „das Brautpaar am Hochzeitabend necken".

10. Die Deutschen sind sehr direkt und ehrlich - sie sagen immer ihre Meinung. Die Deutschen sind sehr ordentlich und sauber. Aber manchmal sind sie zu ordentlich!

A) Zwei Tramper

B) Biker verunfallt

C) 35 Grad in Basel

D) Hochzeitsfest in China

E) Der wertvolle „Scheck"

F) Chinesen kaufen Kuka

G) Was ist typisch deutsch?

H) Flieger kamen sich zu nah

I) 22 Stellen bei Roche in Gefahr

J) Ein TV-Film über das Wunderkind

B. Entscheiden Sie, ob die jeweiligen Aussagen richtig, falsch oder nicht im Text erwähnt sind.
（选择正确的答案）

Goethe (1749-1832) ist einer der berühmtesten Dichter Deutschlands. Hier ist eine kleine Geschichte von ihm.

Goethe ging einmal in ein Gasthaus. Er hatte großen Durst. Er bestellte eine Flasche Wein und Wasser. Dann mischte er den Wein mit Wasser und trank. Am Nebentisch saßen drei Studenten. Sie sahen, dass Goethe Wein mit Wasser trank, und sie lachten. Goethe sagte nichts. Er nahm ein Blatt Papier und schrieb etwas darauf. Er trank seinen Wein mit Wasser, zahlte und ging. Die Studenten nahmen das Papier und lasen:

Wasser allein macht stumm,

das beweisen im Teich die Fische;

Wein allein macht dumm,

das beweisen die Herren am Tische;

und da ich keines von beiden will sein,

trinke ich Wasser mit Wein.

Jetzt konnten die Studenten nicht mehr lachen.

11. Goethe ist im Alter von 83 Jahren gestorben.

    A) Richtig.   B) Falsch.   C) Nicht erwähnt.

12. Goethe ist der bekannteste Dichter in der Welt.

    A) Richtig.   B) Falsch.   C) Nicht erwähnt.

13. Einmal war Goethe sehr durstig und ging in ein Gasthaus.

    A) Richtig.   B) Falsch.   C) Nicht erwähnt.

14. Eine Flasche Rotwein und Mineralwasser bestellte Goethe.

    A) Richtig.   B) Falsch.   C) Nicht erwähnt.

15. Goethe mischte das Bier mit Wasser und trank.

    A) Richtig.   B) Falsch.   C) Nicht erwähnt.

16. Am Nebentisch saßen drei Studentinnen und Studenten.

    A) Richtig.   B) Falsch.   C) Nicht erwähnt.

17. Die Studenten sahen, dass Goethe Bier mit Wasser trank, und sie lachten.

    A) Richtig.   B) Falsch.   C) Nicht erwähnt.

18. Goethe sagte etwas und nahm ein Blatt Papier und schrieb nichts darauf.

    A) Richtig.   B) Falsch.   C) Nicht erwähnt.

19. Die Studenten lasen das Papier und lachten dann.

    A) Richtig.   B) Falsch.   C) Nicht erwähnt.

20. Die Studenten können das Gedicht überhaupt nicht verstehen.

    A) Richtig.   B) Falsch.   C) Nicht erwähnt.

C. Wählen Sie die passenden Sätze. Zu jeder Lücke passt nur ein Satz.（选择句子填空，每空填一句）

Andreas: ____21____

Christine: Moment! ____22____

Andreas: ____23____

Christine: Ach du, jeden Tag Fußball! ____24____

Andreas: Oh, das ist ja schon wieder einer von den alten und billigen amerikanischen Filmen.

Christine: ____25____ Die bringen doch oft gute Spielfilme.

Andreas: ____26____

Christine: Die finanzieren doch ihre Programme damit. ___27___ ___28___

Andreas: Das weiß ich auch. ___29___

Christine: ___30___

A) Weißt du nicht?

B) Gibt's Fußballspiele?

C) Wählen wir dann RTL?

D) Sonst wird man hungern.

E) Heute Abend gibt's so was nicht!

F) Ich sehe mir lieber Spielfilme an.

G) Ja, ja, aber nur zu viel Werbung!

H) Ich schau' mal kurz in das Programm.

I) Hoffentlich kommt ein spannender Krimi!

J) Was kommt heute Abend im Fernsehen?

Teil 2 Grammatik und Wortschatz（语法和词汇练习）

A. Wählen Sie für jede Lücke das richtige Wort.（选词填空）

Die Polizeiplakate ___31___: „___32___ Jahr müssen viele Anhalter ihre kostenlose Reise mit dem Leben bezahlen." ___33___ ist Trampen bei den deutschen Jugendlichen sehr ___34___. Jens ___35___ Beispiel fährt schon seit fünf Jahren per Autostopp. ___36___ beim Trampen hatten er und Bernhard noch nie. Aber ein gewisses Risiko gibt ___37___ immer, weil das Trampen anonym und deshalb nicht sicher ist. In Belgien ist es etwas ___38___. Die Tramper warten an bestimmten Stellen in der Stadt auf eine Mitfahrgelegenheit. Jeder Tramper hat einen ___39___ mit Bild. - Autofahrer kleben ein Plakat mit ihrer Autonummer an die Scheibe. So wird das Trampen weniger anonym und daher ___40___.

31. A) warnen   B) denken   C) glauben   D) sagen
32. A) Jede   B) Jeden   C) Jedes   D) Jeder
33. A) Aber   B) Und   C) Oder   D) Trotzdem

34. A) beliebt	B) gut	C) interessant	D) zufrieden
35. A) zu	B) zum	C) zur	D) zu den
36. A) Fragen	B) Probleme	C) Frage	D) Problem
37. A) es	B) ihm	C) ihr	D) ihnen
38. A) ander	B) anderes	C) Ander	D) Anderes
39. A) Ausweis	B) Roman	C) Stuhl	D) Kugelschreiber
40. A) sicher	B) sichrer	C) sicherer	D) am sichersten

B. Wählen sie die gegebenen Verben und ergänzen Sie die passenden Verben im Präteritum.（选择动词的过去时填空）

| A) setzen | B) liegen | C) geben | D) gehen | E) gefallen |
| F) bringen | G) essen | H) kennen | I) sehen | J) haben |

Franz Schubert ist einer der berühmtesten Komponisten der Welt. Eines Tages ___41___ er wieder einmal kein Geld mehr in der Tasche. Aber er musste ja trotzdem etwas essen! So ___42___ er einfach in ein Wiener Gasthaus und ___43___ sich. Auf dem Tisch ___44___ eine Zeitschrift. Schubert blätterte ein wenig darin herum. Er ___45___ ein kleines Gedicht, das ihm ganz gut ___46___. In ein paar Minuten komponierte er die Musik dazu und ___47___ die Noten dem Wirt. Dieser Wirt ___48___ Schubert und war natürlich sehr erfreut. Der Wirt ___49___ ihm eine große Portion Kalbsbraten mit Kartoffeln. Das war Schuberts Leibgericht, und er ___50___ mit größtem Appetit.

Teil 3 Übersetzung der unterstrichenen Teile aus dem Deutschen ins Chinesische mit Hilfe von einem Wörterbuch（借助词典翻译划线部分）

51. Ein Girokonto macht Ihr Leben einfacher

Das Girokonto, das wir Studenten und Azubis anbieten, macht Sie unabhängig von den Öffnungszeiten der Filialen. Bei allen Vergünstigungen, die wir mit dem Girokonto verbinden, müssen Sie auf keinen Service Ihrer Sparkasse verzichten. <u>Sie sind immer gerne gesehen in einer</u>

unserer Filialen. Wir wollen Ihnen helfen, Ihr Leben einfacher zu gestalten. So, dass Sie sich unbeschwert auf Ihr Studium oder Ihre Ausbildung konzentrieren können.

52. Erleben Sie Berlin

Berlin - ganz nach Ihrem Geschmack und genau so wie Sie die Hauptstadt erleben wollen: Egal ob Sie Berlins Sehenswürdigkeiten fotografieren, Museen besuchen oder Veranstaltungen erleben wollen. Berlin ist tolerant und offen - hier können Sie sein wie Sie sind. Für Shoppingvictims, Luxus-Liebhaber, Foodies, Radfahrer und Sportfans hat Berlin auch einiges im Angebot. Lassen Sie sich von unseren Empfehlungen inspirieren.

Teil 4 Schriftlicher Ausdruck（书面表达）

Schreiben Sie zum Thema „Ein traditionelles chinesisches Fest" einen Aufsatz mit mindestens 70 Wörtern.（以*Ein traditionelles chinesisches Fest*为题写一篇不少于70个单词的作文）

53. Der Aufsatz beinhaltet（作文内容）：

　　1) Welches Fest in China gefällt Ihnen am besten?

　　2) Wann und wie wird das Fest gefeiert?

　　3) Welche Bedeutung hat das Fest für das chinesische Volk?

附录

Glossar 总词汇表

	A	
Abend m, -e	晚上，傍晚	6-B
abhängig	依赖的，不独立的	5-E
ab/holen *vt*	接	2-E
Abkürzung f, -en	缩写，缩短	9-D
ab/reisen *vi*	启程，出发	12-D
ab/schicken *vt*	寄出	10-B
Absender m, -	发信人，寄件人	10-B
ab/stempeln *vt*	在……上盖章，打戳	4-B
Abteilung f, -en	部门	7-E
akzeptieren *vt*	接受	13-E
alle	大家，所有的人（不定代词）	6-B
allein	单独，孤单	6-E
alles	全部，所有，一切	4-D
allgemein	一般的，普遍的	9-D
als	比（表示比较的连词）	13-E
also	因此，那么	2-B
alt	年老的，古旧的	12-B
Alter n, -	年龄，年岁；老年	5-E
älter	较老的，年纪比较老的，较旧的（alt 的比较级）	6-B
amerikanisch	美国的，美洲的	15-B
amüsieren (sich)	消遣，散心	12-B
an/sehen (sich)	观看，细看	15-B

an/zünden *vt*	点燃，点着	14-B
ändern (sich)	变化，变动	8-B
Andreas	安德烈斯（人名）	13-E
Angestellte f, -n, -n	女职员	11-B
Angst f, ⸚e	害怕，恐惧	10-E
angstvoll	恐慌的，恐惧的	4-E
Anhalter m, -	拦车搭车人	12-E
an/nehmen *vt*	接受；采用	15-E
anonym	无名的，匿名的	12-E
an/regen *vt*	引起，激起	15-D
Antwort f, -en	回答，答复	5-D
Anweisung f, -en	指示	9-E
Apotheke f, -n	药房，药店	9-B
Appetit m, -e	胃口，食欲	11-E
April m	四月	8-D
Arbeit f, -en	工作，劳动	3-E
arbeiten *vi*	劳动，工作	6-B
arm	贫穷的；可怜的	13-B
Ärztin f, -nen	女医生	6-D
atmen *vi*	呼吸	9-B
auf/geben *vt*	邮寄，托运	10-B
auf/passen *vi*	注意，留心；照料	2-D
aus	从……出来，自……	1-B
Ausflug m, ⸚e	郊游，远足	12-B
aus/füllen *vt*	填写，填满	5-D
ausgebaut	完善的	9-E
aus/gehen *vi*	外出，出门	12-B
ausgezeichnet	杰出的，优秀的	15-B
Auskunft f, ⸚e	（对询问的）答复；问讯处	2-D
Ausland n	外国，国外	10-B

Ausländer m, -	外国人	13-E
ausländisch	外国的，异国他乡的	11-D
aus/packen vt	打开，解开	6-B
aus/schlafen vi	睡足，睡够	8-D
aus/sehen vi	看起来，显得	6-D
außerdem	此外，另外	9-B
aus/setzen vt	悬赏，答应给	8-E
aus/steigen vi	下车	4-B
Ausstellung f, -en	展览会，展览	12-B
Ausweis m, -e	证件，证明（书）	12-E
aus/ziehen vi	搬出，迁出	5-B
Autobahn f, -en	高速公路	12-E
Autofahrer m, -	汽车车主，开汽车者	12-E
Automat m, -en, -en	自动装置，自动（售票）机	4-B
Autostopp m, -s	拦车（要求搭车）	12-E

B

Baby n, -s	婴儿	6-E
Bahnhof m, ⸚e	火车站	4-B
Bahnsteig m, -e	（火车站）月台	2-D
bald	不久，很快	13-B
Band n, ⸚er	带子；传送带	7-B
Bank f, -en	银行	9-D
Bankett n, -e	宴会，酒宴	14-E
Banknote f, -n	纸币，钞票（常用复数）	11-D
Bauingenieur m, -e	建筑工程师，土木工程师	6-D
Baum m, ⸚e	树，树木	2-E
Becker	贝克尔（姓）	6-B
bedeuten vt	意思是，表示……之意	8-D

beenden *vt*	结束，完成	6-D
bei	在……那儿（介词）	3-B
beides	两个，两者（beide 的单独使用）	11-B
Beijing	北京（地名）	1-B
bekommen *vt*	得到	4-D
Belgien	比利时（国名）	1-E
beliebt	受欢迎的，受喜爱的	12-E
bellen *vi*	（犬）吠，（狼）嗥	10-E
bemerken *vt*	发觉，发现	4-E
bereits	已经，早已	15-E
Berg m, -e	山；山岭	12-B
Berlin	柏林（地名）	1-B
Bernhard	本恩哈特（人名）	12-E
Beruf m, -e	职业，职务	6-D
beschäftigen (sich)	从事，忙于	6-E
beseitigen *vt*	清除，消除	13-B
besonders	特别地	5-B
besser	更好的，更好地（gut 的比较级）	7-D
Besserung f	改善，好转	9-B
best	最好的（gut 的最高级）（不能独立用）	15-D
bestehen *vi*	存在	9-E
Besucher m, -	访问者，来访者	12-B
Betrag m, ⸚e	款项，金额	9-D
betreuen *vt*	照管，照料，关怀	13-D
Bett n, -en	床，床位	5-D
bevorzugen *vt*	（更）喜爱，宁选，偏爱	15-D
bewachen *vt*	看守，守卫	10-E
bewölkt (P. II)	多云的，有云的（bewölken 的第二分词形式）	8-B
bieten *vt*	提供，给予	12-D
Bild n, ⸚er	图画，图片，照片	12-E

billig	便宜的，价廉的	5-D
bitte	请	3-B
bitten *vi / vt*	请求，恳求	11-B
blättern *vi*	翻阅，浏览	7-D
bleiben *vi*	停留，逗留，留下	10-E
Bleistift m, -e	铅笔	7-E
Bluse f, -n	女衬衣，女上装	6-B
Bond-Film m	邦德电影（主角为詹姆斯·邦德）	15-B
Brasilien	巴西（国名）	13-E
brauchen *vt*	需要；使用，用	5-D
Braut f, ¨e	新娘	14-E
Bräutigam m, -e	新郎	14-E
BRD f	联邦德国（德意志联邦共和国的缩写）	1-E
bringen *vt*	带，带来	3-E
Brot n, -e	面包	7-B
Bücherregal n, -e	书架	5-D
Buchhandlung f, -en	书店	7-D
Bundesrepublik f	联邦共和国	1-E
Bürgermeister m, -	市长	8-E
Burg f, -en	城堡，堡垒	10-E
Burgherr m, -n, -en	城堡主	10-E
Bus m, -se	公共汽车，巴士	2-B
Butter f	黄油，白脱油	7-B

C

Chemie f	化学	6-E
China	中国（国名）	1-B
Chinese m, -n,-n	中国人	6-B
christlich	基督教的，信基督教的	14-B

Cola f	可乐	3-B
Chris	克里斯（人名）	6-E

D

da	这儿；这时	2-D
dadurch	通过此，因此，借此（代副词）	15-D
danach	此后，然后，接着	10-E
glücklich	幸福的，幸运的	10-E
Dänemark	丹麦（国名）	1-E
darin	在这点上，在这方面（代副词）	15-B
das	这，这个（指示代词）	3-B
dazu	外加，另加	10-B
denn	因为（连词）	8-B
denn	（加强语气的语气词）	3-D
deshalb	因此，所以	6-D
deswegen	因此，所以	15-D
deutlich	清楚地；清楚的	10-B
deutsch	德国的，德式的	3-B
Deutschkurs m, -e	德语班，德语语言班	13-E
Deutschland	德国（国名）	1-E
deutschsprachig	说德语的	9-E
„Die Blechtrommel"	《铁皮鼓》（电影名）	15-D
„Die Hochzeit des Figaro"	《费加罗的婚礼》（歌剧名）	15-E
„Die Zauberflöte"	《魔笛》（歌剧名）	15-E
Dienerin f, -nen	女佣	3-E
diese	这些（指示代词）	2-B
direkt	直接，直接地	4-B
diskutieren vt / vi	讨论，商议	13-E
Doktor m, -en	大夫，医生；博士	9-B

dominieren *vi*	占统治地位，占优势	14-E
„Don Giovanni"	《唐璜》（歌剧名）	15-E
Doppelzimmer n, -	两个床的房间，双人房间	5-D
dort	那儿，那里	3-B
draußen	外面	5-B
drehen *vt*	转动，旋动；拍摄	15-D
dreimal	三次	9-B
dringend	急的，紧急的	5-D
du	你（人称代词）	2-B
Duden-Wörterbuch n	（德国）杜登词典	7-D
dumm	笨的，愚蠢的，傻的	10-E
durch	经过，通过（介词，支配第四格）	4-E
durch/atmen *vi*	深呼吸	9-E
durch/drehen *vi*	晕头转向	9-E
dürfen	允许，可以（情态助动词）	11-B
Dusche f, -n	淋浴，淋浴装置	5-B

E

eben	刚好，刚才，正好	13-D
echt	真的，真正的，真实的	6-B
Eheschließung f, -en	结婚	14-E
ehrlich	诚实的，老实的	13-E
Ei n, -er	蛋；鸡蛋	3-D
eigenartig	特别的，奇特的	8-E
eigentlich	原来的；真正的	14-D
Eineurostück n, -e	一欧元硬币	11-D
einfach	简直，干脆	7-E
Einheit f, -en	统一；一致	14-D
einig	意见一致的，统一的	15-B

einmal	一次	4-D
ein/laden *vt*	邀请	13-B
ein/packen *vt*	包装，包扎	7-E
ein/schenken *vt*	倒（水、茶、咖啡）；斟酒	14-E
Einschreiben n, -	（信）挂号，（邮件）挂号	10-B
ein/steigen *vi*	上车	2-E
ein/tragen *vt*	把……记入，登记	11-B
ein/wechseln *vt*	换钱，兑换	11-D
Einwohner m, -	居民	1-E
ein/zahlen *vt*	缴（款），存（款）	11-B
Einzahlung f, -en	缴（款），存（款）	11-B
Eltern (Pl.)	父母，双亲	5-E
empfehlen *vt*	介绍，推荐	7-D
Ennia	恩尼娅（人名，意大利留学生）	12-A
entscheiden *vi*	决定，确定	9-E
entschuldigen *vt*	原谅，抱歉	2-D
Entwerter m, -	自动检票机	4-B
Entwicklung f, -en	发展，成长	14-E
erfreut (P. II)	感到高兴的（erfreuen 的第二分词形式）	11-E
Erinnerung f, -en	回忆，记忆，纪念	6-B
Erklärung f, -en	说明，解释	7-D
erlernen *vt*	学会，学到	10-E
Erläuterung f, -en	解释，注释	10-B
eröffnen *vt*	开立，开放	11-B
erst	仅仅，才	14-B
ertrinken *vi*	淹死	8-E
erwidern *vt*	回答	8-E
erzählen *vt* / *vi*	讲述，叙述；谈	14-B
Erzählung f, -en	短篇小说；叙述	7-D
essen *vt*	吃，吃饭	3-B

Essen n, -	饭菜	3-E
Essensbon m, -s	饭票	3-D
etwa	约，大约	4-D
etwas	一点，点滴	1-E
etwas	某事/物，一些东西/事物（不定代词）	3-B
euch	你们（人称代词，第三格）	12-B
Euro m, -s	欧元	5-B
Europa	欧洲（地名）	15-D
europäisch	欧洲的，西式的	3-B
ewig	永远地	8-E

F

Fach n, ¨er	专业	6-E
fahren vi	（人）乘车；（车、船）行驶	4-B
Fahrer m, -	驾驶员，司机	4-B
Fahrkarte f, -n	车票	4-B
Familie f, -n	家庭	5-E
Familienangehörige m/f, -n, -n	家庭成员（按形容词变化）	14-D
Familienfest n, -e	家庭节日	14-B
fast	几乎	5-B
faszinierend (P. I)	吸引人的，迷人的（faszinieren 的第一分词形式）	15-D
fehlen vi	缺少（支配第三格）	7-E
Feier f, -n	庆祝活动，庆祝会，典礼	14-B
feierlich	节日的，隆重的；郑重的	14-B
feiern vt	庆祝，欢庆	13-B
fern/sehen vi	看电视	15-B
Fernsehen n	电视，电视台，电视节目	15-B
Fest n, -e	节日，庆典	14-B
Fieber n, -	发烧，热度	9-B

Film m, -e	电影	15-B
Filmfan m, -s	电影迷	15-D
finanzieren *vt*	筹措经费，提供资金	15-B
finden *vt*	找到	5-B
finden *vt*	发觉，感到；认为	13-E
Fisch m, -e	鱼	3-B
fleißig	勤奋的，努力的	13-B
Fleißige m / f, -n, -n	用功/努力的人（按形容词变化）	13-B
Flöte f, -n	笛子，长笛	8-E
flöten *vi*	吹笛子	8-E
Flughafen m, ¨	飞机场	2-E
folgen *vi*	跟随	4-E
Formular n, -e	表格	5-D
Frankreich	法国（国名）	1-E
Franz Schubert	弗朗茨·舒伯特（人名）	11-E
Frau f, -en	妇女；太太；妻子	4-E
frei	自由的；空闲的	15-E
Freizeit f	空闲时间	5-E
fremd	陌生的；外国的，外地的	14-B
Fremde m / f, -n	陌生人（按形容词变化）	4-E
Freund m, -e	朋友	2-E
frisch	新鲜的	7-B
Frisur f, -en	发式，发型	6-E
Fritz	弗里茨（人名）	7-E
fröhlich	愉快的，喜悦的，高兴的	14-B
früher	以前的，从前的	8-B
Frühling m	春天，春季	8-D
Frühlingsfest n	春节	14-B
Frühstück n, -e	早饭，早餐	3-E
fühlen (sich)	感到，觉得	8-D

Fuß m, ⸚e	脚，足	2-B
Fußballspiel n, -e	足球比赛	15-B

G

ganz	完全的，所有的，全部的	6-D
gar	完全地，根本	5-E
Gasse f, -n	小巷，胡同	8-E
Gast m, ⸚e	客人，旅客	6-B
gebären *vt*	生，养，分娩	6-E
geben *vt*	给，给予；举办，举行	13-B
geboren (P. II)	出生；生，养（gebären 的第二分词形式）	15-E
Gebrauch m, ⸚e	习惯，风俗	14-E
Gebühr f, -en	费用	10-D
gebührenfrei	免费的，不收费用的	10-D
Geburtstag m	生日，诞辰	13-B
Gedicht n, -e	诗，诗歌	11-E
gefährlich	危险的，有危害的	10-E
gefallen *vi*	喜欢，满意，中意	5-B
geheimnisvoll	神秘的，充满秘密的	8-E
gehen *vi*	走，步行	2-B
gehören *vi*	属于，归属，从属	14-D
Geist m, -er	鬼神，精灵，魔怪	14-E
Geld n	钱	5-E
gelten *vi*	被视为；适用于	14-D
Gemüse n, -	蔬菜	7-B
geradeaus	笔直	2-B
geraten *vi*	陷于，处于	8-E
gern	喜欢，乐意	3-B
Geschenk n, -e	礼物，礼品	6-B

Geschichte f, -n	历史；故事，往事	14-E
gespannt	紧张的，好奇的	14-B
gestern	昨天，昨日	9-B
gestorben (P. II)	死去，去世（sterben 的第二分词形式）	15-E
gesund	健康的，有益健康的	10-E
gewinnen *vt*	获得，赢得	15-D
gewiss	某种的，某种程度的，一定的	12-E
gewöhnlich	习惯的，通常的；一般的	14-B
gewöhnt (P. II)	已习惯的，已适应的（gewöhnen 的第二分词形式）	8-D
Girokonto n	汇划账户，转账账户	10-D
Glas n, ̈er	玻璃制品，玻璃杯	13-D
glauben *vi*	相信	2-E
Gleiche n	同样，相同（按形容词变化）	6-E
gleich	相同的；马上	2-D
gleichnamig	同名的	15-D
Gleis n, -e	轨，轨道；站台	2-D
Glückwunsch m, ̈e	祝贺，祝愿	13-D
Graf m, -en, -en	伯爵	10-E
gregorianisch	格里高尔的	14-D
Grippe f, -n	流感	9-B
groß	大的	1-E
grün	绿色的	2-E
Grund m, ̈e	原因	5-E
grüßen *vt*	向某人转达问候	13-B
Günter Grass	君特·格拉斯（人名）	15-D
gut	好，好的	1-B

H

halb	半，一半	4-D

Halbpension f	半膳（只供应早晚两餐）	12-D
Halle f, -n	厅，大厅，礼堂	2-D
Hallo	哈罗	1-B
halten *vt*	持，握，拿着	3-E
Hamburg	汉堡（地名）	1-B
Hameln	哈默尔恩（地名）	8-E
Handwagen m, -	手推车，小车	7-B
Hauptstadt f	首都	1-E
Haus n, ̈er	房子	4-E
Heft n, -e	本子，练习薄	7-E
heilig	神圣的，圣洁的；神圣不可侵犯的	14-B
heiraten *vt*	结婚	15-E
heißen *vt*	叫作，名叫	1-B
heiter	晴天的，晴朗的	8-B
Heizung f, -en	暖气（设备），供暖装置	5-B
helfen *vi*	帮助，帮忙	11-B
hell	明亮的，鲜明的	14-D
heraus/holen *vt*	取出，掏出	10-E
Herbst m	秋天，秋季	8-B
herein/kommen *vi*	进来，进入	6-B
Herr m, -n,-en	先生，男子	6-D
herum/blättern *vi*	浏览，随便翻阅	11-E
Herz n, -ens, -en	心，心脏	9-B
herzlich	衷心的，热心的	11-B
hier	这里	1-E
Himmel m, -	天，天空	14-D
Hobby n, -s	业余爱好	6-E
hoch	高的	9-B
höchst	最高的（hoch 的最高级）	8-B

Hochzeitsfest n, -e	婚礼	14-E
hoffentlich	但愿	15-B
Hofkonzertmeister m, -	宫廷音乐会的乐师	15-E
höflich	客气的，有礼貌的	13-E
Höhepunkt m, -e	最高点，顶点	14-E
Holland n	荷兰（国名，另一种叫法）	1-E
Hollywood	好莱坞（地名）	15-B
Hongying (Li)	（李）红英（人名，中国在德留学生，女，21 岁）	1-B
Hotel n, -s	饭店，旅馆	12-D
Hund m, -e	狗，犬	10-E
Hunger m	饿，饥饿	3-B
hungern vi	挨饿，饥饿	15-B
Husten m, -	咳嗽	9-B

I

ich	我（人称代词）	1-B
ihr	你们（人称代词）	2-B
immer	一直，总是	6-D
Info (= Information) f	问讯处；信息	4-D
insgesamt	总共，合计	7-B
interessant	有趣的，令人感兴趣的	15-B
Interesse n	兴趣，好奇心	12-B
interessieren (sich) (für ...)	（对……）感兴趣	7-D
interessieren vt	使……感兴趣	12-B
irgendein	任何一个，某一个（不定代词）	9-B
irgendwo	在某地，在任何一个地方	12-D
Irrtum m, ¨er	错误，误会	10-D
Italien	意大利（国名）	13-E

J

ja	是，对	3-B
Jahreszeit f, -en	季，季节	8-D
Jens	延斯（人名）	12-E
jetzt	现在	2-E
Joghurt m / n	酸奶，酸奶酪	7-B
jugendlich	青年人的，年轻的	13-E
Jugendliche m / f, -n, -n	年轻人，青年人（按形容词变化）	12-E
Junge m, -n	男孩；年轻人，小伙子	7-E
jünger	较年轻的（jung 的比较级）	6-D
Jura (Pl.)	法学，法律（复数）	6-E

K

Kaffee m	咖啡	3-B
Kalbsbraten m, -	煎 / 烤 / 烧小牛肉	11-E
Kalender m, -	年历，月历，日历	14-D
kalt	冷的，寒冷的	8-B
Kartoffel f, -n	土豆	3-B
Käse f, -	乳酪，干奶酪	7-B
Kasse f, -n	收款处	7-B
Kassel	卡塞尔（地名）	4-D
Kassiererin f, -nen	女收款员	7-B
kaufen vt	购买	3-D
Kaufhaus n, ̈er	百货公司，百货店	7-E
kaum	几乎没有，几乎不	5-E
kennen vt	认识，了解，熟悉	15-D
kennen/lernen vt	认识	2-B
Kiel	基尔（地名）	12-E

Kind n, -er	孩子，儿童	5-E
Kino n, -s	电影院，电影	15-D
Kirche f, -n	教堂；教会	14-B
Klavierspiel n, -e	钢琴演奏	15-E
kleben vt	粘，粘贴	12-E
Kleiderschrank m, ¨e	衣橱，衣柜	5-D
klein	小的	4-B
Klima n, -s /...mate	气候	8-B
kochen vt / vi	煮	3-E
Kognak m, -s	白兰地酒	13-D
kommen vi	来，去，到	1-B
kompliziert	复杂的	10-B
komponieren vt	谱曲，作曲	11-E
Komponist m, -en, -en	作曲家，作曲者	11-E
Komposition f	作曲，谱曲	15-E
können vi	能，能够	2-E
Konto n, -ti / -ten / -s	账户，账目	11-B
Konzert n, -e	音乐会，演奏会；协奏曲	15-E
Kopfschmerzen (Pl.)	头痛，头疼（复数）	9-B
Korb m, -e	篮子，筐子	7-B
kosten vt	价值，价格为	5-B
kostenlos	免费的	12-E
Krankenkasse f, -n	医疗保险公司	9-D
Krankenversicherung f, -en	医疗保险，疾病保险	9-D
Krimi m, -s	侦探片，侦探小说	15-B
Küche f, -n	厨房	5-B
Kuchen m, -	蛋糕，糕点	7-B
Kultur f	文化	15-D
kümmern (sich)	关心，照料	13-D

Künstler m, -	艺术家；行家，能手	15-E
kurz	短的，简短的	9-D
Kugelschreiber m, -	圆珠笔	7-E

L

„La finta semplice"	《伪装的傻瓜》（歌剧名）	15-E
Land n, ⸚er	国家	8-B
lange	长时间，很久	4-D
langsamer	较慢的（langsam 的比较级）	4-E
Lärm m	吵闹声，喧闹声	5-B
lassen vt	使，让，请	9-D
Laterne f, -n	灯笼，提灯	14-D
Laternenfest n	（中国的）元宵节	14-D
Laternenzug m, ⸚e	舞龙灯的队伍	14-D
laufen vi	跑，奔跑	15-D
Leben n	生活	5-E
Lebensmittel (Pl.)	食品，食物（复数）	7-B
legen vt	放	3-E
Lehrbuch n, ⸚er	教科书，课本	7-D
Lehrerin f, -nen	女教师	6-D
lehrreich	富有教益的	15-E
Leibgericht n, -e	爱吃的菜	11-E
leicht	轻松，容易	5-E
leider	可惜，遗憾	10-D
Leon (Becker)	莱昂（贝克尔）（人名，德国大学生，男，23岁）	1-B
Leute (Pl.)	人，人们，公众（复数）	6-B
Liebesfilm m, -e	爱情片	15-D
Lied n, -er	歌，歌曲	11-E
liegen vi	位于；放着，躺着	8-B

link	左的，左边的	3-E
Linke	林克（人名）	4-E
links	左边	2-B
Literatur f	文学，文学作品	15-D
los	离开，出发；赶快	12-B
Lucia	卢西娅（人名）	13-E
Luft f	空气；大气	12-B
Luftpost f	航空邮件	10-B
Lunge f, -n	肺，肺脏	9-B
Lust f	兴趣，兴致	13-B
Luxemburg	卢森堡（国名）	1-E

M

machen vt	作，做	1-D
Mami f, -s	妈咪（妈妈的昵称）	6-B
man	有人，某人（不定代词）	5-E
manchmal	有时候	5-B
Mann m, ¨er	男子；丈夫	4-E
Märchen n, -	童话	7-D
Maria (Schmidt)	玛莉娅（施密特）（人名，德国大学生，女，20岁）	1-B
Medikament n, -e	药品，药物	9-B
Medizin f	医学	6-D
mehr	较多，更多（viel 的比较级）	5-E
Meinung f, -en	看法，意见，见解	13-E
meist	大多数的，大部分的（viel 的最高级）	9-D
Meister m, -	工匠，师傅；大师，名手	13-D
Melodie f, -n	曲调，旋律	8-E
Mensa f	（大学里的）食堂	3-D
Mahlzeit f, -en	膳食，（一）餐	3-D

Mensch m, -en, -en	人	2-E
Messe f, -n	弥撒；博览会	14-B
messen vt	量，测量	9-B
Miete f, -n	房租，租金	5-B
mieten vt	租，租用	5-B
Milch f	牛奶，乳	7-B
Million f, -en	百万	1-E
mindestens	至少，起码	9-B
Mineralwasser n	矿泉水	6-B
Minute f, -n	分钟	3-E
Missverständnis n, -se	误会	4-E
mit	和……一起，同，带有（介词）	2-B
mit/bringen vt	携带，带来	11-B
Mitfahrgelegenheit f, -en	搭车机会	12-E
mit/kommen vi	同来，同去	13-D
Mitteleuropa	中欧	1-E
möchten vt	喜欢，喜爱；要，想要	3-B
möglich	可能的，可能发生的	8-D
Moment m, -e	瞬间，片刻，一会儿	3-B
momentan	暂时，眼下	11-B
Monat m, -e	月；月份	9-D
monatlich	每月的	5-E
Mondfest n	（中国的）中秋节	14-D
Mondkalender m	（中国的）阴历	14-D
Mondkuchen m, -	（中国的）月饼	14-D
Mondlicht m	月光	14-D
Metropole f, -n	大都市	2-E
müde	疲劳的，困倦的	8-D
Münze f, -n	硬币，钱币	11-D
Musikstück n, -e	音乐作品	15-E

müssen *vi*	必须，不得不，一定要	5-B

N

nach	在……之后（介词）	2-D
nach/denken *vi*	思考，思索，考虑	15-D
Nachbar m, -n	邻居	5-E
Nachbarland n, ¨er	邻国	1-E
Nachmittag m	下午，午后	8-B
nächst	最近的，最接近的	2-B
Nacht f, ¨e	晚上	4-E
näher	较近的；更详细的（nah 的比较级）	15-D
Name m, -ns, -n	名字，姓名	10-B
natürlich	当然，自然	3-B
neben	旁边（介词，支配第三或第四格）	3-E
necken *vt*	愚弄，取笑	14-E
nehmen *vt*	拿，取	3-B
Nerv m, -en	神经	6-E
nett	可爱的，和蔼可亲的，讨人喜欢的	5-B
neu	新的	4-D
Neujahrsfest n	元旦节庆，新年节庆	14-D
neun	九	1-E
Newton	牛顿（人名，1643—1727）	3-E
nie	从不，永不	6-E
Niederlande (Pl.)	荷兰（国名）（复数）	1-E
nochmals (= noch einmal)	再次，再一次	9-B
Norden m	北，北方	8-B
normalerweise	正常情况下，通常	8-D
Not f, ¨e	困境，困顿	8-E
Note f, -n	乐谱，歌谱	11-E

Notfall m, ̈e	紧急情况	9-E
Notruf m	紧急呼救（重病、火灾、匪警等）	9-E

O

O.K. (=o.k. / okay)	行，好，可以，没问题	12-B
Oberschenkelbruch m	（大腿）股骨骨折	9-E
Obst n	水果	7-B
oft	常常，经常	11-D
öfters	经常，常常	15-D
Öl n, -e	油	7-B
Oper f, -n	歌剧；歌剧院	15-E
ordentlich	有秩序的，井井有条的	13-E
Ordnung f, -en	条理，秩序	9-B
organisieren vt	组织，安排	9-E
Ortskrankenkasse f, -n	医疗保险公司地方管理处	9-D
Oskar-Preis m	（电影）奥斯卡奖	15-D
Österreich	奥地利（国名）	1-E

P

Paket n, -e	包裹，邮包	10-B
Paketkarte f, -n	包裹单	10-B
Park m, -s	公园	12-B
Party f, -s	聚会，派对	13-B
Pass m, ̈e	护照；关口	9-D
Pauschalreise f, -n	一次付款的（旅行社）全包旅行	12-D
Pension f, -en	(私人小型）膳食公寓	12-D
Physik f	物理学	6-E
Physiker m, -	物理学家	3-E
Piel	皮埃尔（人名，法国留学生）	12-B

Platz m, ⸚e	位子，场地；广场	5-D
plötzlich	突然的	4-E
Polen	波兰（国名）	1-E
Polizeiplakat n, -e	警局布告	12-E
Portion f, -en	（饭菜等的）一份，份额	11-E
Porto n, -s /...ti	邮资，邮费	10-B
Postanweisung f	邮局汇款，邮政汇票	10-D
Postbeamtin f, -nen	邮局女职员	10-B
Preis m, -e	奖励，奖赏	8-E
prima	出色的，好极的，棒的	12-B
privat	私人的，私有的	5-B
Privathaus n, ⸚er	私人住宅	12-D
probieren vt	尝，尝试，试试	3-B
Problem n, -e	问题，麻烦	6-E
Professor m, -en	教授	6-B
Programm n, -e	节目，节目单	15-B
Prospekt m, -e	广告单，说明书	12-D
pünktlich	准时的，严守时刻的	13-E

Q

qkm (= Quadratkilometer)	平方千米	1-E
qm (= Quadratmeter)	平方米	5-B

R

Raststätte f, -n	（高速公路旁的）服务区	12-E
Rathaus n, ⸚er	市政厅	8-E
Ratte f, -n	老鼠；家鼠	8-E
Rattenfänger m, -	捕鼠人	8-E
Rattenplage f, -n	鼠害，鼠患	8-E

recht	右的，右边的	3-E
rechts	右边	2-B
Regisseur m, -e	导演	15-D
regnen vi	下雨	8-B
reich	富的，有钱的	10-E
Reis m	稻；大米，米饭	3-D
Reisebüro n, -s	旅行社	12-D
Reisende m / f, -n, -n	旅游者（按形容词变化）	12-D
Reiseprogramm n, -e	旅行节目单	12-D
reizvoll	迷人的，诱人的	15-B
Rente f, -n	养老金，社会保险金	5-E
Restaurant n, -s	饭馆，餐馆，餐厅	3-B
Rettungsleitstelle f, -n	救护调度中心	9-E
Rezept n, -e	药方，处方	9-B
richtig	对的，正确的	4-B
Richtung f, -en	方向，路线	12-E
riesig	巨大的	4-D
Risiko n, -s /...ken	危险，风险	12-E
Roman m, -e	长篇小说	7-D
romantisch	浪漫的，浪漫主义的	14-D
Rücksack m, ̈e	旅行背包	12-E
rund	圆的；满的	14-D

S

Salat m, -e	色拉	3-B
Salz n, -e	食盐，盐	7-B
Salzburg	萨尔茨堡（地名）	15-E
sauber	干净的，清洁的	13-E
schade	可惜	7-E

Schalter m	（铁路、银行、邮局等对外的）窗口	3-D
Schatz m, ⁼e	宝藏，珍宝，宝贝	10-E
schätzen (sich)	感到	9-E
schauen vi	看，瞧	15-B
Scheck m, -s	支票，凭单	11-E
Scheibe f, -n	（窗等的）玻璃；（薄）片	12-E
Schein m, -e	纸币，钞票	11-D
scheinen vi	照耀，照射	8-B
schicken vt	送，寄，派	10-E
schlafen vi	睡觉，过夜	5-B
schließlich	最后，终于；终究	8-E
schlimm	坏的，糟糕的	9-B
Schloss n, ⁼er	城堡，宫殿	12-B
schmücken vt	装饰，修饰，打扮	14-B
Schnee m	雪	8-B
schneien vi	下雪	8-B
schneller	较快的（schnell 的比较级）	4-E
Schnitzel n, -	肉排；煎肉排	3-B
Schnupfen m, -	鼻塞；伤风	9-B
schön	漂亮的，美丽的	2-E
schon	已经	2-E
Schreibtisch m, -e	写字台，写字桌	5-D
Schreibwaren (Pl.)	文具用品（复数）	7-E
Schüler m, -	（中小学）男学生	7-D
Schulz	舒尔茨（人名）	4-E
Schweiz f	瑞士（国名）	1-E
schwierig	难的，困难的	5-D
Schwierigkeit f, -en	困难，困境；麻烦	13-B
schwül	闷热的	8-D
sehen vt	看，看见	2-E

Seide f, -n	丝，丝绸，丝织品	6-B
Seidenstraße f	丝绸之路	6-B
sein *vi*	是	1-B
seit	自从，从……以来（介词，支配第三格）	8-B
selbstverständlich	不言而喻的，显而易见的	11-B
Semester n, -	学期	5-B
senden *vt*	邮寄，寄发	10-B
Shanghai	上海（地名）	1-B
sicher	安全的；可靠的	12-E
sicher	肯定无疑的，一定的	13-B
sie	她（人称代词）	1-B
Sie	您（人称代词）	1-B
Sinfonie f, -n	交响乐，交响曲	15-E
Sitte f, -n	习惯，风俗	14-E
Sohn m, ⸚e	儿子，子	10-E
sollen *vi*	应该	4-D
Sommer m	夏天，夏季	8-D
Sommerferien (Pl.)	暑假（复数）	12-D
sonderbar	特殊的，不寻常的	3-E
Sonne f, -n	日光，太阳	8-B
sonst	否则	15-B
Sorge f, -n	忧虑，担心	9-B
Sparbuch n	银行储蓄存折	11-B
sparen *vt*	省，省下	12-D
Sparkonto n	储蓄账户	11-B
Spaß m, ⸚e	愉快，高兴；乐趣	12-B
spät	晚的	4-E
spätestens	最晚，最迟	10-D
Spazierengehen n	散步，溜达	12-B
Spaziergang m, ⸚e	散步，溜达	12-B

Speisekarte f, -n	菜单	3-B
spielen *vi*	玩，做（游戏）	5-E
Spielfilm m, -e	故事片	15-B
Sprache f, -n	语言；用语	10-E
sprechen *vi*	说话，谈话	13-B
Sprichwort n, ¨er	成语，谚语，俗语	8-D
Stadt f, ¨e	城市	2-B
Standardbrief m, -e	标准信件	10-B
Station f, -en	车站	4-B
statt/finden *vi*	举行	14-E
Stefan	斯特凡（人名）	6-E
stehen *vi*	站，立	4-D
stehen/bleiben *vi*	站住，停住	4-E
Stelle f, -n	地点，地方	12-E
stimmen *vi*	对，正确，相符	7-E
Straße f, -n	街，路，街道	2-B
Straßenbahn f	有轨电车	4-B
Strom m, ¨e	河流；电流	8-D
Student m, -en,-en	大学生	1-D
Studentenwohnheim n, -e	大学生宿舍	1-D
Studentenwerk n	大学生事务处，大学生服务部	5-D
Studienkamerad m, -en,-en	大学同学	13-B
studieren *vt*	（大学）学习，研究	1-D
Studierende m / f, -en, -en	在大学就读者（按形容词变化）	10-D
Studium n, ...en	（在大学）学习	6-D
Stuhl m, ¨e	椅子	5-D
Stunde f, -n	小时	4-D
suchen *vt*	找，寻找	7-D
Süden m	南，南方	8-B
super	非常，特别地；最，极	13-E

Supermarkt m, ⸚e	超级市场，自动售货店	7-B
Suppe f, -n	汤	3-D
Symbol n, -e	象征；标记	14-D
System n, -e	体系，系统	9-E

T

Tablette f, -n	药片，药丸	9-B
Tag m, -e	天，白天；日子	1-B
Tagestemperatur f, -en	白天的温度	8-B
täglich	每天的，日常的	6-B
tanzen *vi*	跳舞	13-D
Tasche f, -n	口袋，衣袋；手提包	11-E
Tee m	茶；茶叶	6-B
Telefongespräch n, -e	电话谈话	13-B
telefonieren *vi*	打电话，通电话	13-B
teuer	贵的，贵重的	5-E
Tipp m, -s	小贴士，小建议	9-E
Tod m, -e	死，死亡	11-E
Tomatensuppe f, -n	番茄汤	3-D
Topf m, ⸚e	锅	3-E
Tourist m, -en, -en	旅游者，观光者	13-E
traditionell	传统的，惯例的	14-D
Tramper m, -	（在公路旁伸手）搭车者	12-E
Trier	特里尔（地名）	10-D
trinken *vt*	喝	3-B
Tschechische Republik f	捷克共和国（国名）	1-E
tun *vi*	〔口语〕做，干	5-D
Turm m, ⸚e	塔，塔楼，钟楼	10-E
TV (= Television) f	电视	15-B

typisch	典型的，有特征的	13-E

U

U-Bahn f	地铁	4-B
über	关于，有关	1-E
übernachten vi	过夜	10-E
überall	到处	2-E
überrascht	感到意外的，惊异的，惊喜的	10-E
überweisen vt	汇划，汇款	9-D
Überweisung f, -en	汇划，(所)汇(的)款	10-D
Übung f, -en	练习，训练	13-D
Uhr f, -en	钟，表	3-E
um ... zu	为了（表示目的）	13-B
um/steigen vi	换车	4-B
um/wechseln vt	兑换，调换	11-D
Umgebung f, -en	周围；环境	12-B
umgekehrt (P.II)	相反的，颠倒的（umkehren 的第二分词形式）	8-B
unbedingt	一定地，绝对地，无论如何	5-B
unbeständig	变化不定的，不稳定的	8-D
und	和	2-B
Universität f, -en	大学（简称 Uni）	2-B
uns	我们（人称代词，第三格）	3-B
uns	我们（人称代词，第四格）	2-E
unten	下面，底下	10-E
unter	在……下面（介词，支配第三或第四格）	14-B
unter/bringen vt	安置，安顿，安排住处	12-D
Unterhaltungssendung f, -en	娱乐节目，消遣节目	15-B
unterrichten vt	授课，教课	15-E
unterschreiben vi	签名，签字	11-B

untersuchen *vt*	检查，调查	9-B
unterwegs	路上，途中	10-B
Ursache f, -n	原因，起因	10-B
ursprünglich	原来的，最初的	14-B
US-Dollar m, -s	美元	11-D

V

Venedig	威尼斯（地名）	12-D
Verdacht m	嫌疑，怀疑	9-E
vergessen *vt*	忘记，遗忘	3-D
verjagen *vt*	赶走，驱赶	10-E
Verkäuferin f, -nen	女售货员	6-D
Verkehr m	交通	2-E
verlassen *vt*	离开；丢开不管	15-E
Verpflegung f	膳食，伙食	12-D
verschieden	不同的	6-E
verschwinden *vi*	消失	8-E
versichern *vt*	给……保险；保证	9-D
versorgen *vt*	照顾，照料	9-E
Verspätung f, -en	迟到，晚点，延误	13-E
versprochen (P. II)	答应的，许诺的（versprechen 的第二分词形式）	8-E
verstehen *vt*	理解，懂得	7-D
vertreiben *vt*	驱逐	14-E
verwechseln *vt*	搞错，混淆	6-E
verzeihen *vi*	原谅，宽恕	4-E
viel	许多，很多	2-E
vielleicht	也许，可能；大约	14-B
Violinenspiel n, -e	小提琴演奏	15-E
völlig	完全的，充分的	13-B

Vollmond m	满月，望月	14-D
von	从（介词，支配第三格）	2-E
vor	在……之前（介词，支配第三格）	14-B
Vorabend m, -e	前夜，前夕	14-B
vor allem	首先，特别是	6-B
vor/führen vt	演示，阐明	14-E
vor/haben vt	计划，打算	13-B
vor/stellen (sich)	自我介绍	1-B

W

W. A. Mozart	莫扎特	15-E
Wagen m, -	车辆，车子	2-E
wählen vt	选择，选出	12-D
während	在……期间（介词，支配第二格）	12-D
Währung f, -en	货币	11-D
wandern vi	漫游，徒步旅行	10-E
Ware f, -n	商品，货物	7-B
wärmer	比较暖的（warm 的比较级）	8-B
warten vi	等，等待	4-D
warum	为什么（疑问副词）	5-B
was	什么（疑问代词）	1-D
was für (ein / eine / ein)	怎么样的（一个）	11-D
Wechselkurs m	汇率	11-D
Weg m, -e	路	2-E
Weihnachten n, -	圣诞节	14-B
Weihnachtsbaum m, ¨e	圣诞树	14-B
Weinfass m, ¨er	葡萄酒桶	12-B
weiter/fahren vi	（乘车船等）继续前行	4-B
welch(-er / -e / -es; -e)	哪个，哪些 (疑问副词)	11-D

welches	哪个（疑问代词）	12-D
weltberühmt	世界闻名的	6-B
Werbung f	广告，招徕（只用单数）	15-B
werden vi	变为，成为	13-B
wertvoll	有价值的，宝贵的	11-E
Wetter n	天气，气候	8-B
Wetterbericht m, -e	天气预报，气象预报	8-B
wichtig	重要的，要紧的，重大的	13-E
wie	像（比较连词）	2-E
wie	怎样，怎么样（疑问副词）	1-B
wie viel	多少（疑问副词）	11-B
Wiegenlied n	摇篮曲，催眠曲	11-E
Wien	维也纳（地名）	11-E
Wiese f, -n	草地	2-E
wieso	为什么，怎么（疑问副词）	13-D
wild	野性的，粗野的，野蛮的	10-E
willkommen	受欢迎的	11-B
windig	多风的，有风的	8-B
Winter m	冬天，冬季	8-B
wirklich	真的，	2-E
Wirt m, -e	店主，老板	11-E
Wirtschaft f	经济	1-D
wissen vt	知道	2-B
wo	哪儿（疑问副词）	1-D
Woche f, -n	星期，周	15-D
Wochenende n	周末	7-B
woher	从哪儿（疑问副词）	1-B
wohnen vi	住	1-D
Wohnmöglichkeit f, -en	住宿可能	12-D
Wohnung f, -en	住房，套房	5-E

wollen *vi*	愿意（情态助动词）	2-B
Wörterbuch n, ¨er	字典，词典	7-D
Wunderkind n	神童	15-E
Wunsch m, ¨e	希望；要求	12-D
wünschen *vt*	希望；要求	7-D
wütend (P. I)	盛怒的，暴怒的（wüten 的第一分词形式）	10-E

Z

z.B. (= zum Beispiel)	例如，比如	15-D
zählen *vt*	点数，计算	11-D
zeigen *vt*	出示，显示	9-B
Zeit f, -en	时间，时期，时代	8-E
Zeitschrift f, -en	杂志，期刊	11-E
zeitweise	有时候	8-B
Zhonghua (Wu)	（吴）中华（人名，中国在德留学生，男，22岁）	1-B
ziemlich	相当的，可观的	5-D
Zimmer n, -	房间，室	5-B
Zollamt n	海关	10-B
zu	到……去，往（介词）	2-B
zu Hause	在家	3-D
Zucker m, -	糖，食糖	7-B
zuerst	首先	2-B
zufrieden	满意的，满足的	10-E
Zug m, ¨e	火车	2-D
zu/geben *vt*	承认，同意	5-B
Zugverbindung f	火车联乘时刻表	4-D
Zulassungsbescheid m	入学通知书	9-D
Zunge f, -n	舌，舌头	9-B
zur Zeit	目前，眼下（缩写 z. Z.）	5-B

zurück	向后；返还，找还	7-B
zurück/geben *vt*	找，交还	7-E
zurück/kehren *vi*	回来，回去	4-E
zusammen	一起，共同	7-B
zusammen/kommen *vi*	相聚，聚会	14-D
zusammen/sitzen *vi*	坐在一起，同坐	14-D
zu viel	太多	7-E
zwar	虽然，尽管（连词）	6-E
zwei	两，二（数词）	2-E
Zweieurostüok n, -e	两欧元硬币	11-D
Zwillinge (Pl.)	双胞胎（复数）	6-E